山东商业服务业

蓝皮书（2019~2020）

SHANDONG SHANGYE FUWUYE LANPISHU

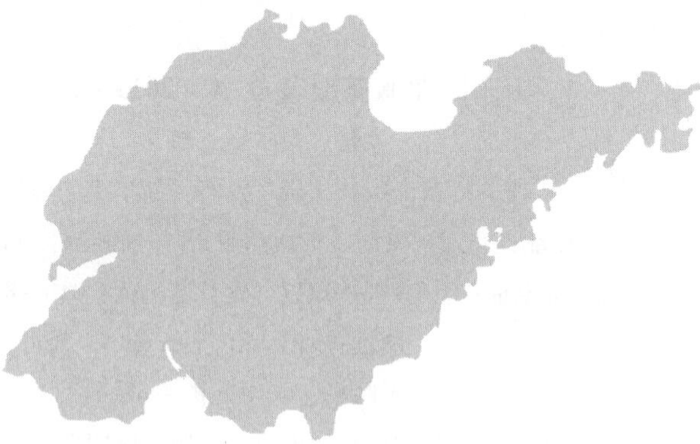

中国财经出版传媒集团
经济科学出版社
Economic Science Press

图书在版编目（CIP）数据

山东商业服务业蓝皮书．2019～2020／张志东主编．
—北京：经济科学出版社，2021.6
ISBN 978－7－5218－2619－7

Ⅰ.①山…　Ⅱ.①张…　Ⅲ.①服务业－经济发展－研究报告－山东－2019－2020　Ⅳ.①F719

中国版本图书馆 CIP 数据核字（2021）第 113416 号

责任编辑：宋　涛
责任校对：蒋子明
责任印制：范　艳　张佳裕

山东商业服务业蓝皮书（2019～2020）
张志东　主　编
经济科学出版社出版、发行　新华书店经销
社址：北京市海淀区阜成路甲 28 号　邮编：100142
总编部电话：010－88191217　发行部电话：010－88191522
网址：www.esp.com.cn
电子邮箱：esp@esp.com.cn
天猫网店：经济科学出版社旗舰店
网址：http://jjkxcbs.tmall.com
北京密兴印刷有限公司印装
787×1092　16 开　12.75 印张　230000 字
2021 年 8 月第 1 版　2021 年 8 月第 1 次印刷
ISBN 978－7－5218－2619－7　定价：52.00 元
（图书出现印装问题，本社负责调换。电话：010－88191510）

《山东商业服务业蓝皮书》编委会

目　　录

第一章

山东商业服务业发展概述*

2019年，面对国内外风险挑战明显上升的复杂局面，我国保持经济社会持续健康发展，“十三五”规划主要指标进度符合预期。2020年是具有里程碑意义的一年，是“十三五”规划收官之年，是全面建成小康社会，脱贫攻坚决战决胜之年，我们即将迎来新的“十四五”。因此保证做好下一步经济工作，确保实现第一个百年奋斗目标，将会对服务业提出更新、更高的要求。近年来，山东各地区各部门坚持新发展理念，大力实施创新驱动发展战略，以供给侧结构性改革为主线，推进产业结构转型升级，服务业保持较快发展，已成为山东省经济发展的主动力，为全省经济平稳增长、新旧动能转换、产业转型升级、保障改善民生等发挥了重要作用。其中，商业服务业作为服务业的重要组成部分，对服务业的跨越式发展发挥了关键作用。本报告所指商业服务业，是指实体经济中商品交换活动所形成的相互关联的商流、物流、资金流、信息流等流通服务业的总称。

一、山东商业服务业发展总体情况

2019年，全省认真落实习近平总书记对山东工作的重要指示要求，统筹推进“五位一体”总体布局，协调推进“四个全面”战略布局，按照省委决策部署，紧紧围绕“走在前列、全面开创”目标要求，牢牢把握稳中求进工作总基调，坚定践行新发展理念，深入实施八大发展战略，聚焦“工作落实年”，全力以赴抓贯彻、抓执行、抓推进、抓见效，经济社会持续健康发展，主要预期目标

---

* 本章作者简介：于志华，山东商业职业技术学院，云商务大数据研究中心，管理学博士，教授；成畅，山东商业职业技术学院，会计金融学院，管理学硕士。

基本实现。总的来说，山东省商业服务业呈现平稳运行态势，为全省经济平稳健康发展做出了积极贡献。

（一）产业增加值保持良好态势，但相对水平下降

从行业总体上看，山东2019年年社会消费品零售总额经济普查前为35770.6亿元，比上年增长6.4%[①]。2020年，受新冠肺炎疫情影响，社会消费品零售总额呈现较大幅度下降的趋势，山东前三季度社会消费品零售总额达19960.4亿元，同比下降4.5%，降幅比上半年收窄5.0个百分点。但其中三季度增长5.2%，季度增速由负转正，表现出稳步回升、逐渐向好的特点[②]。

从地区来看，乡村消费力增长较快，2019年城镇消费品零售额28386.7亿元，增长6.2%；乡村消费品零售额7383.9亿元，增长7.2%。从细分行业看，2019年餐饮收入4128.9亿元，增长9.7%；商品零售31641.7亿元，增长6.0%。消费升级类商品较快增长，限额以上单位可穿戴智能设备、新能源汽车、能效等级1、2级家电类商品零售额分别增长37.8%、63.2%和9.2%。

从吸收就业来看，吸收就业人数小幅降低。2019年末第三产业就业人员数为2218.6万人，占全部就业人员的比重达到37.05%，较上年比重提高了0.2%。其中批发和零售业从业人数776.7万人，较上年降低了4.3%。住宿和餐饮业人数216.3万人，较上年降低了6.3%。交通运输、仓储和邮政业342.3万人，较上年降低了2.3%，信息技术服务业104.3万人，较上年持平。[③]

2019年全省亿元以上商品交易市场数量为371个，同比减少11%，摊位总数31.41万个，年末营业面积3143.8万平方米，较上年均有下降，其中，摊位总数降幅达8.3%；成交额8544.1亿元，较上年小幅增长。批发法人企业共计9938个，商品销售额达到32841.6亿元，同比增长20.91%，零售法人企业5679家，商品销售额7059.6亿元，同比下降了8.52%。

2019年山东社会消费品零售总额经济普查后为29251.2亿元，位列全国第三位。其中广东省社会消费品零售总额高达额4.3万亿元，居全国各省市榜首。2018年位列山东省之后的江苏省2019年远超山东省，位列全国第二位，达到

① 商务部网站，http：//www.mofcom.gov.cn/article/resume/n/202001/20200102932852.shtml。

② 中国新闻网，https：//baijiahao.baidu.com/s？id＝1681074050218155355&wfr＝spider&for＝pc。

③ 《山东统计年鉴（2020）》，中国统计出版社2020年版。

3.8 万亿元，山东省则排在第三位[①]。山东省的社会消费品零售总额与广东省的差距持续拉大，同时被江苏省赶超距离较大，说明山东省在国内的消费力相对水平呈现下降趋势。

（二）行业结构在动态调整中持续发展，网点布局和业态结构仍有优化空间

一是从流通业态和经营方式上看，整体呈现出多样化、数字化发展态势，新兴消费潜力释放，特别是在疫情影响下，线下门店遭遇重创，倒逼传统企业向线上转型，数字化进程加快。公众号、小程序、App 正在成为传统企业走向线上的新入口，到家服务也不再只是电商平台的专属，正成为线下门店业务的新增量。尤其是零售业领域，新旧零售的更替与融合成为新常态，便利店、折扣商店、超市、货仓式商店、仓储会员店、百货店、专业店、专卖店、自动售货、直销、拼团直播、送货到家以及网络商店等在新技术支撑下不断创新经营方式，但网点布局仍存在城乡、区域之间发展失衡问题，零售业态发展仍存在不平衡问题，有待优化。从整体上看，二三线以及乡村地区普遍存在服务功能单一、网点建设滞后、难以完全满足居民消费需求的问题。同时随着城市化进程的加快，便利店、社区商业发展快速增加。在住宿餐饮业，不同规模、不同特色的住宿餐饮网点大量出现，其中适应消费者快节奏生活需求的快餐业，呈现出较快发展趋势，服务型餐饮增势强劲，限额以上餐饮配送、外卖送餐服务营业额分别增长 24.0% 和 89.5%[②]。居民生活服务业中的洗染、照相、修理、洗浴、美容美发、再生资源回收等网点在城市化发展中数量和结构不断调整，并呈现新的均衡状态。新兴流通服务业如现代物流、电子商务、网上购物等蓬勃发展，成为推动商业服务业创新发展的主要动力。

二是从企业数量和所有制形式看，商业服务业企业数量减少，多种所有制形式并存。以 2019 年批发零售业为例：内资限额以上 14823 家批发零售企业中，国有企业 76 家，集体企业 42 家，股份合作企业 20 家，联营企业 3 家，有限责任公司 3277 家，股份有限公司 286 家，私营企业 11097 家，港澳台商投资企业 103 家，外商投资企业 124 家。[③] 其中，除外商投资企业小幅上升外，其他所有

① 搜狐网，https://www.sohu.com/a/424965372_120051717。
② 搜狐网，https://m.sohu.com/a/376728591_99964892。
③ 《山东统计年鉴（2020）》，中国统计出版社 2020 年版。

制数量均出现下降。

三是从行业集中度上看，一批龙头企业快速发展。以零售业为例，2019 年，省内有 10 家零售企业进入全国连锁百强（见表 1 - 1），这 10 家进入全国零售百强企业 2019 年的总销售规模比 2018 年增加了 46. 88 亿元，占 2019 年山东省零售总额 25%，较上年提高 3 个百分点，说明零售领域的行业集中度进一步增大。

表 1 - 1　2019 年山东进入中国连锁百强榜单连锁企业

序号	企业名称	2019 年销售额（含税万元）	销售增长率（%）	门店总数（个）	门店增长率（%）	排名（位）
1	银座集团股份有限公司	3323176	-11. 2	381	1. 1	20
2	利群集团股份有限公司	3038679	14. 5	539	1. 1	23
3	家家悦控股集团股份有限公司	2895132	11. 7	790	7. 0	26
4	烟台振华商业集团	2580391	2. 7	160	6. 0	28
5	山东潍坊百货集团有限公司	1968000	4. 0	758	2. 8	37
6	济南华联商厦集团股份有限公司	933290	0. 4	125	17. 9	59
7	山东全福元商业集团有限责任公司	803321	0. 1	251	2. 0	61
8	青岛利客来集团股份有限公司	710701	1. 1	50	0. 0	67
9	山东（德州）百货大楼（集团）有限责任公司	706632	8. 1	19	5. 6	68
10	山东新星集团有限公司	521974	-30. 3	486	-8. 0	86

资料来源：搜狐网，http：//www. sohu. com/a/313069549_167028。

四是从城乡流通结构来看，农村商业服务和城镇商业服务双向现代流通网络基本建成。“工业消费品下乡”与“农副产品进城”两条流通渠道日趋完善，综合商圈、城市商业中心功能地位更加凸显，“乡村振兴”“特色小镇”发展进一步强化。商品交易市场加快整合转型，成为城乡流通网络的重要组成部分。城乡双向的现代物流体系日趋完善，流通效率日益提高。

（三）创新驱动流通现代化水平全面提升，但发展尚不成熟

一是流通信息化水平不断提升，流通技术不断变革。山东省致力于抓好信息化建设，建立多层次流通信息化网络，实现服务理念、管理手段、流通方式向信息化流通方式转变，注重供应链上企业间的信息共享与联系，建成结构合理、技术先进、运转高效的流通业信息体系，另外互联网、物联网、大数据、人工智能等新时代信息技术愈加成熟，已经成为推动流通业实现战略变革、模式再造和服务提升的重要动力，深刻影响着零售活动的商业模式、组织形式、决策机制，甚至改变了流通业在整个产业链条中的地位。

二是流通方式上不断创新，但发展尚不成熟。现代连锁经营缓步增长，而城市综合体、新一代便利店数量增幅明显，其中中小企业居多，正处于起步阶段；社区超市等新兴业态快速发展，线上线下融合发展趋势明显，多业态融合创新步伐明显加快。以连锁经营与便利店业态为例，2019 年全省有 10 家企业进入全国连锁百强，其中银座集团进入前 20 名位列第 20 位，进入全国连锁百强的山东企业销售额比 2018 年同比增加 1.67%，山东连锁龙头企业缓步发展。而过去 3 年，便利店业态在整个零售业态中，处于最快的增长水平，平均增长速度达到了 18%，10 家山东企业入围 2020 年中国便利店百强名单（见表 1－2），但排名均在 20 名之后，前 20 名企业中有 5 家广州企业，3 家北京企业，山东省便利店业态尚有较大发展空间。

表 1－2　2020 年山东进入中国便利店百强名单

序号	企业名称	门店总数（个）	排名（位）	便利店品牌
1	山东潍坊百货集团有限公司	616	29	中百便利
2	山东新星集团有限公司	478	41	新星
3	青岛友客便利连锁管理有限公司	378	50	青岛友客
4	青岛可好便利店管理有限公司	316	60	可好
5	山东统一银座商业有限公司	203	74	统一银座
6	山东优同便利店集团有限公司	202	76	优同

续表

序号	企业名称	门店总数（个）	排名（位）	便利店品牌
7	青岛利群百货集团股份有限公司	198	78	利群便利
8	山东全福元商业集团有限责任公司	161	86	全福元
9	青岛迷你岛便利店有限公司	105	99	迷你岛
10	济南华联超市有限公司	100	100	济南华联

资料来源：搜狐网，https：//www. sohu. com/a/410203402_114778？_f = index_pagefocus_5&_trans_ = 000014_bdss_dkjhl。

三是流通网络不断完善，推动流通降本增效。山东省举办2019全国农商互联暨精准扶贫产销对接大会。深入开展城乡高效配送行动，加快城乡配送网络体系建设，积极推进物流标准化、供应链体系建设等国家试点工作，全省注册供应链服务企业突破4750家。

（四）电子商务进入平稳发展期，但与发达省份相比仍有差距

2019年，山东省创新发展电子商务，电子商务发展规模不断壮大。全年实现农产品网络零售额294.6亿元，比上年增长38.6%，农村电商量质并举[1]。另外，电商物流快速发展，"互联网+"品牌建设逐步提升，电商扶贫逐步深入，跨境电商营商环境日益优化，购物狂欢节高位增长，人才环境持续优化，电子商务与农业、制造业及服务业等领域的融合不断加深，为城乡发展一体化、区域协调发展和实现精准扶贫提供动力，成为加快推进山东新旧动能转换的重要抓手。

2019年，全省实现网络零售额4002.7亿元，占全国的3.7%，同比增长20.6%，高于全国2.2个百分点，进入平稳发展期。占社会消费品零售总额的比重为9.6%，对社会消费品零售总额增长贡献率为27.5%。实物商品网络零售额3114.33亿元，同比增长20.6%，非实物商品网络零售额888.42亿元，增速与实物商品相同。从电商平台看，淘宝网、天猫商城和京东商城网络零售额占比依

① 山东省统计局网站，http：//tjj. shandong. gov. cn/art/2020/2/29/art_6196_8865096. html。

次为28.7%、28.1%和14.5%，合计占比71.3%。截至2019年12月，山东省全网共有网络零售企业469648家，网络零售监测平台店铺数量为173.3万家，较上年增加61万家。从各市情况看，网络零售额排名前三的地市分别为青岛、济南和临沂，占比依次为31.1%、20.0%和7.6%，合计占比58.7%①。滕州、海阳、曹县等8县成为2019年国家电子商务进农村综合示范县。

尽管如此，全省网络零售额仅列全国第七位，与排名第一位的广东省相差20.6个百分点，与排名第二位的浙江省相差10.5个百分点，差距仍然非常明显。

（五）批零住餐效益下滑明显

2019年，从行业效益上看，批零住餐行业效益下降明显，其中住宿餐饮业效益下滑明显、亏损严重。2019年，全省限额以上批发零售业实现营业利润411.01亿元，同比下降了9.35%，住宿餐饮业实现营业利润-16.36亿元，与上年相比降幅达2582%。从产业贡献上看，限额以上批发零售与住宿餐饮行业营业收入、应付职工薪酬有所上升，就业人员数量有所下降。2019年全省限额以上批发零售与住宿餐饮行业营业收入共计36666.46亿元，同比增长了16.39%。2019年全省限额以上批发零售和住宿餐饮业吸纳就业人员993万人，较上年减少了49.3万人，占全省年末就业人员的16.6%，比较上年略有下降。2019年山东省限额以上批发零售和住宿餐饮业应付职工薪酬355.88亿元，同比上升5.1%。②

二、山东商业服务业发展的优势与劣势

2019~2020年，全省加快实施《“十三五”服务业发展规划》和《服务业创新发展行动纲要》，推进服务业转型升级，扩大服务业开放领域，各级各部门把推动服务业大发展作为产业结构优化升级的战略重点，为服务业发展提供了较为宽松的政策环境和良好的发展条件。山东省商业服务业从微观环境到宏观环境都具有得天独厚的发展优势与机遇，但也存在不少制约因素与挑战。

① 山东省商务厅网站，http：//commerce.shandong.gov.cn/art/2020/1/19/art_16311_8737151.html。

② 《山东统计年鉴（2020）》，中国统计出版社2020年版。

（一）发展优势

1. 战略区位四通八达，基础设施不断完善

首先山东省区位优势明显。山东西连沿黄各省、东临日韩，处于国家东西双向开放开发的枢纽位置，战略区位优势明显。从交通区位上看，山东地处中国大陆东部的南北交通要道，公路、高速公路、铁路、机场、内河码头、海港等交通设施较为完备，陆海空内河等各类航线纵横交错，四通八达，具备公铁港联运的基础优势，为商品流通提供了极为便利的交通条件。

另外山东省基础设施建设不断完善。2019 年，全省交通运输系统坚决贯彻落实省委、省政府稳投资补短板促发展重大决策部署，强力推进交通基础设施建设，全年完成投资 1750 亿元，投资总量建设规模创历史之最。公路方面，2019 年，山东境内公路总里程达到 28 万公里，是全国较长公路网之一，高速公路通车里程达到 6447 公里，六车道以上占比提升到 24%，实现“县县通高速”。铁路方面，济青高铁开通运营，鲁南高铁日照至临沂至曲阜段提前一年建成通车，省内高铁成环运行，进一步优化了中国高铁路网结构，高速铁路里程达到 1987 公里，全省铁路运营里程达到 6589 公里，居全国前列。水运方面，沿海港口新增万吨级以上泊位 19 个，港口总通过能力达到 9.1 亿吨，形成以青岛港、烟台港、日照港为主要港口，以威海港、潍坊港、东营港、滨州港为地区性重要港口的分层次布局。航空方面，青岛胶东国际机场、临沂机场改扩建工程基本建设完成，菏泽牡丹机场、烟台机场二期、威海机场扩建工程开工建设，基础设施有序推进，全省 9 个运输机场，形成“两枢一干六支”运输机场格局。城市轨道交通方面，济南轨道交通 R1 线、R3 线一期工程及青岛地铁 2 号线西段开通运营，全省城市轨道交通运营里程达到 223.7 公里①。

围绕服务全省“十三五”规划加快农村电网和城镇配电网改造建设目标，2019 年国网山东电力电网建设和基建管理取得积极成效，全年完成 35 千伏及以上电网基建投资 147.92 亿元，2020 年加快 500 千伏观龙输变电工程、大唐东营电厂、抽水蓄能电站送出、电气化铁路供电等重点电网工程建设。实施乡村电气

① 山东省交通运输厅，http：//jtt.shandong.gov.cn/art/2020/1/10/art_12459_8667032.html。

化提升工程，打造100个电气化惠农富民项目[①]。这些基础设施项目的实施，将进一步完善山东省公共服务体系，促进服务业发展。

优越的区位与基础设施建设条件，加上丰富的自然矿产资源和工业农业产品，使山东成为商品流通的重要枢纽和集散地。2019年山东省全年实现社会物流总额21.8万亿元左右。山东省物流园区、物流企业发展水平明显提高，一体化运作、网络化经营、信息技术服务和供应链管理能力显著提升。截至2019年底，全省共有专业物流园区近400家，物流企业22000多家[②]。从国际化区位角度看，山东紧邻韩国和日本，有利于发展对外经济。近年来“一带一路”倡议的深入实施为山东区域经济发展提供了良好的外部环境，山东将利用海洋区位优势，打造贯通亚欧的物流大通道。

2. 经济基础雄厚，产业结构优化

作为中国的经济大省，山东省经济基础较为雄厚，2019年全省经济保持平稳健康发展，主要预期目标基本实现，转型发展成效明显，各种有利因素积厚成势，为推进高质量发展奠定了坚实基础。2019年实现生产总值71067.5亿元，按可比价计算，比2018年增长5.5%，[③] 次于广东省、江苏省居全国第三位。2019年城乡居民人均可支配收入分别增长7.0%和9.1%，城镇登记失业率控制在3.29%，城镇新增就业138.3万人。[④]

近年来，山东注重调整产业结构，大力发展第三产业，经济结构渐趋优化，产业发展规模持续增大，产业结构呈现良好态势。2019年山东省第一产业增加值5116.4亿元，增长1.1%；第二产业增加值28310.9亿元，增长2.6%；第三产业增加值37640.2亿元，增长8.7%。全省三次产业结构由7.4∶41.3∶51.3调整为7.2∶39.8∶53.0。农业生产总体稳定，粮食生产抗灾夺丰收，基础地位进一步巩固；经济作物生产稳定，位居全国第三位；蔬菜生产受强台风影响持平略减，总产量达到8181.1万吨。工业生产企业回暖，全年规模以上工业增加值比上年增长1.2%。服务业保持较快增势，全年规模以上服务业营业收入比上年增长8%。总的来说，山东省转型升级迈出坚实步伐，服务业主引擎作用凸显，占

① 国网山东省电力公司，http：//www.sd.sgcc.com.cn/html/main/col8/2020－05/06/20200506160355051838047_1.html。

② 《山东省物流与供应链发展报告（2019）》，现代电商与物流研究院，2020年6月。

③ 鲁网，http：//sd.sdnews.com.cn/yw/202001/t20200122_2668362.htm。

④ 中国经济网，http：//district.ce.cn/newarea/roll/202002/03/t20200203_34210129.shtml。

GDP 比重比上年提高 1.7 个百分点；对经济增长的贡献率达 78.2%，比上年提高 18.2 个百分点。工业结构迈向中高端，高技术制造业增加值比上年增长 1.7%，比规模以上工业快 0.5 个百分点。投资结构明显优化，服务业投资占比达到 68.2%，比上年提高 9.4 个百分点。高耗能行业投资持续减弱，下降 21.9%。"四新"经济投资占比达到 44.8%。绿色动力发展加速，新能源和可再生能源发电设备容量为 3624.3 万千瓦，比上年增长 20.7%，占全省发电设备容量的 25.8%，提高 2.9 个百分点①。

在当前"十三五"与"十四五"衔接的重要时期，山东宏观经济将继续保持平稳较快发展态势，经济总量的跃升将有力推动商业服务业发展实现新的跨越。新旧动能转换重大工程、先进制造业强省建设、重点产业振兴、战略性新兴产业发展等战略的实施，将有力拉动生产资料流通规模的扩大，增加具有引导消费能力的新兴商品供应，带动适应产业集群发展的商品交易集散中心、现代物流业的发展，并催生与现代化生产相适应的现代流通方式。

3. 市场规模不断增长，消费潜力较大

市场需求规模与发展潜力决定了商业服务业的发展规模与发展前景。山东人口数量次于广东省居全国第二位，消费需求总量与未来市场潜力巨大。

近年来山东省城乡居民收入持续增加，拉动了消费需求不断增长，成为山东商业服务业快速发展的重要推动力量。2019 年山东省居民收支协同增长，全年居民人均可支配收入 31597 元，超过全国平均水平位列第 9 位，与广东省、江苏省尚有差距，但对比上年扣除价格因素影响，实际增长 4.8%。其中，城镇居民人均可支配收入 42329 元，扣除价格因素影响，实际增长 3.8%；农村居民人均可支配收入 17775 元，扣除价格因素影响，实际增长 5.3%。城乡居民人均可支配收入倍差比上年缩小 0.05。全年居民人均消费支出 20427 元，比上年增长 8.8%。其中，城镇居民人均消费支出 26731 元，增长 7.8%；农村居民人均消费支出 12309 元，增长 9.2%。消费结构持续优化，居民人均食品烟酒支出占消费支出的比重为 26.5%，比上年回落 0.3 个百分点；居民人均服务性消费支出占消费支出比重为 42.4%，比上年提高 2.3 个百分点②。"十三五"时期是我国全面建成小康社会的重要时期，国家实施"两个同步"战略，着力增加城乡居民收入，增强居民消费能力，城乡居民收入将继续保持较快增长势头。

① 《2019 年山东省国民经济和社会发展统计公报》，山东省统计局，2020 年 2 月。

② 鲁网，http://sd.sdnews.com.cn/yw/202001/t20200122_2668362.htm。

4. 外贸资源丰富，进出口规模稳定

山东省外贸资源丰富，2019 年与欧盟、大洋洲、东盟外贸合作均取得新成效，与西亚地区外贸继续平稳发展。2019 年山东外贸进出口整体形势好于全国，主要商品出口保持稳定，进出口总值居全国第六位，占全国进出口总值的 6.5%。在外贸前六位省市中，山东进口增速居首位。

2019 年，山东省机电产品、劳动密集型产品、农产品出口分别增长 4.5%、6.1% 和 7.3%，分别占全省总值的 37.4%、19.5% 和 11.1%。海关特殊监管区域和场所发挥作用，保税物流进出口激增近 4 成。跨境电商进出口呈增长态势，自主品牌商品出口大幅增长。2019 年山东省网购保税和跨境直购合计进出口 29.6 亿元，增长 7.5%。近年来，在品牌强省战略引领下，外贸高质量发展取得明显成效，2019 年山东自主品牌出口值 2614.8 亿元，同比增长 14.2%。农产品出口再创历史新高，连续 21 年在全国各省份位居第一位。随着省内居民消费水平不断提升，消费类农产品进口快速增长，拉动进口规模创 5 年来新高。2019 年山东省农产品对“一带一路”国家进出口规模分别增长 11.8%、15.6%。山东省对广大新兴市场农产品贸易增长势头良好且合作前景广阔，未来进出口规模有望不断扩大①。2020 年前 7 个月，尽管受到新冠肺炎疫情的影响，但从全国范围看，山东省进出口增幅好于全国，出口占全国份额稳步提升。1 ~7 月，出口增幅好于全国 3.5 个百分点。从出口国别看，新兴市场整体保持快速增长势头，传统市场份额持续下降。1 ~7 月，对东盟、“一带一路”沿线国家等新兴市场出口分别增长 21.5%、9.6%，占全省出口的 13.8%、30.3%，较 2019 年同期提高 2.2 个、1.9 个百分点；对欧盟、美国、韩国、日本出口分别增长 5.9%、-7.5%、3.5%、-1.5%，合计占全省出口的 48.3%，较 2019 年同期下降 3.8 个百分点②。

（二）发展劣势

尽管山东省在商业服务业发展方面有众多优势，但也存在不少发展劣势。这些问题的存在，很大程度上制约了山东省商业服务业的发展，山东省要迎难而上，克服困难，变压力为动力，推动全省商业服务业迈上新台阶。

① 山东省商务厅网站，http：//commerce.shandong.gov.cn/art/2019/12/19/art_70721_8417719.html。

② 山东省商务厅网站，http：//commerce.shandong.gov.cn/art/2020/8/19/art_70721_9653637.html。

1. 观念落后，创新能力不足

一是文化观念传统，市场活力不足。受历史文化的影响，山东省文化观念相对传统、保守，普遍存在“重官僚轻商业”的思想，省政府关于2019年度全省国有资产管理情况的综合报告中提到，截至2019年底，全省纳入国有资产统计范围的企业10559户，省级企业3970户，高于全国平均水平。与此相对，山东每万人口拥有私营企业数量为77.4户，低于全国92.1户的平均水平，较广东、江苏少66.3户、105.3户。“国”字号平台多，但民营经济发展较滞后，市场活力不足。二是企业管理观念保守，创新能力欠缺。相对于国内先进省区，山东省商业服务业领域经营管理理念较为保守，管理能力相对落后，经营业态和经营方式创新不足。思想观念和管理理念的滞后，致使商贸企业转型不畅，经营业绩徘徊不前，直接阻碍了商业服务产业链、企业链和价值链的互联互通，影响了整个商业服务产业的综合竞争实力。在互联网、物联网等信息技术应用方面，部分商业服务企业虽然已经开始融合互联网经营模式实践，但对企业和互联网融合的重要性认识不深，全球视野、战略思维和经营理念还相对滞后，传统管理方式和管理理念仍然根深蒂固，跟不上信息化技术发展步伐，对于如何统筹谋划信息化发展，充分发挥商业服务和互联网优势，缺乏战略规划和具体举措。

2. 产业集中度低，缺乏规模经济

山东省商业服务业产业集中度低，组织化程度不高，龙头企业少，总体规模相对较小，难以形成规模优势、产生规模效益，因此导致综合竞争力不够强。主要表现为：一是企业规模小而散，各行业大型企业数量占比少。体制、行业、地域等原因导致的行业条块分割、地区封锁，使得流通企业规模相对较小且松散，缺乏特色，而各企业发展水平会在很大程度上影响其所处行业的发展，进而对商业服务业发展产生影响。二是流通企业之间关联性差，组织结构松散。山东省流通企业之间的市场联系大多局限于简单的供求关系，缺乏“长期交易”行为，企业组织结构过于分散，如传统日用百货在布局上过于分散，不仅不利于资源优化配置，还增加了其与现代流通方式融合的难度。三是产业集中度低，龙头企业带动能力较弱。山东商业服务企业数量众多，但大型商业服务企业少，尚未形成在全国有品牌影响力的企业群体。省内有影响、有品牌的本土大企业大集团少，综合竞争力有待进一步提升。近年来，全省限额以上商贸企业仅占全部商贸企业的7%左右。2019年度有10家山东企业进入中国零售百强排行榜，排名相对靠后，

排名最靠前的山东银座商城股份有限公司仅排在第20位，销售规模仅相当于全国排名前三位企业销售规模的1.4%、2.1%和7.3%。其中有5家企业排名在70名以后，具体情况如表1-3所示。缺乏龙头企业的带动效应，不利于商业服务业内的技术溢出，从而阻碍了区域间商业服务业的发展和产业升级。

表1-3　　2019年山东进入中国零售百强榜单企业

序号	企业名称	销售规模（万元）	排名（位）
1	银座集团（山东银座商城股份有限公司）	3744251	20
2	利群集团股份有限公司	2653669	27
3	家家悦控股集团股份有限公司	2592670	28
4	烟台振华商业集团	2512229	29
5	山东潍坊百货集团股份有限公司	1893000	40
6	济南华联商厦集团股份有限公司	929378	70
7	山东全福元商业集团	802190	76
8	山东新星集团有限公司	749366	78
9	山东德百集团	653900	83
10	青岛维客集团股份有限公司	615832	86

资料来源：搜狐网，https：//www. sohu. com/a/339709167_642249。

3. 流通效率偏低

省内商业服务业流通的效率偏低，服务民生、引导生产的能力不够强。主要表现为：一是流通环节多。以农产品为例，流通渠道结构仍以传统方式为主，蔬菜等农产品从田间到餐桌要经过生产者、经销商、销地批发商、销地农贸市场、消费者等多道环节，层层加价推到了销售价格。二是商品与资金周转速度慢。零售商品存货的周转率约为8.8次，比全国平均水平低0.6次。省内传统的流通业流动资金周转平均一年大约2.4次，远低于发达地区的周转速度。三是物流成本高的问题依然严峻。企业物流成本分散在产业链各个环节，物流服务质量总体偏低，资金、人工、能源等要素成本增长较快；物流用地难，用地贵；各种运输方式衔接不畅，环节多、损耗大。四是流通技术水平偏低。信息技术在商业服务业的使用不足，互联网、物联网技术逐渐在全球兴起，而山东省大部分物流企业在云计算、人工智能等信息技术和物流新设施新设备方面应用不足，导致物流智慧化程度较低。五是电商与快递协调水平有待提高，全国性品牌物流企业“到村送不起”和地方物流企业“上升走不远”问题仍没有解决。原因是乡镇至村没有共同配送体系和双向物流，单一企业乡到村物流快递没有盈利模式。由于乡镇级物流服务中心及农产品上行处理中心设施平台建设滞后，制约县到乡上下行大型物流企业与乡到村地方物流企业协同合作。①

4. 相关行业支持、带动优势不显著

信息传输、软件和信息技术服务业是商业服务业的支持行业，信息传输、软件和信息技术服务业的发展水平决定了商业服务业的信息化水平。2019 年末，山东省信息传输、软件和信息技术服务业的法人单位数为 8.1 万个，而江苏省、广东省分别是 9.8 万个、16.6 万个。从数据上看，信息行业作为商业服务业的支持产业，山东省的发展进程落后于江苏省、广东省，直接影响商业服务业信息化水平。

另外，旅游业对商业服务业的带动优势不足。2019 年山东经济总量在全国处于第三位，人口居于第二位，而旅游业发展的总体规模居于全国第四位，在《2019 中国旅游业发展报告》中，山东省省域旅游竞争力排名全国第四位，次于广东、江苏、浙江。副省级城市旅游综合竞争力第一梯队中济南、青岛由于经营实力相对欠缺，均未入选②。旅游业关联性强、带动性大，与商业服务业同属于第三产业服务体系，二者都是基于终端的消费需求而展开的产业生产和供应形态。随着人们在物质精神生活需求的日益多样化，旅游业不再是单纯的游客观光，商业服务业也不再仅限于第三产业的服务范畴。当旅游业市场需求越来越向更广阔的内需领域拓展时，二者的联动性和交叉性越来越强，表现在物流交通、住宿餐饮、金融商贸等方面的融合发展正在生成新的旅游产业链，因此旅游业发展水平落后将直接影响到商业服务业发展水平。

5. 城镇化水平较落后

城市化与商业服务业之间存在着协同发展关系，城市化所引起的人口集聚、建设投入、区域协调以及改革效应等能够明显带动区域生产、消费以及物流行业的发展，使得商业服务业的发展体现出明显的区域联动效应。

---

① 《山东省物流与供应链发展报告（2019）》，现代电商与物流研究院，2020 年 6 月。

② 中国产业信息，http：//www. chyxx. com/industry/202008/889001. html。

由于山东省农业经济较为发达，决定了山东在第二和第三产业的就业人数要在总量上比广东、江苏等省份要少，也决定了山东在城镇就业人数方面要少于广东、江苏诸省。因此尽管山东省委、省政府历来高度重视城镇化工作，但总体上看山东省城镇化发展质量仍然不高，速度较慢，与国内先进地区还存在着较大的差距。数据对比可以发现，2019 年山东常住人口城镇化率 61.51%，比全国常住人口城镇化率 60% 高 1.5 个百分点，在全国整体处于中游水平偏上一点。广东省、江苏省 2019 年城镇化率均超 70%，分别为 71.4% 与 70.61%，分列全国各省市第四位和第五位，而同为经济大省山东仅排名第十一位。山东城镇化水平落后于其他发达省份，协同效应不足，在一定程度上制约着山东省商业服务业的发展。[①]

6. 区域间仍存在发展不均衡问题

山东省的经济总量在全国位居前列，发展速度快，经济增长方式正在向集约型转变。在经济全球化推动下，区域经济合作效果明显，国际产业转移省内，山东半岛地区经济实力发展迅猛。但山东省市域、县域经济差异较大，东西部地区间和城乡间贫富差距大，制约着商业服务业发展。

一是东西部地区间发展不均衡。由于省内各区域自然条件、历史和社会发展等各方面的差异，导致区域商贸发展水平不均衡，尤其是东西部差异较为明显。中东部的济南、青岛、烟台、淄博、临沂等区域商贸服务业发展水平较高，而西部经济欠发达地区则发展相对不足。山东省规模以上的流通大企业，大多集中在中东部地区，且多数分布在二、三线城市。二是城乡之间发展不均衡。城镇地区在山东省商贸服务业中占有绝对主导地位。城区商贸和市场发展成熟度高，商业网点密集，甚至存在重复建设现象。而农村商业网点发展相对滞后，市场网络体系不健全，基础设施建设薄弱，流通业态单一，市场面貌多年来没有明显根本改善，农村消费潜力未能得到充分引导和挖掘。虽然近年来山东省农村电商呈现良好的增长势头，农村电商的数量和销售额逐年增加，但当前省内农产品的向外输出渠道尚处于起步阶段，农产品电商普遍规模小，市场覆盖面不大，且主要以家庭为输出主体，缺乏有代表性的大型农产品电商品牌，这与全国农业大省的地位不相匹配。三是城域、县域内部分布不均衡。老城区商业区相对成熟，业态齐全，商家数量和交易量都较为集中，人气旺盛。非核心区商业服务网点相对薄弱，多数新城区没有形成真正意义的商业区，流通设施闲置，人流量和交易量都偏少。

---

① 搜狐网，https：//www.sohu.com/a/391089013_100016432。

三、山东商业服务业发展的机遇与挑战

2019～2020年，是“十三五”发展规划落实完成和“十四五”发展规划谋划的关键时期，也是山东省新旧动能转换重大工程实施的重要时期，在国内外更加复杂多变的政治和经济形势下，山东商业服务业既拥有众多发展机遇，也面临着多种危机与挑战。如何抓住这些发展机遇，科学应对危机与挑战，成为摆在山东商业服务业面前的重要课题。

（一）面临的机遇

从当前国内外发展环境看，山东省服务业面临众多发展机遇。主要表现为国内经济形势平稳，“一带一路”倡议促使商业服务业投资格局发生变化，行业发展环境日益优化，新业态、新消费带动产业结构迭代更新，乡村振兴与新型城镇化拓宽行业空间，高新技术助推产业创新等多个方面。

1. 中国经济增速韧性较强，国内经济形势平稳

2019～2020年国际环境尽管出现了很多不利因素，大国竞争复杂激烈，地区热点乱变交织，世界迎来充满变数、机遇挑战并存的21世纪20年代。中美贸易摩擦、美联储持续加息等因素，使得全球经济增长动能有所减弱，主要经济体经济走势分化明显。但从国内环境看，中国经济虽然面临内外各种挑战，进入“新常态”，但仍有望继续保持6%左右的中高速增长，这在世界主要大国中仍然领先。而且，中国市场对国际资本的吸引力不断加强，已成为世界很多国家的主要贸易伙伴乃至最大贸易伙伴，是周边国家最重要的出口市场，握有较大的主动权和战略回旋空间。2019～2020年中国经济增速在新常态下运行在合理区间，产业结构继续优化，增长质量继续提高，通胀率预期和就业状况稳定，国际收支基本平衡，中国经济增速显示了较强的韧性。从山东省内环境看，新旧动能转换全面起势，乡村振兴、海洋强省等战略稳步推进，三大攻坚战成效突出，民生福祉全面增进，经济社会高质量发展也迈出了坚实步伐。国内环境的平稳发展，为山东省商业服务业的发展创造了良好的宏观环境。

2. “一带一路”倡议促使商业服务业投资格局发生变化

随着经济的发展，我国经济发展所依赖的出口消费以及投资等重要的路径模式已经逐渐地发生了变化，消费所代表的内部经济推动没有做到多预期的目标，而且投资在我国当前的形势不容乐观，在逐渐发展的过程中已经从原来的主导型变成被动型，传统产业与欧美之间的贸易也因多种因素遭到了阻碍。“一带一路”倡议的实施打破了这一格局，推动了我国的出口贸易走向新兴的产业发展国家，改善我国的内部动力矛盾，弥补国内投资格局小的情况，为我国商业服务提供了发展机遇。对于山东省而言，2019 年，山东进出口增长 5.8%，对“一带一路”沿线增长 15.9%，“齐鲁号”欧亚班列开行超千列，是年度计划的 2 倍；新设外商投资企业突破 2000 家，实际使用外资 146.9 亿美元，增长 18.6%①。“一带一路”沿线正在成为山东企业提升对外开放水平的重要载体。“一带一路”的实施，为山东省创造了丰富的投资和发展机遇，对加强区域经济发展，特别是对商业服务业发展具有深远的意义。

3. 行业发展政策日趋完善、市场更加规范

一是国家不断推出促进行业发展的政策性文件，优化了行业环境。党的十九大报告提出应“支持传统产业优化升级，加快发展现代服务业，瞄准国际标准提高水平”。2019 年 8 月，国务院办公厅印发了《国务院办公厅关于加快发展流通促进商业消费的意见》，以推动流通创新发展，优化消费环境。国家“十三五”规划纲要提出要加快推动服务业优质高效发展。开展加快发展现代服务业行动，扩大服务业对外开放，优化服务业发展环境，推动生产性服务业向专业化和价值链高端延伸、生活性服务业向精细和高品质转变。二是新旧动能转换重大工程的实施推动了行业政策落地。为配合新旧动能转换工程顺利进行，政府在财税、金融、土地等方面将加大政策支持力度，还将在重点区域探索自贸区和国家级新区、自主创新示范区等试点政策。三是现代市场规则体系逐步形成。随着国内商业服务体制改革的不断深入，法制化营商环境日益优化，以及统一开放、竞争有序的流通体系的不断完善，一个消费者自主选择、自主消费，商品自由流动、平等交换的现代市场规则体系正逐渐形成。

① 山东省人民政府：《2020 年山东省政府工作报告》，2020 年 1 月。

4. 疫情下新业态、新消费带动产业结构迭代更新

早在2015年，国务院就曾经发文提振“新消费”并出台指导意见；而2019~2020年在疫情影响下，新消费业态又有了新的变化和发展。除了在消费方式、消费体验上的“新”，更有经济结构的迭代更新。并且伴随着山东省居民收入水平的持续提高以及消费观念的转变，山东省消费结构不断改善，居民消费从注重量的满足转向追求质的提升。在新消费背景下，消费结构、消费需求偏好以及消费方式的转变，有力推动了产业结构的转型升级。如2020年疫情期间，山东惠民、沂源、临沭、商河、单县、曹县等多个县的县委书记、县长、副县长等领导干部纷纷走进网络直播间，为本地土特产品代言，形成了备受关注的“县长直播”现象。数据显示，作为直播带货的代表，淘宝直播在2020年一季度出现井喷式增长。2月新增商家数环比增长719%，3月更是同比大涨3倍，给商家带来的订单增长超过160%，其他平台也是如此①。线下市场遭到抑制，而市场需求旺盛，新消费应运而生，而新消费形式也将最终带动实体经济的复苏。很多地方政府也正是看到了这种“带动效应”，正大力发展扶持相关产业。

当前山东居民消费结构正呈现由生存型消费向发展型消费升级、由物质型消费向服务型消费升级、由传统消费向新型消费升级的趋势。消费结构的快速升级，也催生了巨大的消费潜力，促成了多方面消费热点的形成。消费者消费品质的提升加之疫情的影响，显著促进了服务消费、信息消费、绿色消费、时尚消费、品质消费、宅经济等消费新热点的形成与发展。“90后”“00后”等新生代消费群体的形成，带动了个性化、差异化、时尚化、品牌化消费，并催生网络购物等新消费模式的形成与快速发展。从消费方式看，越来越多的人习惯网上购物和信用消费，购物地点从实体店转移到任意场所。这些新的消费动向都为商业服务业转型升级指明了方向，也成为商业转型升级的强大动力。

5. 乡村振兴战略拓宽市场规模、提高流通效率

2019年山东省委、省政府贯彻习近平总书记对山东工作的重要指示要求，以深化农业供给侧结构性改革为主线，深入实施乡村振兴战略，乡村产业振兴各项工作稳步推进、成效明显。2019年，全省农林牧渔业总产值达到9671.7亿元，占全国的7.8%；第一产业增加值5116.4亿元，占全国的7.3%；农产品出口额

① 大众网，https://sd.dzwww.com/sdnews/202004/t20200420_5597020.htm。

1234.5 亿元，同比增长 7.3%，三项指标均连续多年居全国首位[①]。

乡村振兴战略的实施将为商业服务业创造新的发展机遇，一方面有助于提高农民收入，增加农民消费能力；另一方面通过相关产业的发展有助于提升农村的产业融合发展水平、加速形成协调互促格局，提升农产品和农村消费品的流通规模和效率，拓宽了商业服务业的发展空间。

6. 高新技术助推产业创新

近年来各种高新技术如移动互联网、大数据、物联网、云计算、北斗导航、地理信息服务等在商业服务环节推广应用，已经成为推动山东流通业实现战略变革、模式再造和服务提升的新动力。以网络和信息技术为主要依托的信息技术的发展，促进了商业模式创新，突破了时间和空间的限制，大大提高了商业管理水平和服务能力，节约了交易成本，提高了运营效率。另外，“互联网＋商贸流通”行动计划的实施，在引领消费模式、促进产业创新中发挥着越来越重要的作用。一是移动支付渗透“衣食住行”，消费模式更加多元化。二是电商在内外贸领域全覆盖，电子商务在城镇和农村得到迅速发展，同时也拓展了国际市场，商业服务业创新空间不断增大。三是促进业态创新，尤其是助推新零售业态不断创新。

（二）面临的挑战

2020 年受新冠肺炎疫情的影响，当前国内外政治经济形势更加复杂多变，不确定性增强，世界经济和国内经济都面临下行压力，拉动经济增长的“三驾马车”——投资、消费和净出口增速均出现不同程度的回落。省内行业发展环境也亟待改善。2019～2020 年山东省商业服务业发展仍将处在复杂多变的环境中，面临诸多障碍和挑战。

1. 国际政治经济形势充满变数

从国际政治形势看，中国周边安全变数增多，南海博弈激烈。2020 年大国竞争作为国际政治的主基调将更加凸显，大国关系加速分化调整。中美竞争渐成大国博弈的主线，中美战略竞争仍将激烈，美国已将中国看成其面临的“首要挑战”，将持续压制中国，防范中国影响力扩大，中美深层次的战略分歧与对抗仍

---

① 齐鲁晚报网站，https：//shuhua.qlwb.com.cn/detail/13965823.html。

在，未来一段时期两国围绕经贸科技争端、网络空间博弈，以及台湾、南海、新疆等问题的较量还会继续。

从国际经济形势来看，全球经济下行，2019 年底出现的新冠肺炎疫情在全球范围的扩散和蔓延造成了巨大恐慌。美股熔断、国际油价狂跌、美国的疫情日益严重，市场对于经济衰退的恐慌更加难以遏制，出现了股市、债市、黄金等全跌的现象，金融期货动荡。另外疫情在全球高度扩散带来跨境贸易停摆、国际物流人流受阻，重创全球价值链、供应链、产业链，疫情持续时间、扩散程度和各国应对措施有效性相互影响，对国际经济、物流运行和企业发展带来的更大不稳定因素，总体来看经济运行面临较大下行压力。全球主要国家开始退出量化宽松货币政策，美联储加息和美国减税等因素将给我国宏观经济运行带来一定负面影响。新兴经济体仍处于增长调整期，普遍面临结构调整和经济下行压力。全球贸易保护主义加重、国际经贸规则重塑、地缘政治冲突等将使外部环境更加复杂多变，全球经济贸易增速趋缓，中美经贸摩擦成为我国发展外部环境面临的最大变数。外需的拉动作用将会减弱，山东省出口增长将受到影响。

2. 受疫情和国际环境影响，国内环境不确定性增大

从国内形势来看，2019 ~2020 年中国宏观经济在国内外环境的双重影响下，复杂程度将继续加深，随着国内疫情得到遏制，除部分地区外正在全面复工复产，市场信心稳步恢复，但疫情对消费、投资和生产形成广泛冲击，在经济结构性和周期性因素之外增加了更多不确定性，经济发展依然面临一定的风险与挑战。外部主要风险有中美贸易摩擦风险、资本向外迁移风险、外部需求下降风险，内部主要风险有劳动力市场风险、家庭债务风险、民企融资难、融资贵以及地方政府债务风险。这些宏观环境因素都会直接或间接影响着商业服务业，使行业发展前景的不确定性增强。从山东省看，正处于结构的深度调整期、瓶颈的突破期、动能转换的胶着期，外部不确定性和下行压力加大交织并存，传统产业调整转型和新经济势强力弱交织并存，实体经济困难和要素保障趋紧交织并存，各种风险挑战不容忽视。

3. 租金、融资、劳动力等要素成本不断上升

行业发展的各项要素成本的不断上升，环保与安全约束力的增强，一定程度制约着行业的发展：一是土地资源的短缺和土地价格持续高位，推高了租金价格。二是企业融资难、融资贵等问题有一定缓解，但仍存在。银行融资产品单

一，市场信息不对称，长期信贷投放不足，导致企业成本偏高，特别是中小企业贷款难，外加中小企业自身管理制度不成熟，资金使用效率低；贷款附加条件多，批复程序复杂。三是人口老龄化严重，劳动力成本不断增加。目前，山东省人口已进入"深度老龄化"阶段，是全国老龄化程度最严重的省份，人口老龄化发展呈现快速化、高龄化、失能化的趋势。预计2020年，全省60岁以上的老年人将达到2208万人，占全省总人口的22.3%①。劳动力总量降低，工资增速快，且企业难以招到合适的工人，同时用人单位需缴纳的社会保险费比例增大，推高了人工成本。四是技术提升压力增大。在日趋激烈的竞争环境下，引入信息技术和新的业务模式是企业发展的必然趋势。这促使流通企业不得不增加对新科技、数据分析的投入，这些费用必将加重零售企业额财务负担，影响公司的盈利能力。五是环保压力逐年增加。面对资源、环境双重压力，为适应建设"两型"社会、发展低碳经济的要求，零售、批发、住宿及餐饮等传统商业服务企业将面临更大的节能技术改造压力。新环保法的实施，对企业环保管理提出了更高要求，环境违法成本激增。

4. 内外夹击，行业竞争压力增强

随着国内统一市场建设进程的加快，省内商贸企业不但需要面对省内本土竞争者之间的激烈竞争，还面临着更强的外来竞争压力。一方面，跨国连锁品牌近年来纷纷进驻山东省，争夺市场份额。2019年，山东省新设外商投资企业2517家，同比增长16.7%；实际使用外资146.9亿美元，增长18.6%，位居全国第四位，位次创历史新高②。另一方面，省内流通企业还面临省内先进省市商业服务业快速拓展带来的竞争。周边临近的京津冀、长三角等地区经济快速发展，江苏、辽宁等沿海地区开发开放不断扩大，其优势商业服务业企业在山东市场的渗透与扩张步伐不断加大。

5. 疫情加速技术与产业变革，传统商业遭受"双倍打击"

高新技术的发展不仅给商业服务业带来转型机遇，也让传统商业服务业企业面临巨大的压力。尤其是遭受疫情重创后，在技术革新与巨头布局的双重渗透下，零售行业迎来激烈的变化。为了适应消费者需求转变，从渠道、供需模式、业务类别、产品、服务以及场景等层面，竞争者不断推陈出新。以电子商务为代

---

① 齐鲁网，https：//baijiahao. baidu. com/s? id = 1575940170915115&wfr = spider&for = pc。

② 商务部网站，http：//www. mofcom. gov. cn/article/resume/n/202002/20200202934315. shtml。

表的商业服务技术创新、业态创新、模式创新快速发展，给传统商业带来前所未有的生存与发展压力。实体零售商遭受疫情与市场竞争的“双倍打击”，经营状况雪上加霜，尤其是一些转型较慢的大型企业受到冲击更大，表现在产值减低、商店关闭、品种减少等多个方面。2019 年全省限额以上批发零售业实现营业利润大幅下降，商品交易市场摊位数和成交额均有所下降。尽管造成传统实体商业业绩不佳的原因有多个方面，但电子商务的冲击是其中较为突出的一个因素。

6. 高质量人力资本稀缺，人才流失严重

2020 年上半年，受疫情影响，山东省商业服务业企业营业收入普遍降低，疫情引发的严防严控冲击服务业，服务业 PMI 陷入停滞状态，让不少身在其中的个体感受到不少压力，企业各项成本增高，因此企业为了提升效能，部分企业选择降低职工薪酬福利，先是“缩编”，还有个别“裁员”现象，被动离职现象增多。加之企业内部晋升选拔、人才激励制度不完善不成熟，批发零售等商业服务业企业难以留住人才，离职率飙升，人员流动较大，学习、风险成本提高。

同时当前商业服务业人才培养方面存在着专业人才数量少、高校人才培养的知识与能力结构与流通产业发展需求不相适应、高层次管理型人才严重缺乏等问题，制约了流通行业的发展与转型升级。全省商业服务业大部分从业人员都属于传统型和经验型，并未接受过正规的专业教育和培训就上岗，缺乏对品牌管理和营销知识的认识，不了解先进的管理方法和经营理念，更缺乏创新意识。高层次的科研开发人才更是短缺。目前省内商业服务业研究与开发机构人员很少，本科及以上特别是具有中高级专业技术职务的专业人才严重匮乏，制约了行业整体技术水平的提高，不利于商业服务业的持续健康发展。

四、山东商业服务业发展的趋势分析

在全省加快新旧动能转换，推进供给侧结构性改革的大背景下，山东省商业服务业也面临深刻变革，流通新业态、新模式、新技术不断涌现，加之新冠肺炎疫情的推动，疫情平息后仍将对居民购物方式和消费态度产生长远的影响。2019 ~ 2020 年因为抗击疫情，消费者足不出户，中国整体商业活动明显低于 2019 年同期，人们购物的种类及方式也发生改变。因此未来商业服务业呈现出如下发展趋势。

（一）商业服务业一体化进程加快

基于产业价值链的角度，在目前“互联网+”迅速发展的背景之下，产业融合趋势更加明显。产业融合基于网络平台，借助“互联网+”的方式，融合零售业、物流业及其他相关产业，产生新的产业价值链条。而新产业链的产生无疑会促使传统商业服务业的循环方式产生巨大变革，即逐渐从单向循环转变成双向循环，进而为商业服务主体提供了更多市场机会。

同时随着经济的发展，物质条件的提升，消费者的消费需求不断提升，消费理念和消费习惯日益多元化、细分化、个性化，由过去追求量，到越来越追求质，促使商业服务企业转变传统的单一产品经营理念，为消费者提供一体化服务。电子商务的兴起与快速发展，使消费者能够以更加便利、快速的方式获得所需要的产品和服务，拓展了商业服务企业的销售渠道。随着商业服务业改革与转型升级政策的落实和行业信息化建设的快速发展，越来越多的商业服务企业尝试逐步运用全局供应链思维，利用物联网、区块链等技术，建设供应链一体化管理平台。供应链一体化管理平台的应用将打通物流、资金流和信息流的隔阂，同时向供应链上下游提供市场开发、价格谈判、在线支付、金融支持等增值服务及综合解决方案，借助云计算、大数据等技术挖掘数据的价值，辅助企业及终端客户的经营决策，从而提升物流运作效率，降低运营成本。

以流通企业为引领，借助持续的政策推动和技术进步，供应链整合将开启以流通信息化、可视化快速探知消费动态、以数据化驱动实现更合理产能配置的新阶段。

（二）商品交易市场不断创新与转型

当前伴随中国经济提质增效和经济发展方式的转变，特别是“三去一降一补”五大任务和供给侧结构性改革的深入推进，山东省商品交易市场的扩张发展模式也相应结束，商品交易市场数量开始大幅减少。预计未来几年，商品交易市场数量将会继续减少，直到市场供给过剩的局面得到缓解。在优胜劣汰的淘汰机制下，一部分商品交易市场开始探索转型升级，开始探索信息技术和电子商务背景下的实体市场的新定位、新功能、新模式，有的积极试水线上线下的业务融合，有的借助信息技术探索软服务的智能化，转型智能商城，赋能展示新体验，还有的逐步向物流园区方向转型。加之疫情结束后，电商和远程办公将会更加普及，无接触交易会成为常态，细分领域的电子商务蕴含了大量的机会。

总体上看，未来各类商品交易市场的数字化、网络化、智能化的水平都将不断提高。未来发展平台经济将是商品交易市场转型发展的其中一个大方向。在移动互联、物物互联、消费升级的背景下，商品交易新模式将会被应用到各个消费的子行业里，商品交易市场也应该抓住这样的机会在市场更加细分的过程中，融合发展，跨界发展。

1. 零售领域交易智能化、便捷化

未来山东省消费者的网购规模会进一步提升。新冠肺炎疫情使得人们尤其是中老年群体和农村居民对网购的了解、需求和依赖日益加深，刺激未来山东省的数字经济以更快的速度增长。因此也将带来基于用户年龄范围、区域等人口特征变化的线上消费新格局。受到疫情影响，很多科技公司迅速反应，根据市场需求变化开发新技术、新服务，从而带动了新技术的开发和使用，例如阿里巴巴在火神山医院开办无人超市、京东使用送货机器人在湖北配送医疗物资、百度在疫情袭击严重地区部署具有各种用途的无人车辆等。随着疫情推动对相关技术的使用，山东省的消费者、制造商和营销商会更快明白此类服务对生活方方面面的巨大潜力，加快相关技术发展。

在传统零售行业的经营模式面临严峻的挑战的形势下，实体零售商也主动积极转型，采用多种创新手段提升经营效率，以满足消费者不断变化的消费习惯。不少零售商通过应用新技术如人工智能，大数据赋能，加快转型升级，推出了不少新的商业模式及零售业态。未来，跨界融合将成为零售创新的新形式，省内部分大中型零售企业，如银座集团股份有限公司等，开始尝试通过跨界合作，借助多种业态模式和业种相互组合，适应市场变化的需求，更好地满足消费者。实体零售商业运营商一方面积极引入各类新兴业态来提高差异化程度，力求夯实自己的竞争优势。与此同时，商家和品牌也在通过跨界、创新等方式寻求新的细分市场定位，提供独特的产品和服务，如打通线上线下全方位零售渠道、更多融入科技元素、打造 IP 化场景消费等。

作为培养和保持核心竞争力的重要方式，零售业未来将继续创新升级的步伐。在消费升级的背景下，越来越多的零售企业开始重视核心竞争力的差异优势，积极探索和创造消费者需要的更优质的商品和服务，及更加适应个体需求、更加便捷的购物体验。

2. 商业地理版图网格化

疫情期间，居民为配合抗疫需要减少外出，生活所需更加依赖社区商业。这种需求的变化使得消费者更偏好离家较近的社区商店，而对大型购物街区的需求降低，社区商店、超市、便利店以及网络购物已经转变成生活必需品的重要传递途径。基于居民需求转变，社区商业综合体、医疗服务中心等设施的投资将增多。从长期看，这有利于助推山东省商业地理版图向更细分的网格方向发展。

3. 餐饮消费健康化，营销数字化

移动互联、线上支付等功能为消费者购买外卖、线上预定或带来极大便捷，伴随着人工智能越来越多在服务业应用，线下线上、商业与互联网相结合的O2O模式将成为未来餐饮行业的发展方向，餐饮行业正在迅速步入数字化、智能化时代，这一方面使得消费者消费过程更加便捷；另一方面也可以提供更高效的服务，提高顾客满意度，降低人工成本。同时商家和平台可以通过互联网得到用户偏好等大数据，方便更加有的放矢的规划产品及营销。

同时由于当前疫情多次暴发于海产品市场等监管乏力的传统零售点，为消费者敲响了食品安全的警钟，越来越多的消费者开始反思并更加关注食品安全问题，因此未来食品市场将面临健康需求的转变。应用区块链、大数据等技术加强对食品生产监控的企业将会从中受益，整个健康产业也会因此受益。

（三）区域格局向乡村延伸

山东省农村人口5000万人，农村市场有着广阔的发展空间。为响应党的十九大提出的实施乡村振兴战略的重大决策部署，山东省商业集团有限公司积极参与山东省乡村振兴发展战略的实施，成立了鲁商乡村发展有限公司，探索乡村振兴齐鲁样板模式的构建，同时也积极创新探索适合乡村振兴发展模式的商业服务发展路径。为有效推进乡村振兴齐鲁样板发展，集团将以乡村振兴和文化旅游项目夯实乡村振兴项目经济基础，推动一二三产融合、城乡融合、资本与项目融合，打造“文化+旅游+产业+互联网”的“新六产”项目，发展“生态农业园区、文旅体验街区和生态生活社区”三区融合、各具特色的城乡互动新载体，构建“人、文、治、产、城”一体的乡村新平台，形成治理有效、生态宜居、产业兴旺的新引擎。

习近平总书记参加十三届全国人大一次会议山东代表团审议时，就实施乡村振兴战略特别是推动产业振兴、人才振兴、文化振兴、生态振兴、组织振兴和乡村振兴健康有序进行作出重要指示，要求山东充分发挥农业大省优势，打造乡村振兴的齐鲁样板，为山东省做好乡村振兴工作，指明了前进方向，提供了根本遵循，注入了强大动力。《山东省乡村振兴战略规划（2018 ~ 2022 年）》、国务院《关于促进乡村产业振兴的指导意见》等的颁布与实施，为农村产业振兴指明了发展方向。

随着规划与相关利好政策在山东落地，农村产业将更加兴旺，农民消费水平将进一步提高，农村商业服务基础设施将会更加完善，农村流通组织将更加健全，所有这些都将极大地拓展山东省商业服务的发展空间，改变商业服务业的区域格局。

五、山东商业服务业发展的对策与建议

2019 ~ 2020 年我们即将告别“十三五”规划，迎来“十四五”，第二个百年目标即将开启。这也是山东深化改革开放、加快转变经济发展方式，实现科学发展、创新发展、可持续发展的战略机遇期，是全面建成小康社会，脱贫攻坚决战决胜之年。一方面推动消费提质扩容、提升供给质量，使得行业消费升级与供给侧改革形成良性互动机制；另一方面改善企业融资环境、促进内外贸融合、充分激发创新驱动潜力、明确各产业发展重点，积极推动山东省商业服务业高质量快速发展，助推全省经济转型发展。

（一）推动行业消费升级与供给侧改革形成良性互动机制

一方面加大供给侧结构性改革力度，不断提升供给的质量和水平。以高质量的产品和服务打动消费者、吸引消费者，开发新的消费市场、促进新的消费服务。另一方面完善体制机制、改善消费环境，进而实现消费提质扩容、释放消费潜力。消费升级促进经济升级，高质量的消费必然要求具有高质量的产品和服务。随着居民对新的消费产品与服务的接受，从而产生新的需求，推动消费在供给基础上的新的提升，反推供给领域进一步提高供给水平和供给质量，形成相互促进的良好机制。

1. 强化统筹发展、协调商业服务体系，提升供给质量

按照国家深化供给侧结构性改革的部署，结合山东省区域发展战略，深化流通管理体制改革，进一步优化现代流通产业网络和格局，提升城市商业服务体系，加快农村商业服务体系建设，推动解决商业服务发展不充分不平衡的问题，重视统筹城乡流通一体化，加快山东省城乡流通一体化步伐，从而提升供给质量，提振消费信心。

（1）深化流通管理体制改革。进一步转变政府职能，加快简政放权，优化职责分工，加强部门协作，建立适应大流通、大市场发展需要的新型流通管理体制。坚持市场化改革方向，以建设法治化营商环境为主线，以新的流通创新为引领，通过深化改革，推动政府转变职能、简政放权，打破地区封锁和行业垄断，充分发挥市场配置资源的决定性作用，优化内贸流通发展的体制机制，完善行业标准，完善流通法规、规则和诚信体系，逐步形成政府依法行政、企业守法经营、中介组织规范自律、社会公众有效监督的法治化营商环境和分工明确、协调高效的内贸流通管理体制，增强内贸流通服务经济社会发展全局的能力。

（2）做好城乡统筹规划，优化产业布局。山东省各地区之间的商贸流通服务业发展的差异性比较明显，想要提高全省产业整体水平，做好城乡统筹规划是必要的，充分发挥鲁东地区、城镇等发展水平较高的区域的引领作用，根据动态的地域性商贸流通产业发展机制，利用反哺和地方调控，完善商贸流通服务体系构建。

因此，构建科学、完善的流通产业组织结构是流通产业升级发展的保障条件与关键内容。一是进一步明晰区域商业服务业发展定位和发展战略，引领区域商业服务发展。二是充分发挥市场在资源配置中的作用，运用市场化手段，通过混合所有制改革、参股控股、兼并收购、资产重组等方式，打破地域、领域和行业界限，优化资源配置，推动优质资源向优势企业集中，努力培育商业服务龙头企业。三是加强经济不发达地区和广大农村地区商业服务布点，优化商业服务产业布局，建立商业服务网络，完善物流运输等相关配套设施，逐步解决商业服务效率低下问题，实现城乡商贸流通产业的统筹发展，对产业服务体系进行优化和调整，有利于商贸流通服务体系的进一步发展。

（3）提升城市商业服务体系。科学确定城市商业服务设施发展建设需求，统筹设计未来城市商业服务设施的功能结构、空间布局和建设规模，推动商业与人口、交通、市政、生态环境协调发展。一要加快提升现有城市核心商圈。引导新

老商圈明确定位、突出特色、提档升级、错位发展，形成核心商圈长效管理机制。二要建设各具特色的新兴地标性商业。依托现有商业项目资源，引进知名商品和服务品牌，发展大型购物中心、国际知名百货店与专卖店，形成区域性商业新地标。三要发展形式多样的特色商业街。在特色商业街建设中注重历史文化与当地特色的结合，提升商业品味，优化商业环境。

（4）加快农村商业服务体系建设，完善产业信息化建设。以乡村振兴战略的实施为契机，通过产业融合与供应链创新，加快推进农村商业服务体系的建设。一是要完善城乡双向的消费品流通体系。鼓励现有大中城市的连锁流通企业向农村延伸商业网点，实现工业品下乡。推动流通企业发展订单农业，大幅减少农产品流通环节，建立集农产品生产、加工、包装、销售为一体的新型农产品供应链。二是加强农村商业网点规划，提高网点设施条件，逐渐完善农村地区商业服务业网点、基础设施等方面的建设，降低农村地区商业服务业的综合成本，消除城乡在交通运输以及行业标准等方面的障碍，大力推进城乡一体化进程。积极鼓励有实力、有规模优势的商业企业利用连锁体制，以市级店及配送中心为依托，以县级市场为桥头堡，选择人口集中、条件较好的乡镇和村庄开设店铺，建立完善营销网络。三是加强农村地区产业信息化建设，积极发展农村电子商务。要将现代化信息技术融入农村地区的发展建设中，完善基础设施，加大互联网信息技术的推广和应用，强化建设力度，将多种现代化科学技术的作用充分体现出来。在推进农产品品牌建设的基础上，加快完善电子商务公共服务体系，积极构建农产品上行体系，建立和完善农村物流服务体系。

（5）因地制宜，发挥区位、资源优势，形成特色发展格局。在市场竞争中，差异才能生存、特色才能发展。山东各个地市的环境、市场各有千秋，在商贸流通服务业发展过程中，要注意因地制宜、各取所长，形成特色发展格局，发挥地域、资源优势推动产业发展。比如东部沿海城市，可以借助港口优势，抓住“一带一路”倡议实施的机会，打开国际市场、参与国际竞争、发展国际服务贸易，注重培育和发展新兴业态，提高行业发展层次。对于像德州、聊城和菏泽等鲁西北内陆城市而言，则需要大力发展农副产品的商业服务，利用旅游业的联动作用来带动餐饮和交通业发展。利用农业资源优势发展生态游、乡村游等，为了增加吸引力和竞争力，这些城市要协调开展跨区域联动精品旅游线路。

2. 挖掘消费潜力，促进消费升级

商业服务业高质量发展与居民消费升级质量提升之间存在双向影响效应，两

者互为因果，在当前国内外经济环境趋紧的形势下，山东省需利用和发扬市场消费潜力巨大的优势，以消费的基础性作用来对冲经济下行压力，通过扩大市场内需来平衡外部的不确定性，推动消费实现提质扩容，这也是实现商业服务行业长足发展的重要途径。

（1）挖掘消费潜力，缩小地域、城乡收入差距。山东省人口数量多，消费潜力大，充分发挥消费对商业服务服务业的带动作用需要政府进一步改善消费环境，继续挖掘消费潜力：一是缩小城间、城乡收入差距，深化收入分配制度改革，完善企业、机关事业单位工资分配制度，增加低收入群体收入，扩大中等收入群体。继续缩小城乡收入差距，通过推广农业规模化经营、落实精准扶贫和各种惠民政策、不断提高农民创业增收能力。二是加大对房价的调控力度，降低居民的生活成本，释放居民消费潜力。夯实教育、医疗保障，增加居民消费预期。三是继续推进精准扶贫，提高底层人民收入，尤其给予在疫情期间受到冲击的低收入家庭相应的救助。政府可以帮助低收入人群了解应聘途径、提供职业培训，拓宽底层人民就业渠道，从而提升收入水平。

（2）提高居民消费品质，促进城乡居民消费升级。一是政府应继续推进消费领域改革，特别是医疗和养老等服务业，从而推动居民生活水平提质，促进消费升级。二是从供给入手，鼓励和支持高端产业发展和宣传，提升产品质量，扩大品质消费规模，顺应消费变化需求，增加时尚、健康、绿色、智能商品服务供给，打造“互联网+生活”服务体系，推动消费从商品消费向服务消费、生活方式消费转变。三是营造安全放心的消费环境，增强居民消费信心。同时，健全消费者维权机制，不断提高消费者主体意识和维权能力，创建安全放心的消费环境。

（二）强化技术赋能和创新引领

把创新作为引领流通业发展的第一动力，确立以创新驱动为主的商业可持续发展模式，建立以企业为主体、市场为导向、商学研相结合的创新体系，加快推进新技术、新产业、新业态、新模式发展，实现流通产业转型升级。

1. 探索发展模式创新，促进各类商业模式与产业形态应用

以包容创新为导向，商业服务企业要积极学习借鉴发达国家商业服务企业发展模式和先进经验，认真贯彻新发展理念，充分运用互联网技术，打破行业、地域、领域的局限和流通环节之间的壁垒，积极创新企业经营模式。一是鼓励平台

经济、分享经济和体验经济。加快完善有利于平台型企业发展的融资支持、人才供给、兼并重组等政策，建立适应分享经济发展相关制度体系。发挥平台带动和整合作用，促进行业发展。支持企业依托现有能力和资源发展分享经济，鼓励企业挖掘流通各环节的体验价值，利用新技术发展线上线下新型体验服务。二是探索跨界融合发展。积极探索商业服务业与交通业、旅游业、文化产业、产业园区等不同产业的创新性融合发展模式，拓展商业服务业的发展空间，形成更多流通新平台、新业态、新模式。三是探索相关领域的融合发展。促进内贸与外贸、电子商务与物流运输、实体新零售与金融、计算机信息与大数据等领域的融合发展。四是鼓励新兴业态创新。支持线下经营实体加快新理念、新技术、新设计改造提升，向场景化、体验式、互动性、综合型消费场所转型。支持百货商场、购物中心等商贸活动场所增加餐饮、休闲、娱乐、健康、文化等服务性消费逐步向商业服务综合体转型，着力打造主体多元、业态多样、业种丰富的商圈。

2. 积极推动组织与管理创新

目前商业领域的行政管理是多头管理，九龙治水，管理碎片化、条块化还比较明显，管理职责不清，有利互相争、有权互相争、有责互相推的现象比较多，这样的体制肯定难以适应大市场、大流通发展的需要，必须重视组织结构创新，包括流通行政组织、流通企业组织、流通行业组织创新，同时要充分发挥行业协会在商业发展中的重要地位，解决政府行政机构对流通管得过多、过细、过死的问题，提高流通领域组织的规范化和科学化管理。在管理创新方面，一是从管理战略上促进商业服务企业向集约化发展方向迈进，在品牌定位、主业扩展、精细化管理等方面实现模式创新。二是在内部管理方面创新管理手段，在统一规范管理、批量采购和集中快速配货等方面挖掘内部潜力，提高管理与运行效率，降低成本，实现企业的内涵式增长。三是打造智慧型供应链，建立以商业供应链模式创新、供应链结构调整、供应链流程优化、供应链信息共享为目标创新发展流通供应链体系。

3. 创新技术工艺，推动深度应用

一是要提升技术创新能力。以企业为技术创新主体，鼓励和支持企业加大研发投入，建立研发机构、研发团队；推动跨领域创新协作，鼓励社会资本参与应用型研发机构市场改革；支持龙头企业建立技术创新战略联盟，扶助中小微企业创新，搭建多方参与的技术创新网络平台。二是要加强商业服务领域的基础设施

投入，具体包括仓储、加工厂、冷库、物流配送、农贸市场、大型超市及大型批发市场的建设，由于这些设施直接为社会、为老百姓服务，属于公共基础设施的重要组成部分，应在政府的引导下尽可能引入民间资金进行投资。三是要加快互联网、大数据、物联网、人工智能等技术应用，推动新的网络技术、信息技术与通信技术在认证、交易、支付、物流等流通环节的应用推广，推动商业服务业实现从劳动密集型向知识密集型、技术密集产业的转变，逐步由单一贸易功能向综合性功能拓展。四是加强技能工艺创新。适应市场专业化、精细化、个性化需求，支持商业服务企业研发新工艺、新设计，优化服务流程；利用新技术与传统工艺相结合，创新和发展传统技艺；弘扬工匠精神，培养高技能人才。

4. 运用互联网大数据思维，推进服务业数字化智能化应用

大力推进商业服务业数字化、智能化应用。利用新一代信息技术帮助产业改造提升，创新要素配置方式，推动服务产品数字化、个性化、多样化；加强数据资源在服务领域的开发利用，建设云服务平台，全面推进行业内大数据高效采集整合和安全应用。另外促进服务业智能化，培育人工智能产业业态，促进人工智能在流通等重点领域推广应用；推动传统流通业转型升级。鼓励建设“智慧商场”，利用网站、微信、手机 App 等与消费者建立全方位互动，培育新的竞争优势。

5. 大力培育和引进创新人才

提升山东省对于商业服务业专业人才的吸引力，完善人才培养与开发、人才引进与流动、人才评价与激励、人才服务与保障政策，吸引招募优秀科研开发人才、技术人才、管理人才与企业共同成长。推动企业与高校、科技公司、行业内其他公司等进行合作，打造人才生态链，实现岗位与人才的对接。另外鼓励企业将从传统的分模块工作模式转向职能整合和数字化体系建设模式，促进人力资源体系高效整合。

（三）优化行业发展环境，发挥相关行业的带动协同作用

1. 改善商业服务业企业融资环境，推进金融机制改革创新

要促进商业服务业效率提升，政府一是应该重视金融发展对商业服务业效率

提升的影响效应，通过金融供给侧改革、金融体制机制的创新、金融产品的创新，来为商业服务业企业融资开辟广阔的渠道；二是加大政府对金融机构的引导，鼓励金融机构加大对商业服务业发展提供便利的融资渠道；三是对商业服务业发展提供融资便利的金融机构给予财税政策的适当倾斜，激发金融机构愿意并积极为商贸流通业企业提供融资便利，以促进商业服务业企业开展生产工艺的再造和革新，促进商业服务业企业效率的提升。

2. 推动相关产业与商业服务业融合互动

在市场分割环境下，实现城乡商业服务一体化运行，需要商业服务业和其他产业协同发展，市场经济条件下，依靠自身的单独发展往往很难持续。商业服务业可以与旅游业、城镇化、新型工业化、农业产业等，形成融合互动的关系。发展城镇商业服务产业，发挥就业优势，吸引农村劳动力成为商贸从业人员，加强对农村劳动力的培训，提高商业服务经营管理水平。发展星级农家乐、景区星级酒店、乡村休闲旅游等，融合旅游商品市场、餐饮娱乐市场。不断拓展商业服务的规模，扩大市场。商业服务可以创造、开拓市场需求，扩张工业生产规模，与新型工业化实现融合互动。通过商业服务，促进工业内部的产业升级、分工，以及市场的专业化与细化。商业服务的繁荣，将为新型工业化提供发展机遇。商业服务业可以带动农产品流通、农业产业化经营，引导餐饮企业、流通企业等在农村办农产品加工厂、建立种养基地等，带动农民增收。

（四）推进内外贸联动发展

当前，传统外贸受到疫情较大冲击，国际疫情扩散蔓延影响外贸出口，我国外贸发展面临的外部环境比之前更为严峻。外贸企业复工复产之际，还面临海外订单取消的风险。因此，山东省应加快推进内外贸联动发展，构建大市场、大流通、大贸易发展格局，整合国内国际市场资源，加强国内贸易与对外贸易协调联动、协同创新，积极推动贸易强省建设，对抗击疫情影响具有重要意义。

1. 构建开放融合一体的流通新格局

一是实施流通“走出去”战略，鼓励企业在境外建设商贸物流型经贸合作区，支持企业建立海外营销、支付结算、仓储物流及售后服务网络，打造全球供应链体系。二是积极推进内外贸融合发展平台与主体的建设。建设一批链接国内外市场、运行规范的跨境贸易电子商务综合服务平台；培育一批经营模式与国际接轨的商品交易市场；打造一批内外贸兼营的批发零售企业。三是进一步提高内贸流通领域对外开放水平。支持内外贸企业间的兼并重组，发展新型流通业态。更加注重引进国外先进技术、管理经验与商业模式，吸引跨国公司在省内设立采购、营销等功能性区域中心。四是借助互联网推动内外贸融合发展。要抓住新一轮科技革命发展的机遇，大力发展电子商务和跨境电子商务，通过统一的准入标准、信用制度、交易准则和金融体系等，实现对信息流、资金流和物流信息的资源整合，实现内外贸融合发展。

2. 推动内外贸“两个市场一个标准”融合发展

统一的国内外市场规则是推动内外贸融合发展、联动发展的重要基础，因此应积极推动内外贸“两个市场一个标准”融合发展。一是要利用国际贸易规则健全国内市场规则和制度体系，推动国内贸易领域法规、标准和信用体系建设，创新市场监管和治理模式。同时，要鼓励内贸流通企业学习国际贸易惯例，增强参与国际市场竞争的能力，提高企业在国际国内两个市场的资源配置能力。二是要总结推广“用外贸标准办内贸”做法，在农产品流通、物流配送、电子商务、生活服务业等行业，加快对接国际标准。积极发展跨境电商，鼓励省内企业与境外电商平台强强联合，推动跨境电子商务企业与外贸转型升级基地、出口农产品质量安全示范区等产业集群对接。

3. 加大政策扶持力度，稳外贸、稳外资

按照党中央、国务院做好“六稳”工作的部署，坚持扩大开放，采取一系列稳外贸、稳外资举措。一是强化银行业金融机构金融支持“稳外贸”作用，引导增加外贸信贷投放，落实中小微企业贷款临时性延期还本付息等政策，通过多种途径提供资金扶持，在财税、金融、外贸、保险等领域制定与实施相对灵活的优惠政策。针对不同规模的流通企业，采取不同程度的减税让利措施，减少减税、免税、退税工作的审批环节。二是协助商贸企业拓展国际营销与贸易渠道。政府主管部门与行业协会利用自身资源与优势，通过多种渠道多种方式，协助商贸企业组织国内长线产品出口以及国内短线产品进口。三是调动行业组织、贸促机构为商贸企业制定国际竞争决策与发展战略提供决策支持，为企业提供必要的法律和信息服务。政府主管部门与行业协会应深入调研商贸企业的国际贸易需求，建立健全国际情报网络体系，积极调研国外重点区域的市场，收集国际情报信息，

为企业决策服务，采取必要措施保障重要企业和关键产品生产出口。

（五）明确商业服务业各产业发展重点

根据山东商业服务业发展现状与发展目标，结合商业服务领域的规划与政策引导方向，进一步明确山东商业服务业的发展重点。坚持消费引领、创新驱动、服务民生、开放融合、统筹协调等发展原则，帮助批发零售业、住宿餐饮业以及商贸物流与电子商务等产业从疫情的打击中恢复活力，增加效益。

1. 缩小批发零售业地域差距，推进批发零售业线上线下一体化发展

受地理等因素影响，山东省中西部部分地区基础设施不完善，物流效率低，批发零售业发展缓慢。政府应加大中西部地区基础设施建设力度，提高物流效率，出台相关政策带动当地产业发展，为批发零售业的协同发展创造良好环境。缩小各地区批发零售业发展水平差距，进一步优化城乡流通网络，建设现代批发零售服务体系，构建开放融合的大市场、大流通格局，扩大农村地区批发零售业发展规模。同时，挖掘农村地区旅游资源，促进农村地区批发零售业的发展。支持市场主体利用资本、品牌和技术优势，向商业设施相对薄弱地区布局。

大力发展电子商务，推动传统商业服务企业利用互联网等先进信息技术进行升级改造，依托电子商务平台实现批发零售业线上线下一体化发展。加快批发业转型升级，增强物流配送、展览展示、质量标准、金融服务等新型功能。重点推动商品市场转型发展，通过提升、迁建、关闭等措施，推动商品市场集聚化、园区化发展。引进培育大型供应链企业，推广应用现代流通技术和设施设备，创新金融产品和服务，实施标准示范和质量认证，提升物流配送、金融服务、规范管理水平，推动商流、物流、信息流、资金流融合。推动零售企业转变经营方式，加大自主品牌、定制化商品比重，丰富消费体验。积极发展社区商业，引导便利店等业态进社区。推进农产品流通和农村市场体系建设，畅通农产品进城和工业品下乡双向流通渠道。

2. 扶助住宿餐饮业企业度过困境，推进住宿餐饮业连锁化、品牌化、标准化经营

疫情重创住宿餐饮业发展，政府可适当减免餐饮住宿业租金，对餐饮住宿企

业给予税收优惠和补助，采取支持中高端住宿业、电商网络经济、社区餐饮物流配送等多方面措施。未来政府需重视强化服务民生的基本功能，形成以大众化市场为主体、适应多层次多样化消费需求的住宿餐饮业发展新格局。大力推进住宿餐饮业连锁化、品牌化、标准化经营，加强“老字号”保护，提高住宿餐饮服务业的文化品位和绿色安全保障水平。推动住宿餐饮业分层次错位经营，积极发展满足人民群众需求的细分业态。发展绿色酒店、主体酒店、客栈民宿、短租公寓、长租公寓，积极引进国内外知名酒店管理品牌，完善星级酒店监督机制，开展农家乐宾馆星级评定。加快餐饮业特殊发展，发展有机餐饮、快餐团餐、传统鲁菜、特殊小吃等特殊餐饮，建设一批特殊鲜明、业态丰富的风味美食街区，举办一批大型美食节庆活动。实施餐饮业品牌战略，开展餐饮“名企”“名店”建设工作。支持住宿餐饮企业发展电子商务，加快预订平台、中央厨房、餐饮配送、视频安全等配套设施和服务体系建设，实现线上线下互动发展。对加快铺设城市末端智能配送设施，投放智能生鲜自提柜、取餐柜等新型社区化配送设施。

3. 完善物流园区发展布局、加快推进“互联网+”商贸物流企业融合发展

依据山东省区域发展战略，结合各地经济发展特点、交通运输网络和物流业发展的实际情况，重点规划建设和推进东部港口物流群、省会城市群经济圈物流群、路南商贸物流群、黄河三角洲高效生态物流群、西部经济隆起带物流群等五大物流区域。进一步发挥国家级、省级、地区级和县级物流节点城市的辐射带动作用，根据产业特点、发展水平、设施状况、市场需求、功能定位等，加强物流园区的基础设施的规划布局。

加快推进“互联网+”商贸物流企业融合发展，充分运用信息化、互联网手段改造提升传统物流业，加快推进物流服务社会化和专业化，积极建设充分利用物流公共服务平台，推动物流企业提供第三方、第四方物流解决方案及物流进入等供应链管理服务，推动智慧物流发展。完善城市共同配送网络。以物流信息标准化为切入点，以互联网、物联网、大数据、云计算等现代信息技术为支撑，推动人工智能、射频识别、温控传感、卫星定位、智能投递等现代物流技术的广泛应用。重点培育一批智慧物流配送示范城市、园区和企业，鼓励平台模式、加盟模式、供应链模式、全产业链模式等物流新商业模式创新发展。加快冷链物流突破发展，完善冷链物流仓储设施，深化冷链物流示范创建。

4. 抓住电商经济重大机遇

疫情防控背景下，电子商务、直播经济优势凸显，迎来了重大发展机遇期。大力推进“直播带货”等线上线下相融合营销方式的变革，直播电商异军突起，促进了线上新型消费的快速发展。依托山东巨大市场需求和深厚文化底蕴，引领新的发展理念，发出正能量声音，促进建立规范良性发展机制，同时凝聚各要素创新力量，为行业提供更深层次的服务，深化供给侧结构性改革，推动直播产业由高速增长阶段转向高质量发展阶段。

推进电子商务基础信息设施、电子商务安全及电子商务监测体系建设。积极培育商业模式成熟的电商企业，支持有条件的电商企业通过兼并重组、战略合作等方式扩大规模。积极推进平台建设，打造一批区域性网络零售平台、行业垂直电商平台、大宗商品电子商务平台，积极培育电商“双创”平台。建设集聚度高的电子商务产业园区，加大招商力度，形成电子商务产业园、跨境电商园区、电商创业园、孵化中心、创客工场等多层次的电商产业集聚发展平台。加快农村电商服务网络全覆盖，培育引进一批有成熟运营经验的农产品电商运营商，打造一批具有较高市场认知度、专注于垂直细分领域的农产品电商平台。实施“互联网+品牌”工程，以市场需求为导向，重点推行渠道建设，打造互联网品牌创建公共服务平台、培育“互联网+品牌”示范样板，构建山东省电子商务区域品牌。

参考文献：

[1]《山东统计年鉴（2020）》，中国统计出版社2020年版。

[2]《山东省国民经济和社会发展第十三个五年规划纲要》。

[3]《山东省“十三五”内贸流通发展规划》。

[4] 崔文芳、李记林：《基于菲德模型的我国商贸流通服务业影响力实证研究》，载《商业经济研究》2019年第22期。

[5] 宋则：《“十三五”时期寻求商贸流通业创新发展新趋势》，载《中国流通经济》2016年第1期。

[6] 袁平红：《全球流通发展新态势下的中国流通产业发展方式转变》，载《中国流通经济》2014年第2期。

[7] 中国社会科学院财经战略研究课题组：《我国商贸流通服务业战略研究》，载《经济研究参考》2012年第32期。

[8]《2019中国电子商务发展报告》，商务部电子商务和信息化司，2019年

5 月。

[9] 邹宏玉、何方永、王小红:《我国商贸流通业与旅游业的耦合发展关系及区域特征》，载《商业经济研究》2020 年第 12 期。

[10]《2019 年山东省国民经济和社会发展统计公报》，山东省统计局，2020 年 2 月。

第二章

山东居民消费现状研究与展望*

扩大居民消费是关系到国民经济平稳、健康和可持续发展的关键，也是提高人民生活和福利水平的重要途径。自改革开放以来尤其是加入世界贸易组织后，我国积极参与了全球价值链分工，以要素低成本、出口导向型战略实现了经济高速增长。但这种高速增长模式已越来越不可持续，核心技术缺失、产业基础薄弱、产业链现代化水平低、国内市场需求得不到有效满足等问题日益突出，严重制约我国经济从高速增长转向高质量发展。在这样的背景下，习近平总书记提出构建“双循环”新发展格局。在这种宏观环境下，深入分析山东省经济发展面临的内外形势，探讨如何充分发挥山东省超大规模市场优势和内需潜力，积极参与构建以国内大循环为主体、国内国际双循环相互促进的新发展格局，意义尤为重要。

一、山东城乡居民消费现状

当前山东正在经历一场消费结构升级“革命”，居民消费观念逐渐发生变化，消费结构升级的趋势越来越明显，速度越来越快。

（一）山东居民消费水平分析

2019 年，全省居民收入增长平稳，消费水平不断提高，城乡居民收入差距缩小，消费结构持续优化，但是无论城镇居民还是农村居民，其人均消费支出均

---

* 本章作者简介：韩雪，山东商业职业技术学院；陈晓宁，山东商业职业技术学院。

低于全国平均水平。

1. 居民消费支出

经济运行稳中有进，居民生活水平稳步提高。经国家统计局统一核算，全省地区生产总值（GDP）初步核算数为71067.5亿元，按可比价格计算，比上年增长5.5%。人均生产总值70653元，增长5.2%，按年均汇率折算为10242美元。居民人均可支配收入31597元，比上年增长8.2%；人均消费支出20427元，增长8.8%。其中，城镇居民人均可支配收入42329元，增长7.0%；人均消费支出26731元，增长7.8%。农村居民人均可支配收入17775元，增长9.1%；人均消费支出12309元，增长9.2%（见图2－1）。

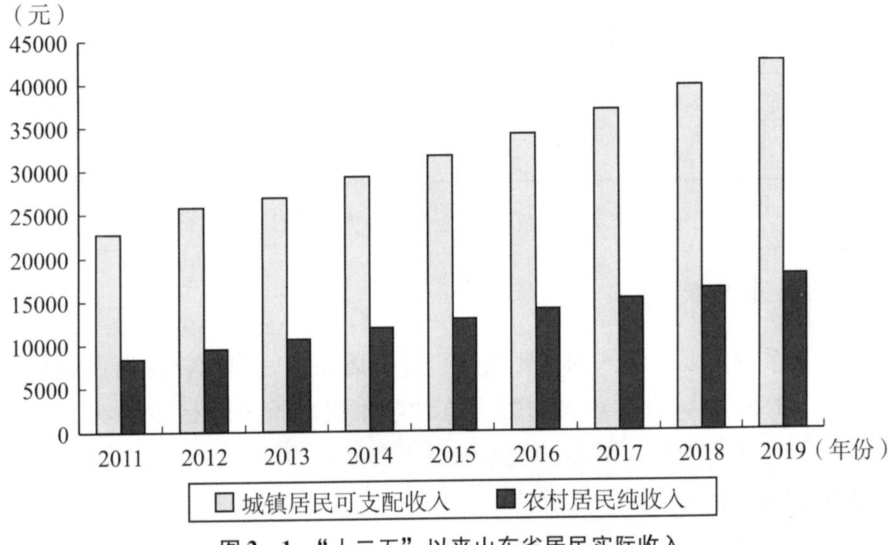

图2－1 “十二五”以来山东省居民实际收入

资料来源：《山东统计年鉴（2020）》，中国统计出版社2020年版。

消费市场运行平稳，新兴消费潜力释放。社会消费品零售总额35770.6亿元，比上年增长6.4%。其中，餐饮收入4128.9亿元，增长9.7%；商品零售31641.7亿元，增长6.0%。城镇零售额28386.7亿元，增长6.2%；农村零售额7383.9亿元，增长7.2%。智能商品高速增长，可穿戴智能设备、新能源汽车分别增长37.8%和63.2%，能效等级1、2级商品增长9.2%。服务型餐饮增势强劲，限额以上餐饮配送、外卖送餐服务营业额分别增长24.0%和89.5%。[①]

居民消费支出低于全国平均水平。2019年，全省居民人均消费支出20427元，低于全国平均水平1132元。其中，城镇居民人均消费支出26731元，低于全国平均水平1332元；农村居民人均消费支出12309元，低于全国平均水平1019元。[②] 消费对经济发展的基础性作用需要进一步增强（见表2－1）。

表2－1　山东省居民消费支出及增长率

年份	城镇居民人均消费支出		农村居民人均消费支出	
	累计绝对量（元）	增长速度（%）	累计绝对量（元）	增长速度（%）
2015	19854	8.4	8748	9.9
2016	21495	8.3	9519	8.8
2017	23072	7.3	10342	8.6
2018	24798	7.5	11270	9.0
2019	26731	7.8	12309	9.2

资料来源：《山东统计年鉴（2020）》，中国统计出版社2020年版。

2. 恩格尔系数

恩格尔系数是划分收入的重要指标，是指居民家庭中食物支出占消费总支出的比重。1857年，世界著名的德国统计学家恩思特·恩格尔阐明了一个定律：随着家庭和个人收入增加，收入中用于食品方面的支出比例逐渐降低，这一定律被称为恩格尔定律，反映这一定律的系数被称为恩格尔系数。国际上常用恩格尔系数来衡量一个国家和地区人民生活水平的状况。根据联合国粮农组织提出的划分标准，恩格尔系数大于60%为贫穷，50%～60%为温饱，40%～50%为小康，30%～40%为相对富裕，20%～30%为富裕，20%以下为极其富裕（见图2－2）。

随着经济社会的发展与居民收入水平的不断提高，山东居民的消费已不满足于“维持生活”，正向“享受生活”升级，居民的恩格尔系数呈现出下降的总体

① 资料来源：《2020年山东省国民经济和社会发展统计公报》。

② 资料来源：《山东统计年鉴（2020）》，中国统计出版社2020年版。

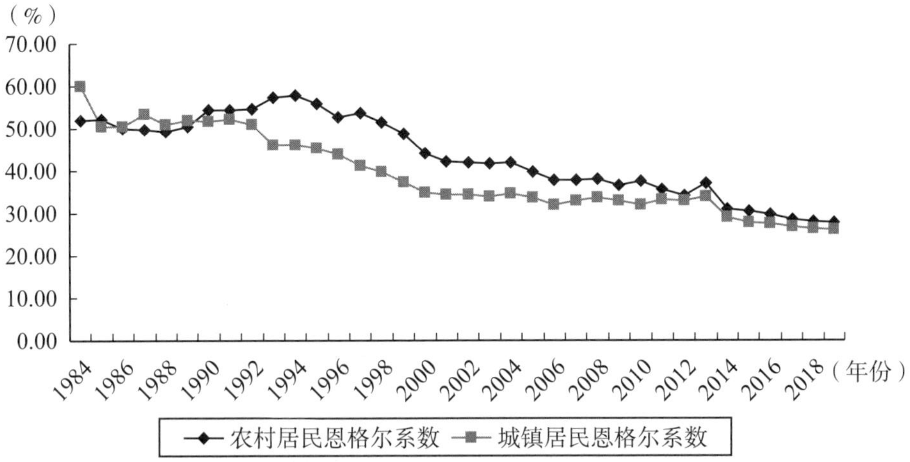

图 2-2 1984~2019 年山东城乡居民恩格尔系数

资料来源：根据《山东统计年鉴（2020）》计算。

趋势。尤其是自 2012 年起，城乡居民的恩格尔系数下降趋势更为明显。其中，城镇居民恩格尔系数由 2012 年的 36.23% 下降至 2019 年的 26.06%，同期的农村居民恩格尔系数则由 39.33% 下降至 27.81%。[①] 恩格尔系数的降低，反映出居民消费升级的大趋势。当消费从物质向服务延伸，从线下向线上线下融合转变，从模仿型向个性体验跃迁，背后是耐用消费品供给增加、价格下跌，是服务业的不断发展，也是互联网经济势不可挡的开疆拓土。借由恩格尔系数的变化，我们看得到需求侧与供给侧的互动，找得到微观生活变迁与宏观经济巨变的联系，我们也触摸得到山东省正在发生的消费升级与需求升级过程。

3. 消费倾向

经济增长与经济转型的过程表现在居民消费上就是消费需求的升级演变。居民消费行为演变是消费升级、消费倾向变动和收入增长三者相互作用的动态过程。改革开放以来，山东城乡居民收入持续增加，居民消费能力显著提升，消费结构升级趋势明显。但是，在复杂多变的宏观经济环境下，教育、医疗、养老等预期负担和住房价格震荡等对当前消费行为的影响较大，尤其对中低收入人群的影响较大，居民消费心理不稳定，导致居民对消费谨慎观望，消费信心和消费意愿降低。居民收入增长和消费升级未能带来消费倾向的同步提高。

① 资料来源：《2020 年山东省国民经济和社会发展统计公报》。

（1）平均消费倾向。平均消费倾向，又称消费倾向，是指任一收入水平上消费支出在可支配收入中的比率。随着国民经济的发展，山东居民的收入水平大幅增长，居民的消费水平也在不断提高，人民生活质量不断改善。2019 年，山东城镇居民人均可支配收入 42329 元，同比增长 7.0%；农村居民人均可支配收入 17775 元，同比增长 9.1%；但在居民收入保持稳定增长态势的同时，居民的消费倾向出现总体下降的趋势。这表明，山东省城乡居民消费意愿有所下降，扩大内需，刺激消费仍是未来需要继续关注的问题（见图 2－3）。

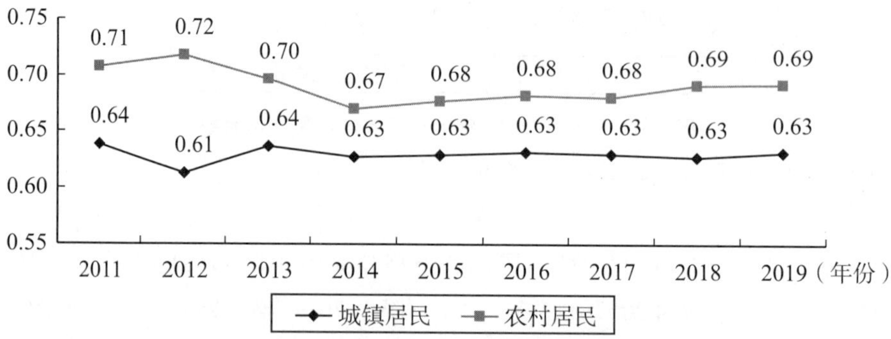

图 2－3 “十二五”以来山东城乡居民平均消费倾向

资料来源：根据《山东统计年鉴（2020）》计算。

与全国平均水平相比，山东居民消费倾向偏低。其中城镇居民平均消费倾向为 0.63，低于全国平均水平 0.03；农村居民平均消费倾向为 0.69，低于全国平均水平 0.14。平均消费倾向偏低，表明居民消费心理不稳定，消费信心和消费意愿降低。在复杂多变的宏观经济环境下，教育、医疗、养老等预期负担和住房价格震荡等对当前消费行为的影响较大，尤其对中低收入人群的影响较大，导致居民对消费谨慎观望。同时山东省低附加值传统产业占比偏高，以及儒家思想的影响带来的较高的储蓄倾向，都导致了山东居民消费意愿不强（见表 2－2）。

表 2－2　2019 年全国部分省份居民平均消费倾向

省份	APC		省份	APC	
	城镇	农村		城镇	农村
北京	0.63	0.76	湖北	0.70	0.94
天津	0.75	0.72	湖南	0.68	0.91

续表

省份	APC		省份	APC	
	城镇	农村		城镇	农村
河北	0.66	0.80	广东	0.72	0.90
山西	0.64	0.75	广西	0.62	0.88
内蒙古	0.62	0.90	海南	0.70	0.82
辽宁	0.69	0.75	重庆	0.68	0.87
吉林	0.72	0.77	四川	0.70	0.96
黑龙江	0.72	0.83	贵州	0.62	0.95
上海	0.66	0.68	云南	0.65	0.86
江苏	0.61	0.78	西藏	0.69	0.65
浙江	0.62	0.71	陕西	0.65	0.89
安徽	0.63	0.94	甘肃	0.76	1.01
福建	0.68	0.83	青海	0.70	0.99
江西	0.62	0.79	宁夏	0.70	0.89
山东	0.63	0.69	新疆	0.74	0.79
河南	0.64	0.76	全国	0.66	0.83

资料来源：根据《山东统计年鉴（2020）》计算。

分类别来看，食品烟酒和居住的平均消费倾向远远高于其他类别的商品，无论对城镇居民还是农村居民来说，收入中都有较大比例投入食品和居住消费中；其他商品和服务的平均消费倾向最低，仅为0.01，居民收入用于该项消费的支出最少。其他五类商品的平均消费倾向差距较小，居民用于这些商品的支出较为接近。分城乡来看，食品烟酒、交通和通信、教育文化和娱乐、医疗保健的平均消费倾向农村明显高于城镇，衣着、其他商品和服务的平均消费倾向城镇明显高于农村，居住、生活用品及服务的平均消费倾向城乡居民没有差异（见表2-3）。

表 2-3　2019 年山东省居民平均消费倾向（分类别）

类别	全体居民	城镇	农村	类别	全体居民	城镇	农村
食品烟酒	0.17	0.16	0.19	交通和通信	0.09	0.09	0.11
衣着	0.05	0.05	0.04	教育文化和娱乐	0.08	0.07	0.08
居住	0.14	0.14	0.14	医疗保健	0.06	0.05	0.08
生活用品及服务	0.05	0.05	0.05	其他商品和服务	0.01	0.02	0.01

资料来源：根据《山东统计年鉴（2020）》计算。

（2）边际消费倾向。边际消费倾向是消费增减量与可支配收入增减量之比值，表示每增加或减少一个单位的可支配收入时消费的变动情况。近年来，山东城镇居民边际消费倾向出现明显上升趋势，其原因有可能是公务员事业单位及企业退休金定期上调制度，使城镇居民预期收入上升，带来了城镇居民边际消费倾向的明显回升。与之相反，农村居民边际消费倾向明显下降。导致这一现象的原因可能有多种，一方面是因为农村居民社会保障匮乏；另一方面由于城镇居民收入有了大幅度提高，使得农村居民收入相对下降。这两方面使得山东省农村居民缺乏安全感，未来不可预知的支出使得农村居民只能保守消费。因此，过多的预防性储蓄可能导致了山东省农村居民的边际消费倾向较低（见图 2-4）。

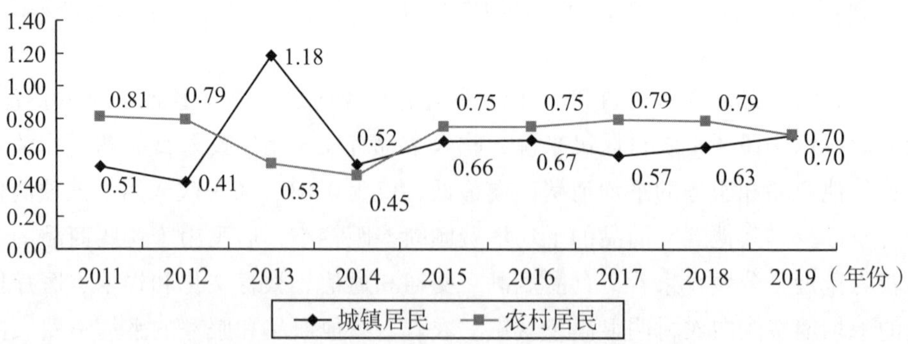

图 2-4　“十二五”以来山东城乡居民边际消费倾向

资料来源：根据《山东统计年鉴（2020）》计算。

2019 年城镇居民边际消费倾向较上年有大幅度的增长，从上年的 0.63 增长到 0.7，远远高于全国平均水平；农村居民边际消费倾向下降到 0.7，同比下降

0.09，远远低于0.86的全国平均水平。[①] 居民储蓄倾向偏高，尤其是农村居民平均消费倾向和边际消费倾向都偏低，是造成山东消费需求不振的重要原因。如果不解决这一问题，通过增收来刺激消费的政策在山东省的效果将大打折扣（见表2-4）。

表2-4　　　　2019年全国各省份居民边际消费倾向

省份	MPC		省份	MPC	
	城镇	农村		城镇	农村
北京	0.59	0.69	湖北	0.77	0.98
天津	0.69	0.56	湖南	0.59	0.96
河北	0.49	0.74	广东	0.93	0.93
山西	0.61	0.48	广西	0.62	1.15
内蒙古	0.38	0.78	海南	0.88	1.30
辽宁	0.37	0.40	重庆	0.53	0.84
吉林	0.47	0.53	四川	0.64	1.00
黑龙江	0.64	0.91	贵州	0.22	1.01
上海	0.40	0.88	云南	0.66	1.00
江苏	0.48	0.63	西藏	0.72	0.64
浙江	0.63	0.64	陕西	0.56	0.78
安徽	0.72	1.27	甘肃	0.78	0.76
福建	0.80	0.77	青海	0.35	0.90
江西	0.72	1.21	宁夏	0.90	0.59
山东	0.70	0.70	新疆	0.74	0.78
河南	0.42	0.87	全国	0.63	0.86

资料来源：根据《山东统计年鉴（2020）》计算。

具体来说，在八项消费中，居住、食品烟酒是山东居民消费投向的重点，其

① 资料来源：根据《山东统计年鉴（2020）》计算。

边际消费倾向远远高于其他类别商品的边际消费倾向。衣着和其他商品和服务的边际消费倾向最低，说明目前对于城乡居民来说，衣着及其他商品和服务方面的需求已趋向于饱和，城乡居民新增的收入已较少地投向这两方面的消费。其中城镇居民衣着类消费的边际消费倾向最低，为0.01，居民收入的增加，对于衣着消费的带动作用非常小。分城乡来看，居住、生活用品及服务和其他商品和服务的边际消费倾向城镇居民远远高于农村居民，食品烟酒、衣着、交通和通信、教育文化和娱乐和医疗保健的边际消费倾向农村居民远远高于城镇居民。居民收入增加对消费的拉动作用在城乡之间会有明显的效果差异（见表2－5）。

表2－5　　2019年山东省居民边际消费倾向（分类别）

类别	全体居民	城镇	农村	类别	全体居民	城镇	农村
食品烟酒	0.16	0.16	0.18	交通和通信	0.07	0.06	0.09
衣着	0.02	0.01	0.03	教育文化和娱乐	0.10	0.10	0.11
居住	0.18	0.21	0.14	医疗保健	0.08	0.08	0.09
生活用品及服务	0.06	0.07	0.05	其他商品和服务	0.02	0.02	0.01

资料来源：根据《山东统计年鉴（2020）》计算。

4. 需求收入弹性

需求收入弹性表示在一定时期内，消费者对某种商品需求量的变动对于消费者收入量变动的反应程度。与边际消费倾向的变动趋势相同，2019年城镇居民需求收入弹性较2018年有了较为明显的上升，而农村居民需求收入弹性较2018年有了较为明显下降。房价高企对城镇居民消费产生的挤出效应较大，消费需求对于收入的变动更为敏感，导致了城镇居民需求收入弹性不断上升。农村居民收入相对较低，消费需求对收入变化的反应也较为灵敏，2019年农村居民需求收入弹性出现了比较明显的下降（见图2－5）。

与全国平均水平相比，2019年山东省城镇居民需求收入弹性相对较高，为1.11，与同时期全国边际消费倾向数据相比高0.15；农村居民需求收入弹性为1.02，较同时期全国边际消费倾向数据低0.01。[①] 城镇居民需求收入弹性高于农村居民，其消费需求对收入的变动更为敏感，居民收入的变动将带来消费需求更

① 资料来源：根据《山东统计年鉴（2020）》计算。

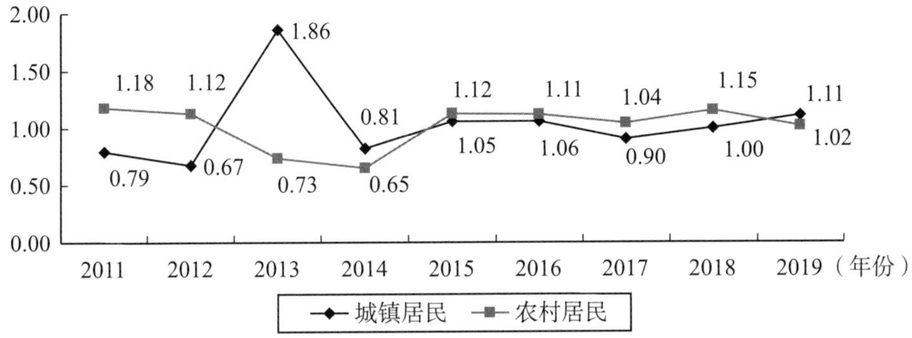

图 2－5　“十二五”以来山东城乡居民需求收入弹性

资料来源：根据《山东统计年鉴（2020）》计算。

大幅度的变动。城乡居民需求收入弹性较高，随着今后居民收入水平的提高，各类商品和服务的消费仍然存在着一定程度的增量空间（见表 2－6）。

表 2－6　　2019 年全国各省份居民需求收入弹性

省份	需求收入弹性		省份	需求收入弹性	
	城镇	农村		城镇	农村
北京	0.93	0.91	湖北	1.11	1.05
天津	0.90	0.77	湖南	0.87	1.06
河北	0.73	0.91	广东	1.33	1.04
山西	0.96	0.62	广西	1.00	1.35
内蒙古	0.60	0.85	海南	1.28	1.66
辽宁	0.53	0.51	重庆	0.77	0.97
吉林	0.63	0.67	四川	0.91	1.04
黑龙江	0.89	1.11	贵州	0.33	1.07
上海	0.60	1.34	云南	1.03	1.18
江苏	0.78	0.79	西藏	1.06	0.99
浙江	1.01	0.89	陕西	0.84	0.86
安徽	1.15	1.39	甘肃	1.03	0.74
福建	1.20	0.91	青海	0.47	0.90
江西	1.17	1.60	宁夏	1.30	0.64

续表

省份	需求收入弹性		省份	需求收入弹性	
	城镇	农村		城镇	农村
山东	1.11	1.02	新疆	1.00	0.99
河南	0.64	1.15	全国	0.94	1.03

资料来源：根据《山东统计年鉴（2020）》计算。

具体来说，山东省居民收入弹性大于1的包括居住、生活用品及服务、教育文化和娱乐、医疗保健和其他商品和服务，且弹性较大，这表明随着收入水平的提高，城乡居民消费质量改善较大。而衣着、交通和通信的需求收入弹性较小，对收入的变化相对不敏感。就城乡差异来看，城镇居民食品烟酒、居住、交通和通信、生活用品及服务、医疗保健、其他商品和服务方面的需求收入弹性较大，农村居民衣着、交通和通信、教育文化和娱乐方面的需求收入弹性明显大于城镇居民。可见，对于食品烟酒、居住、交通和通信、生活用品及服务、医疗保健、其他商品和服务来说，收入的增长对消费的推动作用在城镇消费市场表现更为强烈，而收入的增长对衣着、交通和通信、教育文化和娱乐的推动作用在农村消费市场表现更为强烈（见表2-7）。

表2-7　2019年山东省居民需求收入弹性（分类别）

类别	全体居民	城镇	农村	类别	全体居民	城镇	农村
食品烟酒	0.94	0.95	0.91	交通和通信	0.68	0.62	0.74
衣着	0.45	0.24	0.87	教育文化和娱乐	1.32	1.32	1.42
居住	1.37	1.56	1.03	医疗保健	1.42	1.57	1.27
生活用品及服务	1.27	1.36	1.10	其他商品和服务	1.31	1.37	1.21

资料来源：根据《山东统计年鉴（2020）》计算。

（二）山东居民消费结构分析

1. 山东居民总体消费结构分析

2019年，山东省人均GDP已超过70653元，全省居民已达到富裕阶段，消费需求正处在加快上升时期，发展型消费、服务型消费以及新型消费结构升级蕴含着巨大的消费潜力，居民生活质量稳步提升（见图2－6）。

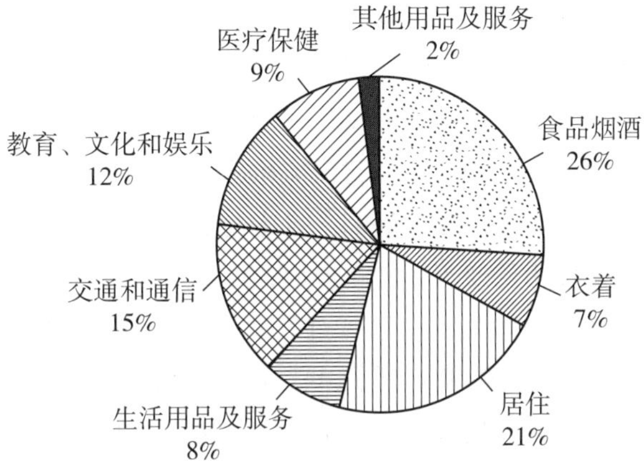

图2－6 2019年山东省全体居民消费结构

资料来源：《山东统计年鉴（2020）》，中国统计出版社2020年版。

（1）食品消费增长较快。随着生活水平的不断提高，居民的饮食观念发生了转变，居民的食品消费水平显著提高，消费结构进一步优化。食品消费注重安全、特色、绿色、便捷，恩格尔系数持续下降，这部分消费慢慢向教育文化娱乐、交通通信以及医疗保健等方向倾斜。2019年，山东居民人均食品消费支出5417元，较上年增加386元。在食品消费水平提高的前提下，饮食更加讲究营养和风味，城乡居民粮油类消费量下降，副食品消费量增加，食品类消费呈现主食不主，副食不副的态势。2019年，山东省居民人均购买粮食类食品117.6千克，人均购买肉类、禽类、水产品、蛋类、奶类等主副食品的消费数量分别为21.6千克、6.5千克、13.8千克、17.5千克、16.9千克。其次，饮食消费方式发生了明显变化。随着生活节奏的加快和收入水平的提高，广大居民的饮食观念也在发生着转变，人们由传统的饮食家庭化开始向饮食社会化方向转变，在外用餐支出明显增加，并已成为一种享受为目的的消费时尚。同时，网络日益普及，食品消费的便利性、快捷性日益提升，食品的网上销售逐渐成为潮流。

（2）衣着支出占比基本持平。改革开放以来，城乡居民的衣着需求发生了三个转变，即从“保暖御寒”向“美观舒适”转变，从“一衣多季”向“一季多衣”转变，从“做衣”向“购衣”转变。消费的档次不断提升，居民穿着更加注重服装的质地、款式和色彩的搭配，名牌化、时装化和个性化成为人们的共同追求，衣着消费支出稳步增长。2019 年，山东居民衣着支出 1443 元，较上年增长 51 元，增长幅度较小。随着城乡居民收入的提高、眼界的开阔、商场服饰种类的丰富，衣着类消费仍将增长。人们的审美观念也在发生转变，对服饰的追求也从注重耐穿向着时尚、个性的方向转变。

（3）居住支出占比有扩大趋势。住房消费继续平稳增长。一方面，党和政府坚持房子是用来住的、不是用来炒的定位，因城施策分类指导，大力发展住房租赁市场，继续推进棚户区住房改造，建设廉租房和经济适用房，着力改善居民居住环境。许多居民家庭告别低矮、破旧、设施简陋的住房，迁入宽敞明亮、设施齐全的楼房，居住条件明显改善。另一方面，商品房销售热度不减，城乡居民改善住房条件的意愿进一步增强，用于“住”的投入明显增加。2019 年，全省居民人均居住支出 4370 元，较上年增长 442 元。人均住房建筑面积为 39. 9 平方米，其中城镇、农村居民人均住房建筑面积分别为 37. 1 平方米和 43. 5 平方米，房屋建筑竣工面积 2. 19 亿平方米，其中住宅面积 1. 52 亿平方米，由此将带动装修、家具、电器等方面的巨大消费需求。同时，居民对居住房的健康性、舒适性、安全性和美观性有较高的要求，这将带动住房装潢、卫生清洁和物业管理等费用支出。

（4）生活用品及服务支出增速较快。随着社会服务行业和家政行业的发展，家务劳动社会化的消费模式被越来越多的居民所接受，家庭设备用品的选择由经济实用向品牌、智能、节能、环保方向发展。一是商品房销售热度不减，居民对住宅的刚性需求间接带动了装修装饰消费，居民美化家居，室内装饰消费增加。二是家庭设备及服务类中，由传统的代替人工的设备，向特色、多功能、新型的设备发展，将趋向于高科技、多功能和服务类支出。2019 年山东每百户居民移动电话、计算机、汽车拥有数量分别为 234 部、63 台、51. 7 辆，家庭消费也随之向现代化、科技化迈进。主要青睐一些科技含量高、时代感强的高档家电产品，如无氟环保电冰箱、数码纯平彩电、高保真超重低音音响及家庭影院、制冷量大和噪声低的变频式空调、具有夜视功能的微型摄像机、代表当今科技新水平的数码照相机等。三是在居民消费升级的带动下，服务消费相对于实物消费的发展势头也更为突出，居民更加注重享受生活，居民对提高生活便捷度的需求越来越大，更加乐于购买服务，家庭对保姆、钟点工、保洁等家政服务的需求增加，家政等享受型消费支出大幅增长。

（5）交通通信支出稳定增长。随着国家交通建设的日益完善和移动通信设备的日益普及，居民出行越来越便利，交通通信支出也逐年提高。提速降资、取消国内漫游等一系列政策利好，通信工具的不断更新换代，吸引了更多居民购买，成为通信消费支出的主要支撑点。高档汽车进入寻常百姓家，家用汽车普及率的逐步提高，居民使用私家车出行日益频繁，交通类支出也不断增长。2019 年，山东省居民人均交通和通信类支出为 2992 元，较上年增加 157 元。交通通信消费快速增长的背后，是家用汽车正加速进入百姓家庭中。2019 年山东省平均每百户家庭汽车拥有量 51.7 辆，移动电话户均达到 2.34 部，通信类消费支出呈现上升态势。随着轨道交通的建设发展，人们的出行方式将进一步得到优化。轨道交通以其环境污染小、行动速度快、容纳人数多等优势能够有效缓解城市交通拥堵的现状。而家用轿车具有方便出行等特点，受到广大年轻人的青睐。当今社会，是个信息化的社会，信息技术商品已为电子产品注入新的商机，信息家电、通信设备、计算机、数字彩电等将继续走俏。以手机为载体的相关信息、通信服务消费将成为新一轮增长点。

（6）教育文化娱乐支出逐渐加大。随着居民生活水平的提高和就业的需要，居民家庭更加重视并加大对教育的投入，精神文化生活的需求向健康型发展，旅游、健身、娱乐已成为居民家庭业余生活的重要组成部分。2019 年山东居民教育文化娱乐支出 2410 元，较上年增长 235 元。一方面，随着科学技术的进步和社会生产力的发展，知识更新的速度越来越快，经济的发展要求人们不断提高自身的文化素质，人们对知识需求日益增强使得居民越来越重视教育的投入，在不断提高个人文化素质的同时，对子女的教育消费支出也在不断增长。教育消费已成为人们日常消费中经常性的消费重点，这是社会发展的必然趋势。另一方面，随着物质生产的发展，人们的娱乐生活越来越丰富多彩，渐渐从两点一线的工作生活状态中脱离出来，旅游已逐渐成为娱乐休闲的新时尚，外出游览名胜古迹，出境领略异国风情，成为高收入居民假日消费的重要内容和新的经济增长点，极大地提高了居民的生活水平和生活质量。

（7）医疗保健消费意识增强。城乡医疗条件得到改善，居民医疗保障水平不断提高，尤其是随着新型农村合作医疗制度在全国的推广建立，以及近年来基本医保和大病保险保障水平的提高，居民看病就医较以前更加便利，更容易得到政府补助，居民医疗保健支出持续增长。2019 年，山东居民人均医疗保健消费支出 1816 元，较上年增加 189 元。随着医疗机制的不断完善，医药消费的巨大潜力正在逐渐显现，居民健康意识普遍增强，越来越多的居民由被动就医转变为主动预防，并进行健康投资，各类医疗保健器材和滋补保健品开始进入日常生活，医疗保健消费增速加快。与此同时，随着老龄化进程的加快，以养生、中医药为主的老年健康需求逐渐兴起，带动了中国中医药健康发展，滋补保健品和医疗保健器材方面的消费支出将有所增加。

（8）其他用品和服务提质扩容。随着居民收入的增长，人们用于金银珠宝、化妆品、美容美发等个人方面的支出不断增加。2019 年，山东居民人均其他用品和服务支出 441 元，较上年增长 10.73%。一是随着居民收入水平不断提高及生活质量的改善，居民对个人消费投入加大，在选择各类饰品时更加注重个性时尚化，购买时大多会选择品质好、价格贵的商品，进而促使其他用品消费支出的增长。二是随着旅游业的蓬勃发展和居民生活消费观念的改变，外出旅游人数持续增加，有效带动旅馆住宿消费的增长。三是居民对于“颜值”的追求也越来越高，美容美发行业迅速地融入了居民的日常生活，人们更加注重自身的外在形象，愿意花钱来塑造修饰自己，提高形象，有效地带动了美容美发洗浴等各项服务价格上涨，推动居民其他用品及服务类消费的大幅增长（见表 2－8）。

表 2－8　2019 年山东省居民生活消费支出

指标名称	全体居民		城镇常住居民		农村常住居民	
	本年（元）	增幅（%）	本年（元）	增幅（%）	本年（元）	增幅（%）
（1）食品烟酒	5417	7.67	6964.9	6.68	3423.1	8.26
（2）衣着	1443	3.69	2042.4	1.69	671.4	7.87
（3）居住	4370	11.24	5883.3	10.96	2421.3	9.35
（4）生活用品及服务	1539	10.37	2083.4	9.58	837.8	9.96
（5）交通和通信	2992	5.55	3762.2	4.37	1999.0	6.73
（6）教育、文化和娱乐	2410	10.82	3171.3	9.25	1428.7	12.89
（7）医疗保健	1816	11.61	2183.8	11.06	1343.4	11.49
（8）其他用品及服务	441	10.73	640.1	9.61	184.2	10.95

资料来源：根据《山东统计年鉴（2020）》计算。

2. 山东城乡居民消费结构比较

随着经济的发展和居民收入水平的提升，山东城乡居民消费都得到了持续增长，但是居民消费结构即消费质量差异仍非常显著（见图 2－7）。

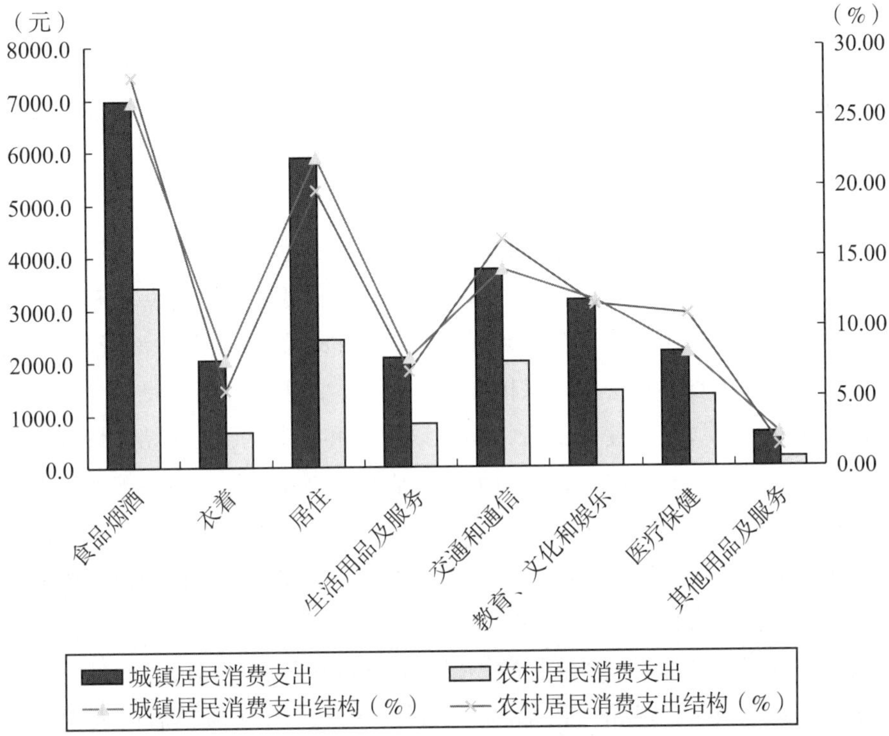

图 2－7　2019 年山东城乡居民消费结构对比

资料来源：《山东统计年鉴（2020）》，中国统计出版社 2020 年版。

（1）城乡居民消费支出具有一定的相似度。主要表现为在居民收入水平稳步提高以及消费观念转变的带动下，居民消费从注重量的满足转向追求质的提升，消费结构不断改善。从商品类别看，满足基本生活需求的消费支出占比明显下降，反映消费升级的耐用品类消费支出占比大为提升。

一是城乡居民消费支出逐年扩张。收入的快速增长，有效推动了消费支出的增长。其中，城镇医疗保健、居住支出增幅突破 10%，农村居民教育文化娱乐、医疗保健、其他用品和服务类支出增幅超过 10%。

二是虽然食品类支出在城乡居民消费支出中仍占据首要地位，但其在整个消费支出中所占的比重持续下降。长期以来，山东省城乡居民家庭恩格尔系数呈现下降的总体趋势，其中城镇居民恩格尔系数下降到 26.06%，农村居民恩格尔系数下降到 27.81%，就恩格尔系数而言，山东城乡居民生活水平均已达到富裕阶段。①

① 资料来源：《山东统计年鉴（2020）》，中国统计出版社 2020 年版。

三是发展性和享受性消费比重提高。交通通信、文教娱乐、医疗保健等发展性和享受性消费的支出大幅度增加，所占比重稳步提高。住房、医疗、保健、教育、文化、旅游、娱乐等个性化的服务性消费支出不断上升，交通和通信成为消费新亮点。居民消费升级进程不断加快，市场销售亮点纷呈。

（2）农村居民与城镇居民相比还有一定差距。

①食品烟酒消费。从恩格尔系数看，农村居民家庭的恩格尔系数虽然逐年有所下降，但一直高于城镇居民，2019 年为 27. 81%，低于城镇居民 1. 75%，但从绝对数量上看城乡差距较大，低于城镇居民 3541. 8 元。[①] 从食品消费数量上看，目前山东农村居民食品消费主要以粮食和蔬菜为主，水产类消费量最少，消费层次不高；虽然城镇居民的食品消费结构也以粮食和蔬菜为主，但从消费比上看，其消费数量明显少于农村居民，而城镇居民消费的奶及制品、猪牛羊肉、水产品和禽蛋及制品的数量明显多于农村居民。这说明目前山东城乡居民的食品消费质量存在很大差距，城镇居民在解决温饱的基础上，更加注意饮食的营养搭配，其消费质量明显高于农村。

②居住消费。城镇居民居住消费不仅增长速度快于农村居民，而且无论是消费比重还是绝对数量，城镇居民都高于农村居民。2019 年城镇居民人均居住消费 5883. 3 元，是农村居民的 2. 4 倍；城镇居民居住支出占生活消费支出的比重为 22. 01%，高于农村居民 2. 3 个百分点。从居住条件看，城镇居民的住房配套设施优于农村居民。主要建筑材料方面，城镇居民以钢筋混凝土为主，而农村居民以砖混材料和砖瓦砖木为主。生活设施状况方面，城镇居民住宅内管道取水的占 90. 5%，主要饮用水为经过净化处理的自来水的占 92%，使用水冲式卫生厕所的占 94. 1%，使用天然气、煤气、液化石油气的占 88. 5%，分别高于农村居民 27. 15 个、16. 52 个、20. 79 个和 40. 39 个百分点。[②]

③交通和通信消费。交通和通信产品不断的升级换代，使得交通和通信消费成为城镇居民家庭的消费热点。2019 年农村居民交通和通信支出增长速度明显快于城镇居民，在消费中所占的比重也较高，2019 年农村居民交通和通信支出较上年增长 6. 73%，高于城镇居民 2. 36%；占消费支出的比重为 16. 24%，高于城镇居民 2. 17%。但城镇居民交通通信消费水平仍然远远高于农村居民。2019 年城镇居民交通和通信支出 3762. 2 元，高于农村居民 1763. 2 元；就交通和通信设备拥有量来说，2019 年城镇居民家庭平均每百户拥有固定电话 13. 4 台，移动

①② 资料来源：根据《山东统计年鉴（2020）》计算。

电话为236部，家用汽车60.7辆，计算机78.7台，分别高于农村居民3台、4.6部、21.3辆和36.9台。[①] 城乡交通和通信消费仍存在一定差距。

④教育文化娱乐消费。虽然大多数家庭近年越来越注重教育，但从居民消费支出结构中可以发现，教育文化娱乐占比并不高。2019年山东教育文化娱乐支出2410元，同比增长10.8%，在居民消费中增速第三。其中城镇居民教育文化娱乐服务支出3171.3元，占消费支出总量的11.86%，同比增长9.25%；农村居民教育文化娱乐服务支出1428.7元，占消费支出总量的11.61%，同比增长12.89%。[②] 与农村居民相比，城镇居民教育文化支出无论是绝对量还是相对量都高于农村居民，农村文化教育娱乐消费水平与城镇相比还有较大差距。

⑤衣着消费。2019年山东居民衣着消费支出虽然数量上有所增长，但其增长速度明显放慢，衣着消费在总消费中的比重也有所下降。其中，城镇居民人均衣着消费支出2042.4元，增长1.69%，所占比重下降到7.64%；农村居民人均衣着消费支出671.4元，增长7.87%，占居民消费支出的比重下降到5.45%。[③] 随着收入水平的日益提高，城镇居民的衣着消费朝成衣化、个性化、品牌化、休闲化方向发展，健康着装融入时尚潮流，其衣着消费支出无论是数量还是比重都高于农村居民。

⑥医疗保健消费。近年来，随着居民生活水平的提高，人们保健意识日益增强，医疗保健消费支出快速增长，在居民消费支出中增长速度最快。2019年，居民人均医疗保健支出1816元，同比增长11.61%，呈现快速增长的态势。其中城镇居民人均医疗保健支出2183.8元，增长11.06%；农村居民人均医疗保健消费支出1343.4元，占居民消费支出的10.91%，同比增长11.49%。相比之下，2019年城镇居民医疗保健支出是农村居民的1.62倍，城乡居民医疗保健意识仍然存在较大差距。

⑦生活用品及服务消费。2019年，城乡居民生活用品及服务支出均获得了较快增长，但是城乡居民家庭耐用消费品支出的绝对量和相对量差距明显。2019年，城镇居民人均生活用品及服务消费支出从1901.2元增长到2083.4元，增长9.58%；农村居民人均生活用品及服务消费支出从761.9元增长到837.8元，增长9.96%。[④] 随着山东省消费水平的不断提高，城镇居民对生活品质的要求也不断提升，家具及室内装饰品追求格调、讲究环保，家用电器由考虑实用性变为追求品牌化、功能化和环保性，同时也更加注重个人用品的消费，居住环境不断改

①②③④ 资料来源：根据《山东统计年鉴（2020）》计算。

善，这些都使得城镇居民生活用品及服务支出持续增长。由于城乡居民收入水平的差异，加上城乡消费环境的不同，虽然农村居民以家具及室内装饰品、家用器具、家用纺织品、家庭日杂、个人护理用品和家庭服务为主的生活用品及服务支出增长明显，但仍然与城镇居民存在较大差距。

⑧其他商品和服务消费。2019 年，山东居民其他商品和服务支出增长速度仅次于医疗保健支出。其中，城镇居民人均其他商品和服务支出 640.1 元，较上年增长 9.61%，占城镇居民消费总额的 2.39%；农村居民人均其他商品和服务支出 184.2 元，同比增长 10.95%，所占比重上升到 1.5%。城镇居民其他商品与服务支出是农村居民的 3.48 倍，[①] 伴随着城镇居民思想意识的转变及生活品质的提升，其他商品和服务需求迅速提升，使得城乡居民其他商品和服务支出差距逐渐拉大。

（三）山东居民消费的地区差异分析

由于地区间经济发展水平的巨大差异，山东省居民消费水平的地域分布一直呈非均衡状态，地域差异显著。

1. 居民消费支出

一是城镇居民的地区人均消费差距远远大于农村居民。2019 年城镇居民人均消费的地区差异指数（人均消费最高地区人均消费支出/人均消费最低地区人均消费支出）为 2.05，而农村居民人均消费的地区差异指数为 1.63。[②]

二是山东省各地市居民人均消费支出普遍存在城镇高于农村的情况。其中济南市城镇居民与农村居民人均消费支出差距最大，高于农村 21139 元，德州市差距最小，高于农村居民 4740 元。农村居民收入水平相对较低，增长不快，在很大程度上制约了农村居民消费水平的提高和消费结构的改善升级，造成城乡消费结构的较大差距。

三是就地域特征来看，存在东部沿海地区高于中部地区，中部地区高于西部地区的总体趋势。其中，城镇居民人均消费支出超出 30000 元的地市除省会济南外，均集中于东部沿海发达地区，包括青岛、威海、烟台、东营等，而人均消费支出较低的地市主要集中在西部地区，包括聊城、菏泽、德州、临沂等。农村居

①② 资料来源：根据《山东统计年鉴（2020）》计算。

民人均消费支出也存在与城镇人均消费支出相同的区域特征，青岛、烟台等沿海地区人均消费支出远远高于日照、临沂等西部地区，地区差距略低于城镇居民地区差距（见表2－9）。[①]

表2－9 2019年山东省各地市城乡居民人均消费支出 单位：元

地市	人均消费支出		地市	人均消费支出	
	城镇	农村		城镇	农村
济南市	33439	12300	泰安市	22500	12020
青岛市	35266	14899	威海市	31767	13722
淄博市	28939	14452	日照市	21993	9271
枣庄市	19791	10930	临沂市	18495	9557
东营市	30730	14344	德州市	17523	12783
烟台市	31259	15125	聊城市	17204	10811
潍坊市	26103	13231	滨州市	24384	11961
济宁市	22218	11373	菏泽市	18179	11274

资料来源：《山东统计年鉴（2020）》，中国统计出版社2020年版。

2. 消费倾向

（1）平均消费倾向。

一是山东省各地市居民平均消费倾向普遍存在农村高于城镇的情况。除济南、威海、日照外，农村居民平均消费倾向均高于城镇居民。房价高企，以及医疗、养老、子女教育等各项改革的不断深化使得居民对未来收入预期的不确定性增加，导致城镇居民当期消费谨慎甚至缩减。同时农村城镇化水平不断提升，扩大了有效消费需求。[②]

二是就地域特征来看，存在东部沿海地区高于中部地区，中部地区高于西部地区的总体趋势。其中，城镇居民平均消费倾向较高的地区为青岛、烟台、威海、滨州，均为0.65；平均消费倾向较低的地区依次为聊城、枣庄、临沂，分别为0.59、0.58、0.49。农村居民平均消费倾向最高的地区依次为德州、菏泽，最

①② 资料来源：根据《山东统计年鉴（2020）》计算。

低的为日照市，仅为0.54，低于最高的地区0.26。①

三是不同地区居民平均消费倾向的城乡差距也不尽相同。仅有日照、威海、济南三个地区城镇居民平均消费倾向稍高于农村地区；除此之外，城乡消费倾向差距较大的地区大部分集中于内陆地区，如德州、菏泽、东营等；济南、青岛市城乡消费差距最小（见表2－10）。②

表2－10　　2019年山东省各地市城乡居民平均消费倾向

地市	平均消费倾向		地市	平均消费倾向	
	城镇	农村		城镇	农村
济南市	0.64	0.63	泰安市	0.60	0.65
青岛市	0.65	0.66	威海市	0.65	0.62
淄博市	0.64	0.73	日照市	0.62	0.54
枣庄市	0.58	0.65	临沂市	0.49	0.64
东营市	0.60	0.75	德州市	0.61	0.80
烟台市	0.65	0.71	聊城市	0.59	0.73
潍坊市	0.63	0.65	滨州市	0.65	0.68
济宁市	0.60	0.64	菏泽市	0.64	0.80

资料来源：根据《山东统计年鉴（2020）》计算。

（2）边际消费倾向。

第一，地区之间居民边际消费倾向差距明显。城镇居民边际消费倾向最高的地区是聊城市，为0.71；最低的地区是济南市，仅为0.26，低于最高的地区0.45，说明当前城镇居民收入每增加100元，济南市城镇居民的消费支出低于聊城市45元。农村居民边际消费倾向最高的地区是淄博市，为0.86，最低的为日照市，仅为0.48。③

第二，城镇居民的地区边际消费倾向差距比农村居民的地区差距要大得多。2019年城镇居民边际消费倾向最高地区与最低地区的差距达0.45，而农村居民边际消费倾向最高地区与最低地区的差距仅为0.38（见表2－11）。④

①②③④　资料来源：根据《山东统计年鉴（2020）》计算。

表 2-11 2019 年山东省各地市城乡居民边际消费倾向

地市	边际消费倾向		地市	边际消费倾向	
	城镇	农村		城镇	农村
济南市	0.26	0.74	泰安市	0.66	0.65
青岛市	0.65	0.58	威海市	0.57	0.58
淄博市	0.66	0.86	日照市	0.58	0.48
枣庄市	0.61	0.61	临沂市	0.64	0.64
东营市	0.57	0.71	德州市	0.63	0.75
烟台市	0.57	0.68	聊城市	0.71	0.72
潍坊市	0.64	0.67	滨州市	0.55	0.52
济宁市	0.59	0.58	菏泽市	0.65	0.78

资料来源：根据《山东统计年鉴（2020）》计算。

3. 需求收入弹性

一是山东省大部分地市城镇居民需求收入弹性高于农村。除济南、淄博、烟台、威海之外，城镇居民需求收入弹性均高于农村居民，城镇居民消费需求对于收入的变动更为敏感，其居民收入增长产生的消费增量效应更强。

二是地区之间居民需求收入弹性差距明显。分地市来看，城镇居民需求收入弹性较高的地区主要为临沂、聊城、泰安等地，其中，需求收入弹性最高的是临沂市，为 1.34。较低的为济南，仅为 0.4。农村居民需求收入弹性较高的地区为淄博、济南，较低的为滨州。①

三是城镇居民的地区需求收入弹性差距比农村居民的地区差距要大得多。2019 年城镇居民需求收入弹性最高地区与最低地区的差距达 0.94，而农村居民需求收入弹性最高地区与最低地区的差距为 0.47（见表 2-12）。②

表 2-12 2019 年山东省各地市城乡居民需求收入弹性

地市	需求收入弹性		地市	需求收入弹性	
	城镇	农村		城镇	农村
济南市	0.40	1.18	泰安市	1.11	1.01

①② 资料来源：根据《山东统计年鉴（2020）》计算。

续表

地市	需求收入弹性		地市	需求收入弹性	
	城镇	农村		城镇	农村
青岛市	1.00	0.87	威海市	0.87	0.94
淄博市	1.04	1.21	日照市	0.94	0.89
枣庄市	1.06	0.93	临沂市	1.34	1.00
东营市	0.94	0.94	德州市	1.03	0.94
烟台市	0.87	0.96	聊城市	1.22	0.99
潍坊市	1.03	1.03	滨州市	0.84	0.74
济宁市	0.99	0.89	菏泽市	1.01	0.98

资料来源：根据《山东统计年鉴（2020）》计算。

4. 消费结构

（1）城镇居民消费结构。虽然总体来看2019年山东城镇居民消费支出结构地区差异较大，但也呈现出一定的规律性。从消费数量来看，城镇居民各类消费支出均与本地区经济发展水平密切相关，青岛、济南、烟台等经济较发达地区各类消费支出均高于莱芜、临沂、德州等相对欠发达地区。从相对数量来看，莱芜、临沂、德州等相对欠发达地区生存型消费开支所占比重较高，而青岛、济南、烟台等经济较发达地区发展和享受型支出所占比重较高。具体分类来看，其他用品及服务消费支出的地区差异指数（人均消费最高地区消费支出/人均消费最低地区人均消费支出）最高，达3.82，而食品烟酒类的地区差异指数最低，为2.03（见表2－13）。

表2－13　2019年山东省各地市城镇居民消费支出结构　单位：元

地市	食品烟酒	衣着	居住	生活用品及服务	交通和通信	教育、文化和娱乐	医疗保健	其他用品及服务
济南市	7956	1947	10374	2431	4303	3575	2166	686
青岛市	9877	3276	8449	2333	5062	3503	1893	873
淄博市	7306	2782	6459	2300	3973	3601	1984	533

续表

地市	食品烟酒	衣着	居住	生活用品及服务	交通和通信	教育、文化和娱乐	医疗保健	其他用品及服务
枣庄市	5815	1728	4185	1681	2579	2253	1136	414
东营市	7191	3267	6862	1960	5369	3411	1979	692
烟台市	9373	3129	6727	2051	4164	2747	2101	965
潍坊市	5973	1807	5027	1836	5152	3415	2402	491
济宁市	6266	1741	4455	1944	2770	2769	1762	510
泰安市	5528	1835	4901	1609	2894	2904	2245	583
威海市	7911	3134	5439	2412	5480	3169	3110	1113
日照市	6329	1901	3798	1454	4356	2299	1059	797
莱芜市	4860	1696	3882	1335	3653	1874	906	291
临沂市	4935	1321	4167	932	2602	1798	1445	322
德州市	5066	1559	3785	933	2108	2028	1356	369
聊城市	6549	2129	5390	1801	3453	2796	1672	595
滨州市	5252	1267	4257	1163	2129	2065	1740	306
菏泽市	7956	1947	10374	2431	4303	3575	2166	686

资料来源：《山东统计年鉴（2020）》，中国统计出版社2020年版。

（2）农村居民消费结构。与城镇居民相比，2019年山东农村居民消费支出结构地区差异相对较小。烟台、青岛、淄博等经济较发达地区的各类消费支出，不仅绝对量远远高于莱芜、日照等相对欠发达地区，而且其发展和享受型支出在消费支出中所占比重要高于经济相对欠发达地区。具体分类来看，医疗保健支出的地区差异指数（人均消费最高地区消费支出/人均消费最低地区人均消费支出）最高，达4.8，而生活用品及服务类的地区差异指数最低，为1.58（见表2－14）。

表 2 – 14　　2019 年山东省各地市农村居民消费支出结构　　单位：元

地市	食品烟酒	衣着	居住	生活用品及服务	交通和通信	教育、文化和娱乐	医疗保健	其他用品及服务
济南市	3703	625	2832	780	1847	1178	1154	182
青岛市	4393	1091	3222	1004	2611	1389	856	333
淄博市	4140	998	2783	927	2181	1725	1510	187
枣庄市	3345	829	2053	814	1572	1261	831	225
东营市	3349	759	2895	672	4001	1768	748	151
烟台市	4899	1138	2935	908	2307	1291	1261	385
潍坊市	3658	730	2650	823	2105	1666	1344	257
济宁市	3291	695	1920	859	2018	1403	1005	184
泰安市	3554	640	2499	1065	1445	1398	1284	135
威海市	3734	1101	2330	960	2121	1308	1920	246
日照市	2830	844	2030	697	1483	837	400	151
莱芜市	2752	572	2300	726	1269	1066	758	115
临沂市	3758	692	3858	723	1757	798	1037	160
德州市	3265	608	2221	679	1312	1369	1136	221
聊城市	3380	657	2251	765	2144	1403	1165	196
滨州市	3765	801	1789	679	1619	1462	1020	139
菏泽市	3703	625	2832	780	1847	1178	1154	182

资料来源：《山东统计年鉴（2020）》，中国统计出版社 2020 年版。

二、山东城乡居民消费需求影响因素分析

山东城乡居民消费不足，已经成为制约山东省经济长期可持续发展的重要因素之一，现阶段采取措施增加居民消费需求尤为重要。制约消费需求升级的因素很多，包括居民收入、物价水平、消费环境、消费观念等，其中居民收入是影响

居民消费需求的最重要因素。

1. 居民收入

可支配收入是影响居民消费的最重要因素。一方面，居民的实际收入决定了其购买能力，对当期消费形成预算约束；另一方面，居民对未来收入的预期也影响着居民的消费意愿。居民收入的每一次快速增长，都促进了消费增速的提升。

目前，虽然山东的经济发展迅速，居民收入逐年提高，但总体收入水平仍然偏低，对居民消费水平的提高产生了不良影响。2019 年全省城镇居民人均可支配收入 42329 元，农村人均纯收入 17775 元，均低于全国平均水平，在全国排名第 8 位。山东省居民收入水平偏低的原因：一是从经济总量上看，这些年山东一直在全国前列，但是附加值低的传统工业占比较高，国有经济成分占比也比较高，经济发展受到了影响；二是从就业结构上看，2019 年山东三次产业就业人员比例是 27. 6∶35. 3∶37. 1，第一产业高于全国 2. 5 个百分点，第三产就业比例低于全国平均水平 10. 2 个百分点，山东人就业还是以农业为主，收入往往容易拉大；三是山东的高科技、高收益的企业偏少，也间接造成了人均收入偏低。

此外，收入分配不均也是影响居民消费的重要因素。目前，我国消费增长缓慢与我国人均收入分配不均是息息相关的。如果总体收入不变，大部分收入掌握在少数人手中，大多数人的收入低于平均水平，那么总体的消费需求必然会减少。这是由于虽然收入较高群体的消费需求会有所增加，然而其增加幅度远远无法弥补低收入消费者消费需求下降所带来的经济损失。与此同时，随着收入的增加，消费更趋于理性，所以消费需求有时会随着收入升高而递减，因而导致总消费需求的减少。由于收入分配制度不完善，山东省居民的收入差距较大。一方面是城乡差距较大，从收入水平的绝对差距看，2019 年城乡居民可支配收入相差 24554 元；另一方面是地区收入差距较大，人均收入水平最高的青岛市，居民可支配收入高于最低的菏泽市 24779 元，收入差距的扩大在一定程度上降低了社会的整体消费倾向。

2. 物价水平

物价作为市场供求关系的反映，其变动是影响消费行为的关键因素。一般来说，某种商品的价格变化对消费者行为的选择会在两个方面产生影响：第一，消费者在变化的价格下得到不同程度的满足；第二，消费者可能会以目前比较便宜的商品替代比较昂贵的商品。价格变化对消费需求的影响分为两个部分，即收入效应和替代效应。价格变化对消费者需求的总影响是收入效应与替代效应之和。对于正常商品来说，替代效应与价格呈反方向的变动，收入效应也与价格呈反方向的变动，因此，总效应与价格呈反方向变动。

目前物价上涨的幅度在3.2%左右，属于温和的物价上涨。由于城乡居民对未来收入的预期并不乐观，社会保障体系的覆盖面过于狭窄，因此，消费需求不会出现大幅上扬。但是，由于投资的过快增长会引起各种资源价格水平的提高，这会在一定程度上引起消费品价格的上升。在消费品市场上整体供求关系并没有发生根本性转变的条件下，价格上升的幅度不会过高，成本的上升只会压缩生产企业的利润空间。从目前的经济形势看，山东并不存在严重通货膨胀的威胁，而且温和的物价上涨有利于经济的持续发展。

3. 消费观念

消费行为的激发是商品本身的因素、品牌形象、消费者的主要消费动机及消费观念等各种因素综合作用的结果，其中消费观念起主导作用。具体来看：第一，消费观念影响消费者的品牌偏好。调查发现，消费观念越前卫，消费者越倾向于喜欢和选择国际性的品牌，而保守的消费者大多根据价格、质量比而选择国内品牌。第二，消费观念直接影响消费者对消费环境的评价。消费者的消费观念越前卫，对消费环境的要求越高。可以看出，促进消费，提升消费观念必然使消费环境面对更为严峻的挑战，但环境的改善却是通过政府、企业和各界组织的努力才可完成的。第三，消费观念影响人们对消费场所、消费方式的选择。居民消费选择超市是因为人们认为商品价格合适，且商品质量有保证，物品比较丰富，服务也比较周到，同时，物流频率高，也保证了商品的新鲜程度和新产品的不断投放；大型商场则是因为它的服务和质量吸引人；自由市场、批发市场价格低，但大多是流动性强的个体户，价格失真比较严重且商品质量无法保证。消费观念为节约型的消费者很少去专卖店或精品店购物，但选择去批发市场和自由市场的比率却是最高的。

4. 不确定性

不确定性指人们无法准确观测、分析和预见的变化，它源于预期的不完全性和人类解决复杂问题能力的有限性，表现为对有关事件的基本性质和可能出现的结果缺乏必要的认识。不确定性并不是一个独立的影响因素，它只是通过预期收入和预期支出来影响居民消费行为，因此测定不确定性需要从预期的角度出发。在不确定性条件下，未来消费是未知的，消费者只能根据现时信息对未来支出形成预期，从而形成未来消费的预期效用。不确定性对消费行为产生影响，一方面会增加预防性储蓄；另一方面还会加强流动性约束。

首先，影响居民支出预期的主要因素是社会保障水平。社会保障水平对居民消费增加有较大推动作用。居民消费同时会考虑养老和医疗等生活保障问题，如果居民没有养老和医疗等社会保障，就可能会减少当前消费，增加储蓄以备未来保障之用。在目前我省社会保障体制尚未健全的情况下，居民直接负担了过多本应由财政负担的养老、医疗、卫生等领域的支出，而且使居民支出预期增加，进而抑制了居民即期消费，导致居民边际消费倾向快速下降。

其次，子女教育等预期支出增加对居民消费有很强的抑制作用。随着社会发展，人们对子女教育培养的重视程度逐渐加深，子女的教育支出成了居民家庭一项重要消费支出项目，居民对未来教育支出的预期大大增加，尤其是近年来教育费用的不断增加，为了支付和储备子女的教育费用，以工资为主要收入的普通城镇家庭大幅缩减物质消费，广大农民家庭更加觉得负担沉重。政府增加基础教育投入，减少居民的子女教育成本对扩大我省居民消费支出具有积极影响。

最后，房价高企是挤压消费的重要因素之一。“居者有其屋”是中国文化中朴素且坚定的理想。在高企的房价面前，青年人的可选消费将让位于住房储蓄，中年人的可选消费也要让位于下一代的住房储蓄，因此中期视角下房价对消费的挤压难以避免。

5. 消费环境

消费环境是消费者在生存和发展过程中面临的、对消费者有一定影响的、外在的、客观的制约因素。任何人的消费都是在一定的消费环境中进行的。因此，放心的消费环境有利于减少人们的消费风险、消除消费恐惧、增加积极的消费预期，减少防御性储蓄，使人们放心消费，这样就能扩大消费需求、促进消费结构优化，从而促进产业结构优化、升级，形成新的消费热点和经济增长点，促进经济发展，实现消费需求和经济增长之间的良性循环。

当前山东省市场消费环境总体欠佳，使居民消费更为谨慎，压抑了消费热情。一是基础设施配套不完善。农村的水、电、路、气、通信、网络等基础设施建设仍不完善，流通体系建设滞后，商业网点少，中间环节多，售后服务差，这些都限制了农民的消费升级。同时，城市一些配套设施建设也没有及时跟进。如一些城市存在交通拥堵和停车难等问题。二是市场环境及信用环境有待改善，社会诚信意识不强，假冒伪劣产品还比较多，市场监管力度还不够，消费者权益难以得到有效保护。三是消费信贷发展滞后。由于社会信用体系的不完善和金融部门消费信贷产品创新不足及门槛太高，导致消费信贷发展缓慢。四是服务质量差。有的企业三包只是停留在口头上，服务承诺如同虚设；有的企业售后服务网络不健全，使售后服务难于保证；有的延迟服务时间，强行收取服务费用，致使消费者利益受损。面对不良的消费环境，消费者在购买商品时十分谨慎，反复权衡消费收益和可能发生的消费风险。在这种情况下，往往选择持币待购、推迟消费乃至放弃消费。从而压抑了人们的消费热情和积极性，阻碍我省居民消费结构的升级和消费质量的提高。

6. 人口结构

消费是利用社会产品来满足人们各种需要的过程，它既是经济发展的动力，也是发展的目的。人，作为消费主体，承担了社会经济中商品和服务最终需求者的角色，直接影响了整个消费水平的变化。特定状态下的人口特征在很大程度上影响了当前和预期的消费模式。由此可见，国家的人口是影响该国整体消费水平的重要因素。人口因素对于消费水平的影响主要体现在三个方面：人口年龄结构、城市化人口流动以及居民消费行为。

人口年龄结构方面，短期内，高人口生育率会增加人口总量，提高少年儿童抚养系数；长期内，高生育率将会冲击劳动力人口，带来就业高峰以及人口老龄化。密集的劳动力人口进一步降低市场中劳动力资源成本，降低人均资本存量，从而抑制消费。另外，人口总量的增加直接扩大了消费群体规模，为消费带来了增量人口资源。

城市化人口流动方面，人口城市化增加了部分农村人口的人均收入水平，提供更多的就业机会，从而提升了该部分居民的消费水平；同时，城市化人口消费水平的增长替代了原本农村地区的部分消费，导致了该部分居民的农村消费降低。

消费行为方面，消费者消费心理的变化以及社会文化因素的影响改变了传统居民的消费行为。消费倾向的变化重新调整了传统居民人口的消费结构，消费价格的波动以及消费渠道的多元化也将逐渐改变当代居民人口的消费选择行为，定义该时代下全新的消费模式。

三、山东城乡居民消费展望及对策

“十四五”时期是我国全面建成小康社会、实现第一个百年奋斗目标之后，乘势而上开启全面建设社会主义现代化国家新征程、向第二个百年奋斗目标进军的第一个五年。宏观经济步入新常态，消费升级成为新基调，服务消费、信息消费、绿色消费、时尚消费、品质消费、农村消费等将迎来新的发展高峰，成为“十三五”时期的消费热点，给未来山东省经济的升级和持续增长注入新的动力。

（一）山东城乡居民消费展望

近年来，随着互联网的发展，网络购物、线上线下融合等新业态迅速发展，居民的消费热情被释放，消费方式也在重构。我国“十四五”规划提出：“全面促进消费。增强消费对经济发展的基础性作用，顺应消费升级趋势，提升传统消费，培育新型消费，适当增加公共消费。以质量品牌为重点，促进消费向绿色、健康、安全发展，鼓励消费新模式新业态发展。”这些新消费模式不仅带动行业发展、方便居民生活，同时也在推动国内消费市场的复苏，助力经济回温。

1. 新消费引领国内大循环

在新一轮技术革命和产业变革推动下，随着互联网、云计算、人工智能等新技术的深度应用和居民生活水平的提升，以新的消费内容、新的消费方式和模式、新的消费结构和新的消费制度为内涵的新消费不断创新发展。相较于传统以产品为主的消费模式，新消费更加以消费者为中心，注重掌握、了解和预测用户的需求，继而系统性创造产品、场景来满足不同消费群体的真实需求和潜在需求。在国家政策推动以及数字经济发展趋势之下，未来线上消费、无人零售、智慧消费、共享消费、信息消费、体验式消费等新业态新模式将快速发展，大型商业综合体、商业超市将加快数字化转型，现代城市商圈将加速智能化改造提升，服务超越商品成为主要消费内容，聚焦新消费模式的新电商企业与传统制造企业深度合作促进消费产业双升级，新消费将成为引领国内大循环、促进形成国内国际双循环相互促进新格局的重要力量。

2. 个性定制消费加速普及

在数字经济迅速发展、年轻人独立意识增强的趋势下，消费者的个性需求将进一步被挖掘，多元化、个性定制化消费将持续成为消费热点。“90后”“00后”等年轻消费者愿意分享自己的数据，企业以此为依据提供更加个性化、针对性强的产品和服务，定制化订单数量显著增加。如拼多多利用其海量的销售数据，与包括百雀羚、蜂花等老字号在内的众多国产品牌合作，通过销售终端反馈的产品功能、包装、规格、售价等相关数据，研发、生产出一系列定制化的产品，有力地推动个性定制消费增长。在企业推动数字制造、柔性生产等发展趋势下，个性定制消费将加速普及。

3. 绿色消费深入人心

绿色消费与以往导致自身生存环境破坏的消费模式有天壤之别，体现了人类崭新的道德观、价值观和人生观，已得到国际社会的广泛认同，并成为当今社会的一大热点话题。它既是一种权益，也是一种义务，甚至在1992年地球高峰会议上被视为达成全球永续发展目标的重要工作。绿色消费重在保护“绿色”以协调人与自然间的关系，而非消费“绿色”，它反对过度消费、炫耀性消费以及其他不安全、不文明、不健康、不可持续的消费方式和消费行为。倡导、发展绿色消费，是建设资源节约型和环境友好型社会的必要条件和重要内容，在一定程度上不仅可促使生产者由粗放型向集约型生产模式转变，还能引领消费者融生态环境保护于健康生活之中，最终形成生产与消费的良性循环。在绿色发展理念树立落实、小康社会居民消费需求转变、消费者环保理念逐步形成、本土消费维权意识觉醒以及消费维权国际化潮流来临的过程中，绿色消费将日益深入人心、渐成风尚，这不仅符合党和国家的意志，也是对时势变化的顺应和对消费者的引导。

4. 时尚消费渐成主流

作为一种标签和社会心理现象，时尚不仅是驱动居民消费、创造市场价值的重大商业元素，而且是一种思想上、精神上的享受，介于经典和时髦之间，体现了个人消费爱好、价值观念以及审美心理等内在涵养。作为一种消费行为、流行的生活方式甚或以物质文化形式流通的消费文化，时尚消费是大众消费中最有情感因素参与、最富生命力的消费形式，体现了人们对某种物质或非物质对象的追随、模仿和对消费活动的时尚张扬。随着山东省经济社会形式从自然经济到商品经济、从计划经济到市场经济、从人治到法治，以及从经营文化到大众文化等多方面的深入转型。人们物质生活水准的提高、身心需求的突破、自我表现与模仿的动机、审美观念的变化以及新材料新工艺的发明、时尚信息的传播、知识的丰富和渗透等众多诱因或提供流行生存发展的土壤，或推动新的流行趋势和走向。回顾历史，时尚价值一直是消费者追求的基本价值之一；放眼未来，时尚消费必将蔚然成风。

5. 品质消费潜力巨大

当前，山东省正处于消费变革时代，由于市场经济改革深化、信息获取渠道多元、新媒体和新技术涌现等多种因素的影响作用，城乡居民开始对消费进行重新认识和反思，他们在追求产品价格的同时，更加关注产品质量及其实用性、安全性；在消费“品牌”的同时，开始追求消费体验、品牌文化和内涵；在追求物质生活丰富的同时，开始注重精神生活的充实；在解决实际需求的同时，开始强调各方面对生活品质的提升。以上这些转变意味着山东省社会消费形态发展的新阶段——品质消费浪潮已经来临。“十四五”期间，随着社会商业模式、技术手段的不断创新和居民消费理念、偏好、行为的变化，品质消费将逐渐从低档次、无品牌的消费转向高档次、品牌或知名品牌的消费，并最终成为消费社会的主流之一。

6. 农村消费梯度追赶

农村消费涉及广大农民衣、食、住、行和劳务等各方面需要，在国民经济发展中与城市消费一样占有极其重要的地位。促进农村消费不仅能够满足农村居民的美好生活需要、更好落实乡村振兴战略，也能够推动农村消费引领供给创新，畅通城乡之间工业品和农产品流通的循环体系，促进内需扩大和强大市场形成。过去数十年，在国民经济快速发展和国家一系列支农、惠农政策的有力促进下，农民收入持续稳定增长，农村消费结构出现许多新变化，消费状况逐步改善。随着近期商务部等12部门印发了《关于提振大宗消费重点消费促进释放农村消费潜力若干措施的通知》，农村消费市场有望加速打开，为我国经济社会发展提供有力支撑。随着乡村振兴和脱贫攻坚逐步推进，农村社会保障机制逐步完善，农村消费环境日益优化，农民消费能力和消费意愿不断提升，“十四五”期间将呈现出明显的梯度追赶型特征。

（二）提升城乡居民消费需求的对策

针对山东省居民消费存在的主要影响因素和发展趋势，可从以下几个方面采取切实有效的措施，以提升居民消费能力，扩大居民消费需求，推动经济又好又快发展和富民强省目标的实现。

1. 提高收入水平，提升消费能力

一是进一步改善收入分配结构，提高居民收入在收入分配中的比重。改革个人所得税制，增加基本扣除额和专项附加扣除，降低个人所得税，按照物价水平动态调整基本扣除额，增加居民可支配收入；降低增值税税率，降低商品价格，提高居民的消费能力；完善消费税，将高污染、高耗能行业产品纳入消费税税目并提高税率，同时将已成为大众消费品的部分产品不再征收消费税。

二是提高中低收入户家庭收入。首先是增加就业机会。积极创造条件增加就业岗位和扩大就业方面的资金投入，改善就业服务和就业环境，从根本上帮助因为就业不足而致贫的贫困群体，消除消费障碍。其次逐步提高最低工资标准，建立职工工资正常增长机制和支付保障机制。最后完善调整收入分配政策。适当增加政府对低收入人群的转移支付，在落实全面、精准扶贫的基础上，加大对城乡低收入人群的保障，确保中低收入者收入水平和生活质量不因物价上涨而降低。同时政府可以通过各种教育、培训手段，提高劳动者的素质、技能，把低知识水平、低技能劳动者提升到高技能的劳动岗位上，从而间接提升这些劳动者的工资水平。

三是优化居民收入结构。丰富和规范居民投资理财产品，适度扩大国债、地方政府债券面向个人投资者的发行额度。稳定资本市场财产性收入预期，完善分红激励制度，坚决查处严重损害中小投资者分红派息权益的行为。深化农村土地和集体产权制度改革，稳步推进农村集体经营性建设用地入市，探索赋予农民对集体资产股份的占有、收益、有偿退出及抵押、担保、继承权。

2. 稳定物价水平，建立消费信心

物价水平是关系群众利益和经济社会发展全局的重要影响因素，物价保持在高位运行，对消费品市场的发展来说是一把双刃剑，一方面，物价增长对于消费品零售额度的增长能够起到一定的助推作用；另一方面，物价的高位运行加重了

居民的生活负担，最终会影响消费品市场的稳定发展。因此必须重视和稳定物价工作，做好增加生产、保障供给、搞活流通、降低成本等工作，严厉查处发布虚假信息、囤积居奇、操纵价格、恶意炒作等违法行为，以更好地释放消费潜力。

一是建立健全重要商品储备制度，调节市场供给结构。二是继续重点扶持粮食、生猪等重要农副产品的生产与储备，以防止供不应求再度引发价格暴涨。三是加强价格执法。组织开展副食品价格专项检查，打击各种价格违法违规行为，重点查处经营者串通定价、合谋涨价的行为，捏造散布涨价信息、囤积居奇、哄抬价格的行为，短缺数量、偷工减料、以假充真、以次充好等欺诈手段变相提高价格的行为。四是要进一步完善市场价格异常波动应急处理工作预案，特别是民生物价异常波动应急处理工作预案，并确保各项措施落实到位，把异常波动的负面影响降低到最低。五是按照统筹兼顾和突出重点的原则，除了按照国家和政府要求开展各项价格和收费专项检查外，建立人民群众重要生活必需品的价格和收费的日查制度。

3. 加强社会保障，激发预期消费

近年来，山东省各级政府重视城乡社会保障体系建设，加大财政资金投入，规范制度建设，完善社会服务，各项社会保障事业取得显著成效，但总体上仍存在社会保障面窄、保障水平低、服务滞后等问题。随着住房、教育、医疗等市场化进程的加快以及近年来持续上涨的物价，在收入难以大幅提高以及社会保障水平不高的情况下，居民对未来支出的预期明显增加，顾虑增多，储蓄用于防老、养病、子女教育等意愿增强，当期消费受到抑制，平均消费倾向总体下降。

政府应充分利用财政手段，继续完善以养老、医疗、失业为主的社会保障体系，加大财政转移力度，不断增加公共产品供给，切实解决居民关心的教育、医疗、养老、住房等民生问题，真正实现“学有所教、劳有所得、病有所医、老有所养、住有所居”；着力完善各类医疗保障制度，加强农村救济和扶贫工作，大力发展公共服务项目；鼓励企业或个人参加补充保险和商业保险，实现基本线以上的高层次保障；加快构建以法定强制社会保险为核心，以社会救助、社会服务为重要组成部分，以用人单位补充保险、其他形式补充保险和商业保险为补充的全方位、一体化、多层次新型社会保障体系，充分体现社会保障的公平性、统一性和均衡性。此外，还必须加强社会保障法制建设，切实加强相关立法工作，进一步规范国家、单位和个人的社会保障行为，为居民生活构建“病有所医、老有所养、困有所帮”的社会安全保护体系，缓解居民消费后顾之忧，改善居民的消费倾向和消费预期。

4. 改善消费环境，释放消费潜力

一是加大整顿和规范市场秩序的力度，为居民消费需求的稳定增长创造良好的市场环境。首先，不断深化农村商品流通体制改革，建立适应农村消费市场特点的流通网络和服务网络，整顿农产品市场秩序，为农产品流通机制的转变创造良好的氛围。其次，建立全国统一的农产品市场。全国统一的农产品市场可以使各个地区的农业根据各自的比较优势来布局，发挥市场主体的资源配置作用，这必将会带来农村居民收入水平的提高。最后，加强市场监管，坚决制止侵犯消费者合法权益的市场行为，保护消费者食品安全知情权，坚决打击哄抬物价、制造假冒伪劣商品等行为。同时完善消费者举报投诉服务的网络平台，督促行业、企业提高产品质量和服务水准，为消费者提供安全的商品和服务，进一步促进安全消费，重塑消费者信心，创造便利、安全、放心的消费环境。

二是进一步发展消费信贷政策。首先，建立和完善个人信用制度。同时制定与个人信用制度相关的法律法规，以立法的形式确定信息的公布与使用范围等。其次，健全与完善消费信贷的担保与保险制度。可以考虑由政府出资组建个人贷款担保基金或具有独立法人资格的担保基金公司，为个人消费贷款特别是中长期贷款提供政府信用担保，以降低消费信贷风险。保险公司可以开设与消费信贷有关的业务品种，银行在发放消费信贷时可以要求消费者购买某种特定保险。一旦消费者发生意外不能偿还贷款时，保险公司要向保险受益人即银行支付一定金额的保险赔偿金。最后，完善消费信贷品种。各商业银行要根据居民消费多元化的特点，在教育、旅游、服务等领域开发多样化的消费信贷服务品种，并针对不同的消费者和消费信贷品种在利率、期限和还款方式方面提供不同的选择方式，形成完善的消费信贷服务品种体系。

5. 发展新兴业态，培育消费热点

随着人们生活水平的提高及各种因素的影响，在当今社会消费也呈现出多元化的市场需求，传统的消费热点不再保持其强劲的增长力。因此要着力扩大消费需求，加快构建扩大消费的长效机制，培育新的消费热点。

一是大力发展数字信息消费。信息消费是一种直接或间接以信息产品和信息服务为消费对象的消费活动。它具有结构层次高、绿色无污染、带动作用强的优点，是各国重点培育的新兴消费热点。要实施更加积极的信息消费激励政策，出台从信息内容到信息应用等更有针对性的财税和金融政策，更大程度地激发我省

信息消费的潜力释放。

二是全面发展网络购物。网络购物是电子商务的一种重要形式。电子商务和网络购物给居民提供了更加方便、多样和实惠的消费选择，目前已成为扩大消费、拉动内需的有效手段和新引擎。要加大政策支持力度，继续实行免税或更加优惠的低税政策，营造更为安全放心的消费环境，促进电子商务和网络购物快速健康发展。

三是着力发展网红直播消费。鼓励传统商贸企业开展直播营销、内容营销、社群营销，发展“线上引流＋实体消费”等销售新模式。推动直播电商赋能优势产业、专业市场和特色商圈，形成行业集聚效应。

四是大力发展节能环保消费品。在绿色消费理念下，节能环保产品势必成为未来的消费热点。一方面逐步推广各类采取节能措施的新能源汽车，如充电式汽车、混合动力汽车、太阳能汽车等；另一方面大力发展和推广应用新型高效节能墙体材料、保温隔热防火材料、轻质复合保温板材、节能建筑门窗、屋面防水保温系统等节能建筑材料；同时积极推广空气净化器、净水器等家庭生活环保用品和绿色低碳家电产品。

五是积极发展新零售。充分释放5G、人工智能、物联网、数据中心等“新基建”潜力为零售行业赋能，鼓励零售企业、电商平台利用新技术构建更多智慧零售新场景和新业态，完善新消费供给生态。深入推进零售业数字化，建设一批智慧商圈、智慧街区、智慧门店、智慧药房，加快无人体验店、智慧社区店、自提柜、云柜等新业态布局，满足“宅经济”“云生活”等新消费需求。

6. 推动需求侧改革，拉动消费需求

在经过多年的供给侧改革后，山东落后的产能到了提升，资源利用率得到提高，工业稳步发展，企业的盈利能力也稳步提升；2020年受疫情的影响，海外环境恶化导致的外需递减，以及国内经济增速进一步放缓带来的消费下滑，对山东经济增长提出了新的挑战。虽然目前我省经济呈现复苏趋势。但从内部结构来看，生产端的复苏远快于需求端；而需求侧内部，基建和房地产投资的恢复也比消费和制造业投资更快。这在一定程度上表明，当前山东经济的有效需求不足，供需错配仍然明显。需求侧改革的推出，正是为了解决山东有效需求不足的结构性问题。通过需求侧改革，打通堵点，补齐短板，贯通生产、分配、流通、消费各环节，形成需求牵引供给、供给创造需求的更高水平动态平衡，提升地区经济体系整体效能。

“需求侧改革”的重心在于需求结构的均衡优化，也就是扩大内需，是一种结构性的需求政策，目的是实现有效需求的释放，而不是需求总量的扩张。一是推动中产阶层需求增加。中产阶层是消费的主力军，增加其收入，可以增加消费，尽可能让财富流向中下层群众。二是盘活现存市场消费需求。目前省内市场高端产品大多是进口，政府可以鼓励高新技术发展，推动“新基建”，拉动消费。三是引导国内消费需求回流。由于疫情原因，国际市场很稳定，政府可以抓住时机，通过海口免税店、免税区等引导消费回流。四是通过宏观调控增加内需。可以通过对商家或企业的补贴，减税等手段，降低商品价格，从价格上进行调控，及国内消费需求增加。在供给侧结构性改革的同时，推动需求侧改革，打通生产、分配、流通、消费各个环节，形成需求牵引供给，创造需求与供给的高水平的动态平衡，推动经济的持续健康发展。

参考文献：

［1］尹世杰：《消费经济学》第1版，湖南人民出版社1999年版。

［2］商务部研究院：《2020年中国消费市场发展报告——新消费成为引领国内大循环重要动力》，2020年12月。

［3］徐亚东、张应良、苏钟萍：《城乡收入差距、城镇化与中国居民消费》，载《统计与决策》2020年第3期。

［4］罗楚亮、颜迪：《消费结构与城镇居民消费不平等：2002—2018年》，载《消费经济》2020年第6期。

［5］严慧珍、徐晓婧：《我国城乡居民消费结构比较分析》，载《商业经济研究》2020年第3期。

［6］孙豪、毛中根：《中国居民消费的演进与政策取向》，载《社会科学》2020年第1期。

［7］肖苏薇：《消费升级与降级并存现象的学理分析及政策建议》，载《绵阳师范学院学报》2020年第3期。

［8］何翠平：《新时代背景下城镇居民消费意愿驱动的影响因素及对策》，载《时代金融》2020年第7期。

［9］宋平平、孙皓：《城镇居民消费结构升级的动态特征与趋势分析》，载《商业经济研究》2020年第7期。

［10］傅志华、王志刚：《新冠肺炎疫情对居民消费的影响及对策》，载《财政科学》2020年第4期。

第三章

山东批发零售业发展对策研究*

在现在的国民经济体系中，批发零售业上接生产、下连消费，是衡量地区经济发展快慢、市场繁荣与否的重要标志，也是国民经济的重要先导产业，直接影响和带动经济增长与产业结构优化，关系到人民群众生活品质的提高。

批发零售业的中介作用便利了商品流通，促进了商品交换，使生产者的投入得以弥补并获得合理回报，使生产得以持续，使消费者的消费需求得以满足，从而使社会化大生产得以顺利进行。批发零售业是决定经济运行速度、质量和效益的引导性力量，其在国民经济中的作用日益增强，已经占据了各个行业领域产业链的主导地位，并起到了控制市场、决定生产、影响消费的关键作用。从长远来看，我国居民消费无论是从总量上，还是从结构上都有相当大的发展空间，这为我国批发零售行业的发展提供了良好的宏观环境。

根据国家统计局《国民经济行业分类》（GB/T4754－2017）标准，批发零售业共包括2大类，18中类和92小类。批发业是指批发商向批发、零售单位及其他企业、事业、机关批量销售生活用品和生产资料的活动，以及从事进出口贸易和贸易经纪与代理的活动。零售业指从工农业生产者、批发贸易业或居民购进商品，转卖给城乡居民作为生活消费和售给社会集团作为公共消费的商品流通企业。

批发零售业的所有经营单位根据销售额或从业人员数分为限额以上和限额以下两部分。限额以上的批发业是指从事批发贸易业活动，年末从业人员20人及以上或年销售额2000万元及以上的企业（单位）和个体户；限额以上的零售业是指从事零售贸易业活动，年末从业人员60人及以上或年销售额500万元及以上的企业（单位）和个体户。其余的为限额以下批发零售业经营单位。由于数据

---

* 本章作者简介：郭克锋，山东商业职业技术学院工商管理学院，管理学博士，副教授。

限制，本章主要分析山东省限额以上批发零售业、亿元以上商品交易市场和批发零售业连锁经营的情况。

一、山东批发零售业发展现状

2019 年，山东省国民经济持续健康运行，批发零售行业继续稳定增长。根据山东统计局数据，2019 年山东省社会消费品零售总额为 35770.6 亿元，比 2018 年增长 8.83%，占 2019 年全国社会消费品零售总额 411649 亿元的 8.69%，与 2018 相比，占全国的比例有所下降（见表 3－1 和图 3－1）。

表 3－1　2014～2019 年山东省社会消费品零售额及其全国占比

年份	山东省社会消费品零售总额（亿元）	环比增长（%）	全国社会消费品零售总额（亿元）	山东省占全国的比例（%）	山东省商品零售额（亿元）
2014	25111.53	12.63	271896.1	9.24	22612.19
2015	27761.41	10.55	300930.8	9.23	24921.29
2016	30645.76	10.39	332316.3	9.22	27401.75
2017	30877.78	0.76	366261.6	8.43	27498.95
2018	33604.98	8.83	380987	8.82	29863.86
2019	35770.6	8.82	411649	8.69	31641.7

资料来源：《山东统计年鉴（2020）》，中国统计出版社 2020 年版。

总体来看，社会消费品零售总额稳中有升，从消费的角度反映了宏观经济的向好趋势。山东省社会消费品零售总额占全国社会消费品零售总额的比重在 2018 年短暂增加之后，2019 年略有下降，总体延续比重持续下降之势，说明了其他省份的社会消费品零售总额增长得比山东省稍快。另外，宏观上来看，南方经济发展稍快，北方发展较慢，北方经济整体滞后于南方，山东省这几年与长三角和珠三角相比明显增长乏力。

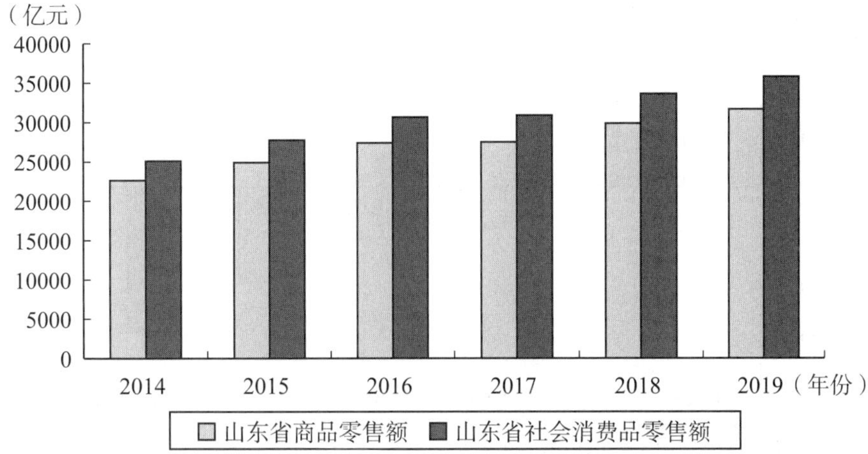

图 3－1　2014～2019 年山东省商品零售额

资料来源：《山东统计年鉴（2020）》，中国统计出版社 2020 年版。

其中，网络零售拉动有力。2019 年网上零售额 4109.0 亿元，比上年增长 15.8%。其中，实物商品网上零售额 3445.0 亿元，增长 19.6%；占社会消费品零售总额的比重为 9.6%，对社会消费品零售总额增长贡献率为 27.5%。

固定资产投资持续下降。从 2016 年开始，固定资产投资连续四年负增长，且幅度越来越大。增长幅度分别为－16.33%，－20.71%，－38.8% 和－58.2%，投资不断减少，并呈现加剧下降趋势。这反映出，近几年来，由于电商的迅速发展对传统商业造成强烈冲击，传统的批发零售模式产生了困难，收益不断下降，日子越来越不好过。从而导致传统批发零售业前景不被看好，使其固定资产投资持续性下降（见表 3－2 和图 3－2）。

表 3－2　　2014～2019 年山东省批发零售业固定资产投资增长速度

指标	2014 年	2015 年	2016 年	2017 年	2018 年	2019 年
环比增速（%）	21.67	37.94	－16.33	－20.71	－38.8	－58.2

资料来源：《山东统计年鉴（2020）》，中国统计出版社 2020 年版。

从 2014～2019 年，山东省批发零售业的总体状况，包括法人企业、年末从业人数以及购进、销售、库存和进出口指标如表 3－3 所示。

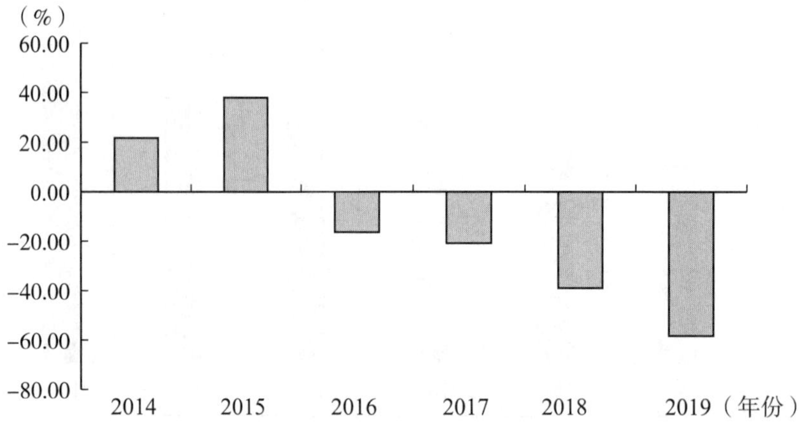

图 3-2　2014~2019 年山东省批发零售业固定资产投资额环比增速

资料来源：《山东统计年鉴（2020）》，中国统计出版社 2020 年版。

表 3-3　2014~2019 年山东省批发零售业总体情况

指标	2014 年	2015 年	2016 年	2017 年	2018 年	2019 年
法人企业（个）	17474	17157	16894	16865	15695	15617
年末从业人数（万人）	102	98	96	90.1	82.5	74.3
商品购进额（亿元）	29233.1	27089.1	29289.7	29812.8	30902.8	35945.0
进口额（亿元）	1290.7	817.7	765.7	872.6	769.5	1189.6
商品销售额（亿元）	32112	29650.1	32129.2	32944.0	34878.2	40037.1
出口额（亿元）	955.5	1002.2	895.5	1042.4	1233.0	1370.1
期末商品库存额（亿元）	1693.2	1701.3	1686.3	1903.5	1961.1	2003.6

资料来源：《山东统计年鉴（2020）》，中国统计出版社 2020 年版。

从表 3-3、图 3-3、图 3-4 可以看出，近 6 年来，山东省批发零售业整体呈现增长趋势，2015 年呈现下降趋势，2016 年以来持续增长。2014 年法人企业数量为 17474 个，2015 年以来持续减少，2018 年比 2017 年的 16865 个大幅减少 1170 个至 15695 个，2019 年比 2018 年稍微减少 48 个；年末从业人数，2015 年以来持续减少且降幅增大，有加速减少趋势，反映了批发零售业在 2015 年以来对劳动力的吸引力和对就业的贡献持续下降。批发零售业商品购进额、商品销售额经过几年的下降之后，从 2016 年以来稳步增加。法人企业数量和从业人数持续减少，但商品购进额和销售额持续增加，这说明了批发零售企业的绩效和人员效率在提升。从进出口来看，出口额 2016 年以来稳步增长。进口额来看，2018 年比 2017 年下降，2019 年大幅增长，达到出口额为 1189.6 亿元，比 2018 年增加 54.6%。

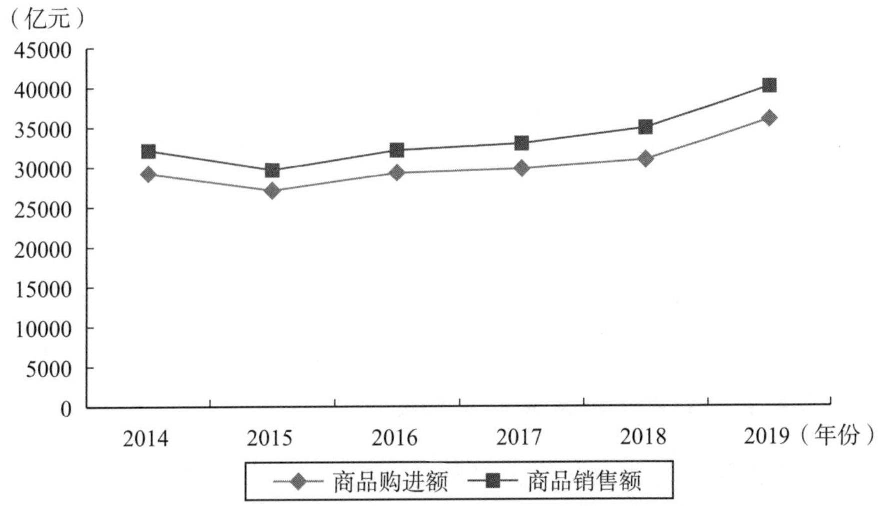

图 3－3　2014～2019 年山东省批发零售业购销额

资料来源：《山东统计年鉴（2020）》，中国统计出版社 2020 年版。

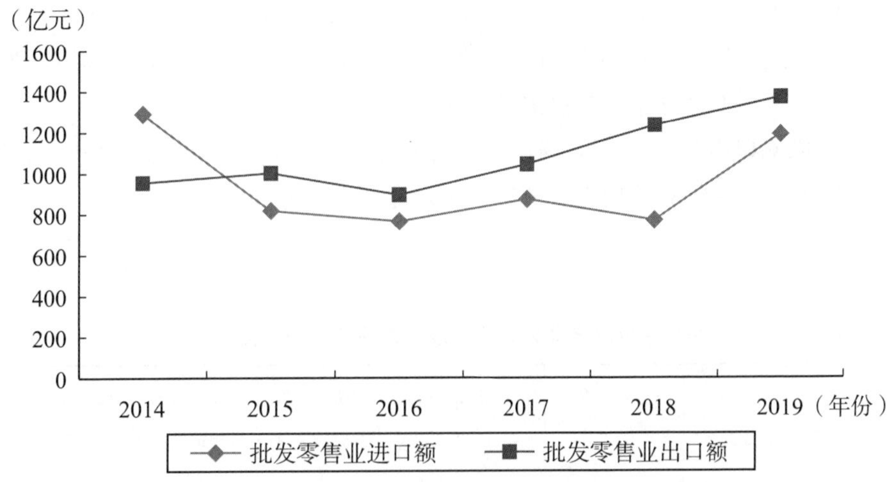

图 3－4　2014～2019 年山东省批发零售业进出口额

资料来源：《山东统计年鉴（2020）》，中国统计出版社 2020 年版。

综上来看，我国经济结构调整进入深化期，经济高速增长难以再现，中高速增长将成为新常态。山东省的总体经济运行状况与全国类似，批发零售业的整体发展态势与宏观经济形势密切相关。2015～2016 年基本确认是宏观经济触底的时期，批发零售业的发展也逐渐稳定，显现触底回升。2017 年以来，除了从业人数和法人企业个数之外，批发零售业各项指标都有所上升。但由于电子商务的迅速发展，导致批发零售业固定资产投资继续大幅下降，前景不甚明朗。

由于可获取数据的限制，以下主要采用近五年（2015～2019）的数据，针对山东省限额以上批发业、限额以上零售业，以及亿元以上交易市场和批发连锁经营这四部分内容做分析。以下数据如无特别说明都是来自各省份的统计年鉴。

（一）限额以上批发业分析

1. 山东省限额以上批发业的发展现状

山东省限额以上批发业的销售额从 2015 年以来持续增长，2019 年为 33144.5 亿元，比 2018 年增长 22.03%。2019 年山东省限额以上批发业商品进口总额为 1058.9 亿元，比 2018 年的 676.8 亿元大幅增长 56.46%；出口总额为 1363.96 亿元，比 2018 年的 1230.79 亿元增加了 10.82%，连续两年迅速增长，显示了批发业进出口从 2017 年起走出了低谷，强势复苏；2019 年限额以上批发业法人单位数有 9555，比 2018 年的 8297 个增长 15.2%。总体而言，2014～2019 年山东省限额以上批发业发展势头良好。

（1）限额以上批发业商品购进、销售和年末库存情况。山东省 2014～2019 年限额以上批发业的商品购进、销售和年末库存总额数据，如表 3－4 和图 3－5 所示。

表 3－4　2014～2019 年限额以上批发业商品购、销、存总额

年份	购进总额（亿元）	销售总额（亿元）	年末库存总额（亿元）	购进总额增幅（%）	销售总额增幅（%）	年末库存总额增幅（%）
2014	20350.71	22154.24	974.97	5.01	0.36	－0.45
2015	18067.2	19692.5	1015.5	－11.22	－11.1	4.16

续表

年份	购进总额（亿元）	销售总额（亿元）	年末库存总额（亿元）	购进总额增幅（%）	销售总额增幅（%）	年末库存总额增幅（%）
2016	19803.3	21625.3	1001.3	9.61	9.81	-1.40
2017	21821.27	24016.87	1156.67	10.19	11.06	15.52
2018	24409.26	27161.08	1183.30	11.86	13.09	2.30
2019	30080.84	33144.50	1304.28	23.24	22.03	10.22

资料来源：《山东统计年鉴（2020）》，中国统计出版社2020年版。

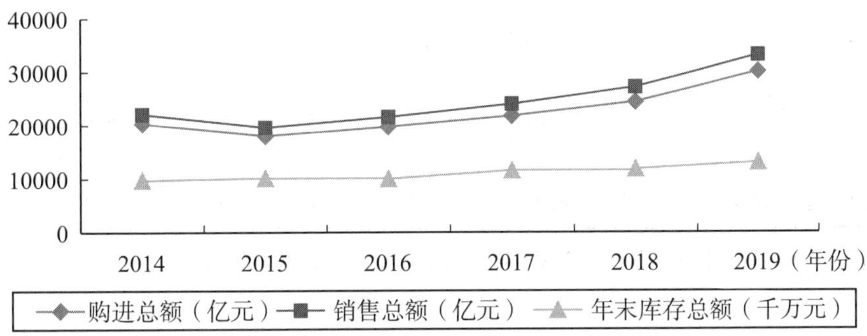

图3-5 2014~2019年限额以上批发业的商品购、销、存总额

注：年末库存总额数字比购进总额和销售总额小很多，如果用亿元做单位，在图上就会离坐标轴很近，基本显示不出来，所以用了千万元做单位。

由表3-4和图3-5可以看出，受到宏观经济不景气及供给侧结构性改革的影响，低端供给过剩，导致批发业自2014年起基本不再增长，2015年增长速度变为负值。2016年以来不管是购进总额还是销售总额都恢复了增长，且增幅变大，年末库存总额稍微增长下降。特别是2019年，批发业商品购进总额和销售总额都取得了20%以上的增长速度，而库存只增长了10%，显示了批发行业景气繁荣。

（2）各类型限额以上批发企业情况。山东省限额以上的内资企业、港澳台商投资企业和外商投资企业的销售额情况，如表3-5和图3-6所示。

表3－5　　2014～2019年限额以上批发业内外资企业商品销售总额

项目	2014年	2015年	2016年	2017年	2018年	2019年
内资企业（亿元）	21744.98	19183.64	21019.05	23288.57	26541.68	32451.86
港澳台商投资企业（亿元）	199.84	176.48	382.17	483.71	455.38	441.26
外商投资企业（亿元）	209.42	223.65	224.04	244.60	164.02	251.38
内资企业比例（%）	98.15	97.96	97.20	96.97	97.25	97.91
港澳台商投资企业比例（%）	0.90	0.9	1.77	2.01	1.83	1.33
外商投资企业比例（%）	0.95	1.14	1.04	1.02	0.92	0.76
内资企业增幅（%）	－0.04	－11.78	9.57	10.80	10.60	22.27
港澳台商投资企业增幅（%）	6.48	－11.69	116.55	26.57	－5.91	－3.04
外商投资企业增幅（%）	58.47	6.79	0.17	9.17	－33.35	54.20

资料来源：《山东统计年鉴（2020）》，中国统计出版社2020年版。

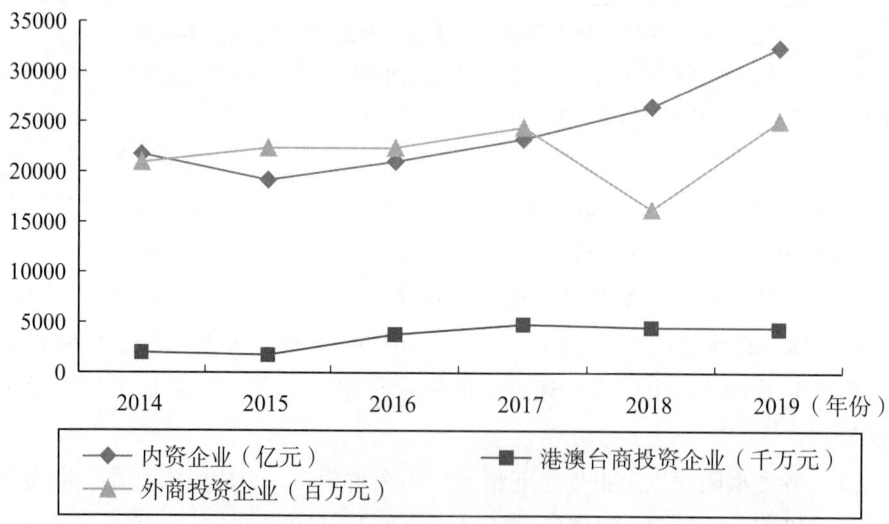

图3－6　2014～2019年限额以上批发业内外资企业商品销售总额

注：港澳台商投资企业的销售总额和外商投资企业的销售总额比内资企业的销售总额小很多，所以采取了不同的单位，以便更好地看出趋势来。

从表3－5和图3－6中可以看出，在2014年至2019年批发业限额以上商品销售总额中，内资企业所占比例远远大于港澳台商投资企业和外商投资企业，平均比例达97%。2019年，内资企业和外商投资企业的商品销售额都大幅增加，港澳台企业销售额小幅下降。

（3）限额以上批发业中各类型企业数量情况。山东省限额以上批发业各类型企业的法人单位数量，如表3－6所示。

表3－6　　2014～2019年限额以上批发业内外资法人单位数

项目	2014年	2015年	2016年	2017年	2018年	2019年
法人单位（个）	8681	8452	8217	8310	8298	9555
法人单位增幅（%）	2.96	－2.80	－2.62	1.13	－0.14	15.15
内资企业（个）	8565	8321	8110	8200	8184	9439
港澳台商投资企业（个）	37	37	32	37	40	38
外商投资企业（个）	79	80	75	73	74	78
内资企业占比（%）	98.66	98.61	98.69	98.61	98.48	98.79
港澳台商投资企业占比（%）	0.43	0.44	0.39	0.46	0.50	0.39
外商投资企业占比（%）	0.91	0.95	0.91	0.92	0.93	0.82
内资企业增幅（%）	－0.1	－2.85	－2.54	1.11	－0.20	15.33
港澳台商投资企业增幅（%）	0	0	－13.51	15.63	8.11	－5
外商投资企业增幅（%）	3.95	1.27	－6.25	－2.67	1.37	5.41

资料来源：《山东统计年鉴（2020）》，中国统计出版社2020年版。

从表3－6可以看出，2014年限额以上批发业法人单位数稍微增长，随后的2015年、2016年法人单位数持续下降，2017年短暂上升，2018年转向下降，2019年又大幅增长。总体来看，经过几年的低迷期以后，批发企业法人数量又大幅增长，显示了随着宏观经济的向好，社会资本投资批发业的意向增强。其中内资企业占主导地位，比例一直在98%以上。港澳台商投资企业和外商投资企业法人单位数量较少，与内资企业数量一比，简直可以忽略不计。说明了批发零售业主要面向国内市场，内资企业占据绝对优势。

从表3－7可知，在三类企业中，2019年内资企业的平均销售额为3.44亿元，比2018年增加9.25%，延续2018年的良好增长势头；2019年港澳台商投资企业的平均销售额为11.61亿元，比2018年的11.38亿元增加2.06%；2019年外商投资企业的平均销售额为3.22亿元，比2018年增加了46.3%。由以上数据可以看出，虽然内资企业在数量上占绝对优势，但从企业的平均销售额来说，港澳台商投资企业远远高出内资企业，外商投资企业和内资相差不大，内资企业的规模效应还应该大力加强。从2019年来看，港澳台商投资企业和外商投资企业平均销售额经过2018年的调整之后，又重新稳定下来。

表3-7　　2014~2019年限额以上批发业平均销售额　　单位：千万元

平均销售额	2014年	2015年	2016年	2017年	2018年	2019年
内资企业	25.39	23.05	25.92	29.76	31.47	34.38
港澳台商投资企业	54.01	47.70	119.43	130.73	113.78	116.12
外商投资企业	26.51	27.96	29.87	33.51	22.03	32.23
内资企业增幅（%）	-2.91	-9.19	12.43	14.81	10.81	9.25
港澳台商投资企业增幅（%）	3.60	-11.69	150.39	9.46	-12.97	2.06
外商投资企业增幅（%）	52.45	5.46	6.85	12.19	-34.26	46.30

资料来源：《山东统计年鉴（2020）》，中国统计出版社2020年版。

（4）限额以上批发业中各行业销售额情况。批发业按照国民经济分为九大行业，分别是农、林、牧产品批发业，食品、饮料及烟草制品批发业，纺织、服装及日用品批发业，文化、体育用品及器材批发业，医药及医疗器材批发业，矿产品、建材及化工产品批发业，机械设备、五金交电及电子产品批发业，贸易经纪与代理，其他批发业。山东省2014~2019年九大批发行业的销售总额如表3-8和图3-7所示。

表3-8　　2014~2019年山东省九大批发业行业销售总额　　单位：亿元

行业	2014年	2015年	2016年	2017年	2018年	2019年
农、林、牧产品批发业	824.97	761.26	774.77	589.61	559.33	765.70
食品、饮料及烟草制品批发业	3093.79	3150.63	3246.75	2479.28	2400.42	2608.54

续表

行业	2014 年	2015 年	2016 年	2017 年	2018 年	2019 年
纺织、服装及日用品批发业	1425.94	1427.64	1476.37	1731.15	1891.7	1853.42
文化、体育用品及器材批发业	415.29	411.73	452.49	579.40	627.91	713.10
医药及医疗器材批发业	900.85	1065.64	1300.27	1531.91	1729.52	1985.27
矿产品、建材及化工产品批发业（10 亿元）	1272.24	1048.20	1195.35	1482.51	1710.28	2191.77
机械设备、五金交电及电子产品批发业	1950.15	1747.27	1797.93	1755.45	2018.24	2665.70
贸易经纪与代理	232.16	177.07	149.12	95.25	185.96	203.31
其他批发业	588.64	469.14	474.08	429.69	645.17	431.78

资料来源：《山东统计年鉴（2020）》，中国统计出版社 2020 年版。

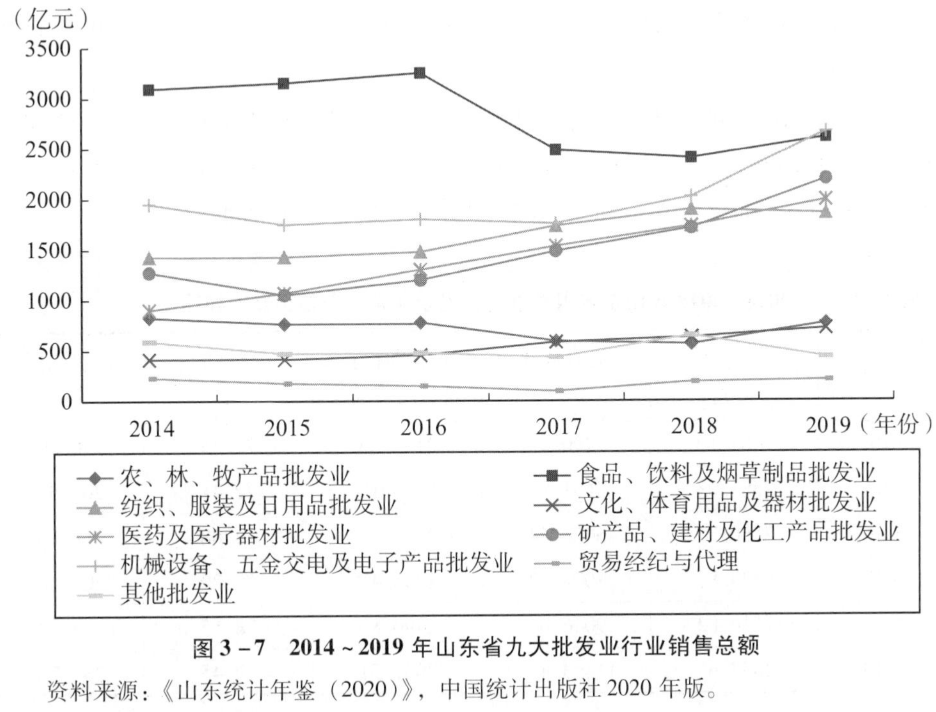

图 3－7　2014～2019 年山东省九大批发业行业销售总额

资料来源：《山东统计年鉴（2020）》，中国统计出版社 2020 年版。

从表3－8和图3－7可以清楚地看到，和人们生活关系紧密相关的食品、饮料及烟草制品批发销售总额2014~2016年持续增长，但2017年大幅下降，2018年以来触底回升，2019年取得了增长，但距离2016年高点还相差不少。农、林、牧产品批发比较稳定。矿产品、建材及化工产品批发销售总额2015年到达低点，2016年以来持续增长，2019年有加速增长趋势。机械设备、五金交电及电子产品批发市场自2015年以来一直比较稳定，但2018年，2019年连续两年大幅增长，第一次超过了食品、饮料及烟草制品的销售额。纺织、服装及日用品批发市场随着国内及全省消费市场的不断扩大，2016~2018年连续3年增长，2019年有所回调。医药及医疗器材批发业自2013年以来持续迅速增长。总体而言，纺织、服装，文化体育用品，医药及医疗用品保持增长，农林牧产品下降，反映了随着国民收入水平的上升，山东省的消费结构正在发生变化，人民有了更高的消费需求，消费结构在升级。矿产品、建材及化工产品批发销售总额2016年以来持续增长。机械设备、五金交电及电子产品批发销售总额连续大幅增长，反映了投资增加和宏观经济的向好。

2. 山东省限额以上批发企业财务状况分析

根据常用财务指标对批发企业偿债能力、盈利能力、营运能力及发展能力方面进行分析。

（1）限额以上批发业偿债能力分析。企业偿债能力可以通过资产负债率和产权比率进行分析，主要分析企业的偿债能力和资本结构合理程度。山东省2014~2019年限额以上批发业偿债能力情况如表3－9和图3－8所示。

表3－9　2014~2019年山东省限额以上批发企业资产负债率及产权比率

年份	资产合计（亿元）	负债合计（亿元）	所有者权益合计（亿元）	资产负债率（%）	产权比率（%）
2014	7684.10	5490.45	2193.85	71.45	250.26
2015	7584.03	5491.93	2092.10	72.41	262.51
2016	8260.77	6020.74	2239.34	72.88	268.86
2017	9329.82	7024.33	2305.49	75.29	304.68
2018	11516.82	9046.64	2490.80	78.55	363.20
2019	14453.63	11483.47	2961.51	79.45	387.76

资料来源：《山东统计年鉴（2020）》，中国统计出版社2020年版。

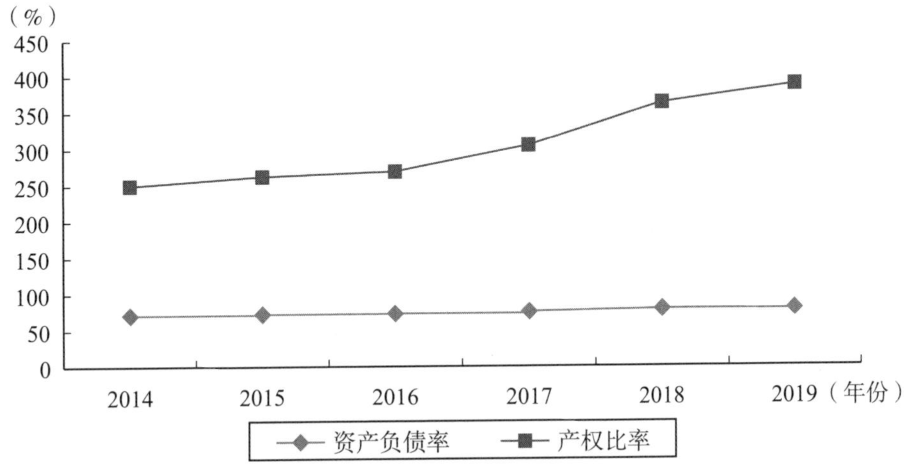

图 3－8　2014～2019 年山东省限额以上批发企业资产负债率和产权比率

资料来源：《山东统计年鉴（2020）》，中国统计出版社 2020 年版。

从表 3－9 和图 3－8 中可以看出，2015 年以来山东省批发企业的资产和负债都在增加，特别是 2017～2019 年增长迅速。资产增长率分别达到 12.94%，23.44% 和 25.50%；负债增长率分别达到 16.67%，28.79% 和 26.93%。资产和负债的迅速增长反映了限额以上批发业的行业规模在迅速增加。

资产负债率一直小于 80%，基本控制在安全范围以内，企业的偿债能力基本还能得到保障，企业的资本结构比较合理。但也要注意到，自 2015 年以来资产负债率一直在增加，已经接近 80%。产权比率自 2015 年以来一直上升，2018 年和 2019 年分别达到 3.63 和 3.87，有加剧上升之势。说明批发业增长良好，但负债增长超过资产增长，有些过快。所以要控制负债的过快增长。

（2）限额以上批发企业营运能力分析。总资产周转率及固定资产周转率可以反映企业总资产及固定资产的周转速度，从而分析企业运用资产赚取利润的能力。山东省限额以上批发企业营运能力分析如表 3－10 和图 3－9 所示。

表 3－10　2014～2019 年山东省限额以上批发企业总资产及固定资产周转率

项目	2014 年	2015 年	2016 年	2017 年	2018 年	2019 年
固定资产平均净值（亿元）	1081.23	1084.73	1117.37	1002.71	1014.18	895.94
平均资产总额（亿元）	7864.10	7584.03	8260.77	9329.82	11516.82	14453.63
主营业务收入（亿元）	21142.57	18521.27	20352.05	21717.32	24124.99	29803.61

续表

项目	2014 年	2015 年	2016 年	2017 年	2018 年	2019 年
固定资产周转率（%）	19.55	17.07	18.21	21.66	23.79	33.27
总资产周转率（%）	2.69	2.44	2.46	2.33	2.09	2.06

资料来源：《山东统计年鉴（2020）》，中国统计出版社 2020 年版。

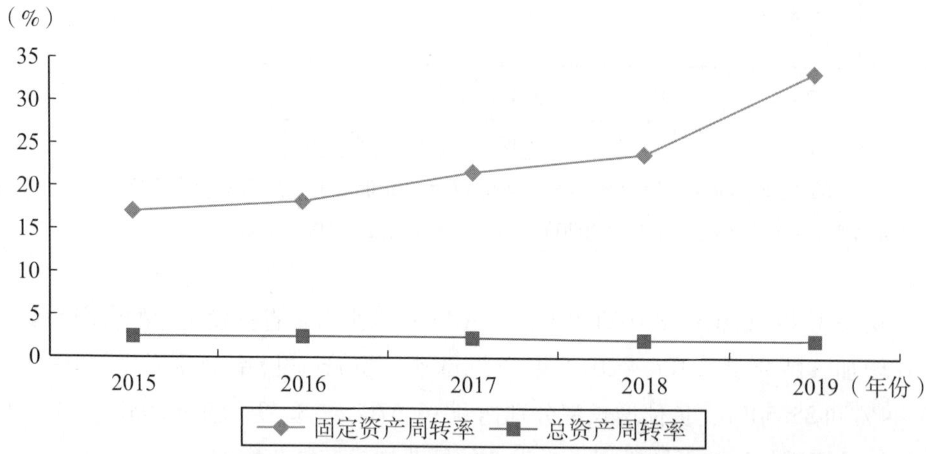

图 3－9　2014～2019 年山东省限额以上批发企业总资产及固定资产周转率

资料来源：《山东统计年鉴（2020）》，中国统计出版社 2020 年版。

从表 3－10 和图 3－9 可以看出，自 2014 年以来，限额以上批发企业的总资产周转率除了 2016 年稍微增长之外，在其余年份持续下降，说明企业总资产的周转速度变慢，企业运用资产赚取利润的能力下降，反映了批发业的盈利能力在下降，日子过得越来越艰难。固定资产周转率在 2015 年触底，2016 年以来持续回升，说明批发企业固定资产的利用效率在提高。总资产周转率下降，而固定资产周转率上升，说明流动资产周转变慢，运营效率较低。

（3）限额以上批发企业盈利能力分析。主要通过对主营业务利润率、费用利润率及净资产收益率等指标的分析，比较企业赚取利润能力的变化。2014～2019 年山东省限额以上批发企业主营业务利润率、费用利润率及净资产收益率如表 3－11 和图 3－10 所示。

表 3－11　　2014～2019 年山东省限额以上批发企业主营业务利润率、费用利润率及净资产收益率

项目	2014 年	2015 年	2016 年	2017 年	2018 年	2019 年
主营业务收入（亿元）	21142.57	18521.27	20352.05	21717.32	24124.99	29803.61
费用（亿元）	819.5	817.7	834.51	860.81	899.51	1071.37
营业费用（亿元）	402.12	425.86	447.09	476.34	508.80	632.81
管理费用（亿元）	295.08	283.30	286.51	270.21	273.98	305.75
财务费用（亿元）	122.30	108.54	100.91	114.26	116.73	132.81
平均净资产（亿元）	2111.065	2142.97	2165.72	2272.42	2398.15	2726.16
利润总额（亿元）	790.75	571.63	702.40	460.91	335.51	341.87
主营业务利润率（‰）	37.40	30.86	34.51	21.22	13.91	11.47
费用利润率（%）	96.49	69.91	84.17	53.54	37.30	31.91
净资产收益率（%）	36.04	27.32	32.43	20.28	13.99	12.54

资料来源：《山东统计年鉴（2020）》，中国统计出版社 2020 年版。

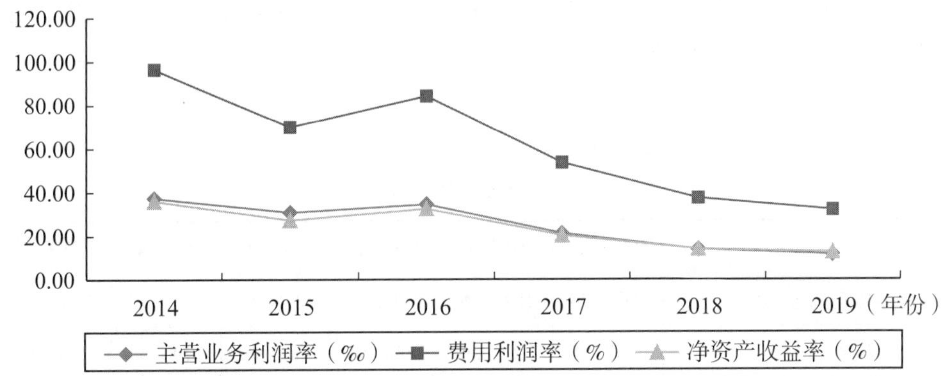

图 3－10　2014～2019 年限额以上批发企业主营业务利润率、费用利润率及净资产收益率

资料来源：《山东统计年鉴（2020）》，中国统计出版社 2020 年版。

从表 3－11、图 3－10 和图 3－11 可以看出，批发企业平均净资产 2014～2016 年增长缓慢，2017～2019 年增长加快；2014 年以来主营业务收入和费用也在增长；但利润总额 2016 年以来持续下降，2019 年比 2018 年基本持平，略有增长。但批发企业主营业务利润率比较低，除了 2016 年短暂升高之外一直都在下降，2019 年降至 1.15% 的近几年来的最低水平，反映了批发业盈利能力日渐下

降。费用利润率情况相似，2016 年短暂上升，近 3 年来又持续下滑，表明每百元费用支出所取得的利润额持续减少，企业费用控制得较差；净资产收益率也是 2016 年企稳回升，近 3 年加速下降，总体呈现下降趋势。整体看来，批发行业的经济效益呈下滑趋势，盈利能力堪忧。

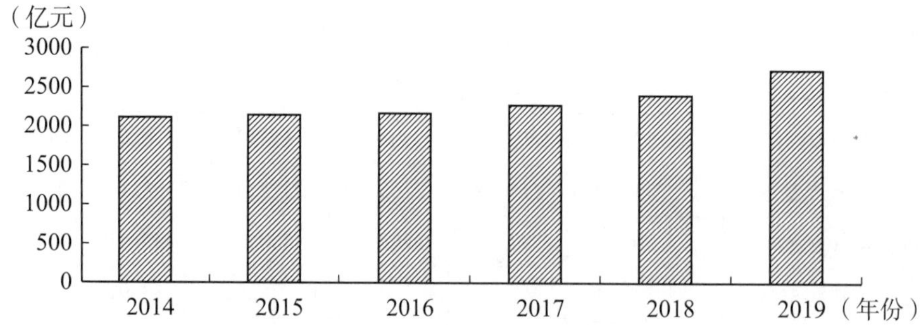

图 3-11　2014~2019 年限额以上批发企业平均净资产

资料来源：《山东统计年鉴（2020）》，中国统计出版社 2020 年版。

（4）限额以上批发企业发展能力分析。通过对净资产、总资产及利润的增长情况，分析企业的发展能力。2014~2019 年山东省限额以上批发企业发展能力分析如表 3-12、图 3-12 和图 3-13 所示。

表 3-12　2014~2019 年山东省限额以上批发企业净资产、总资产及利润增长

项目	2014 年	2015 年	2016 年	2017 年	2018 年	2019 年
年初净资产（亿元）	2028.28	2193.85	2092.09	2239.34	2305.49	2490.80
年末净资产（亿元）	2193.85	2092.09	2239.34	2305.49	2490.80	2961.52
净资产增长额（亿元）	165.57	-101.76	147.25	66.15	185.31	470.72
净资产增长率（%）	8.16	-4.64	7.04	2.95	8.04	18.90
年初资产合计（亿元）	7710.46	7684.10	7584.03	8260.77	9329.82	11516.82
年末资产合计（亿元）	7684.10	7584.03	8260.77	9329.82	11516.82	14453.63
资产增长额（亿元）	-26.36	-100.07	676.74	1069.05	2187.00	2936.81
资产增长率（%）	-0.34	-1.3	8.92	12.94	23.44	25.50

续表

项目	2014 年	2015 年	2016 年	2017 年	2018 年	2019 年
上年利润总额（亿元）	907.89	790.75	571.63	720.40	460.91	335.51
本年利润总额（亿元）	790.75	571.63	720.40	460.91	335.51	341.87
利润增长额（亿元）	-117.14	-219.12	148.77	-259.49	-125.4	6.36
利润增长率（%）	-12.9	-27.71	26.03	-36.02	-27.21	1.90

资料来源：《山东统计年鉴（2020）》，中国统计出版社 2020 年版。

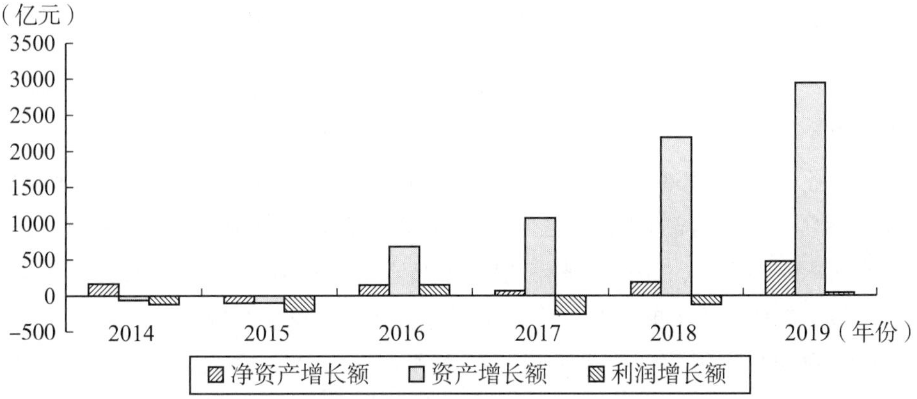

图 3-12　2014～2019 年山东省限额以上批发企业净资产、总资产及利润增长额

资料来源：《山东统计年鉴（2020）》，中国统计出版社 2020 年版。

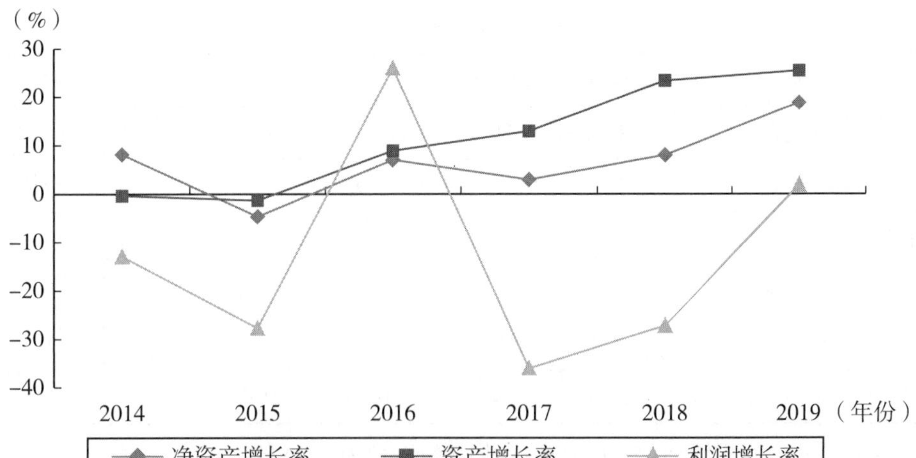

图 3-13　2014～2019 年山东省限额以上批发企业净资产、总资产及利润增长率

资料来源：《山东统计年鉴（2020）》，中国统计出版社 2020 年版。

从表3－12和图3－12、图3－13可以看出，2014年以来，净资产除了2015年负增长之外，其余各年都在正增长。总资产2016年以来稳步增长。但利润除了2016年和2019年之外其余年份都是负的，2017年跌到谷底，近两年来有所回升，2019年变负为正。说明批发业虽然规模在增加，但盈利能力不强，批发业在变大但没有变强。

（二）限额以上零售业分析

1. 限额以上零售业发展现状

山东省2019年零售业法人企业总数为5679个，比2018年的7397个大幅减少23.23%。年末零售业从业人数为42万人，比2018年的50万人减少16%。年末零售营业面积为3043.9万平方米，比2018年的2968万平方米有所增加。2019年零售企业销售额6892.7亿元，比2018年的7717.1亿元减少10.68%。除了营业面积增加之外，2019年限额以上零售业法人企业数量、年末从业人数和商品销售额都比去年大幅度减少，显示了零售业发展整体状况不佳。

（1）限额以上零售业商品购进、销售和年末库存情况。山东省2014~2019年限额以上零售业购进、销售和年末库存总额如表3－13和图3－14所示。

表3－13　山东省2014~2019年限额以上零售业购进、销售和年末库存总额

项目	2014年	2015年	2016年	2017年	2018年	2019年
购进总额（亿元）	8882.4	9021.8	9486.4	7991.5	6493.5	5864.3
销售总额（亿元）	9957.8	9957.6	10503.9	8927.2	7717.1	6892.7
年末库存总额（亿元）	718.2	685.8	684.9	746.82	777.79	699.3
购进总增幅（%）	9.9	1.57	5.15	－15.76	－18.74	－9.69
销售总增幅（%）	9.2	0	5.49	－15.01	－13.55	－10.68
年末库存总额增幅（%）	－21.9	－4.51	－0.13	9.04	4.15	－10.09

资料来源：《山东统计年鉴（2020）》，中国统计出版社2020年版。

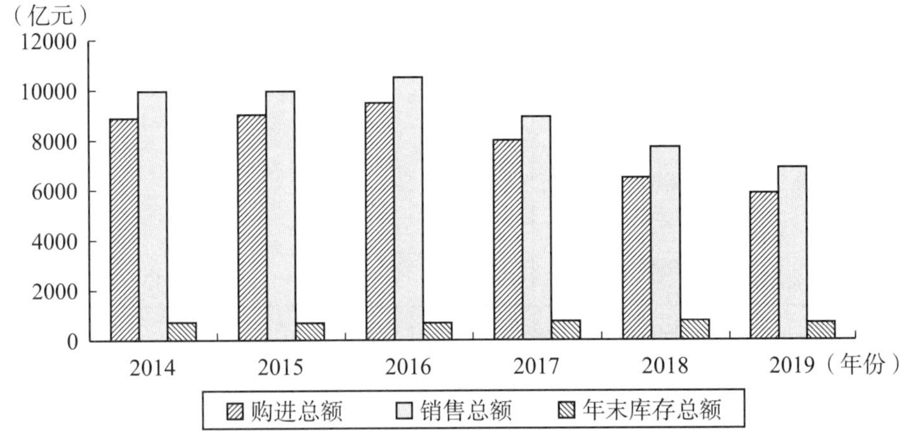

图 3-14 山东省 2014～2019 年限额以上零售业购进、销售和年末库存总额

资料来源：《山东统计年鉴（2020）》，中国统计出版社 2020 年版。

从总额上来看，限额以上零售业的购进和销售总额在 2014～2016 年是增加的，但 2017 年以来持续减少，而且下跌幅度比较大，到 2019 年，下跌幅度有所收窄；年末库存总额在 2014～2016 年一直下降，2017 年和 2018 年又连续两年增加，2019 年减少 10.09%。总的来看，2019 年山东省社会消费品零售总额为 35770.6 亿元，比 2018 年增长 8.83%。但限额以上零售业销售额与购进额减少，说明限额以上零售业遇到了困难，不能适应市场环境，前景不妙。

（2）各类型限额以上零售业商品销售额情况。山东省内外资限额以上零售业的发展情况如表 3-14 和图 3-15 所示。

表 3-14　　2014～2019 年限额以上零售业内外资企业商品销售总额

项目	2014 年	2015 年	2016 年	2017 年	2018 年	2019 年
内资企业（10 亿元）	9534.24	9584.39	9170.21	8483.99	7277.59	6360.29
港澳台商投资企业（亿元）	214.61	239.94	266.96	297.30	312.89	315.86
外商投资企业（亿元）	208.94	133.30	130.39	145.86	126.62	216.52
内资企业占比（%）	95.7	96.3	95.85	95.04	94.30	92.28
港澳台商投资企业占比（%）	2.2	2.4	2.79	3.33	4.05	4.58
外商投资企业占比（%）	2.1	1.3	1.36	1.63	1.64	3.14

续表

项目	2014 年	2015 年	2016 年	2017 年	2018 年	2019 年
内资企业增幅（%）	21.4	0.53	-4.32	-7.48	-14.22	-12.60
港澳台商投资企业增幅（%）	26.4	11.8	11.26	11.36	5.24	0.95
外商投资企业增幅（%）	39.5	-36.2	-2.18	11.86	-13.19	71.00

资料来源：《山东统计年鉴（2020）》，中国统计出版社 2020 年版。

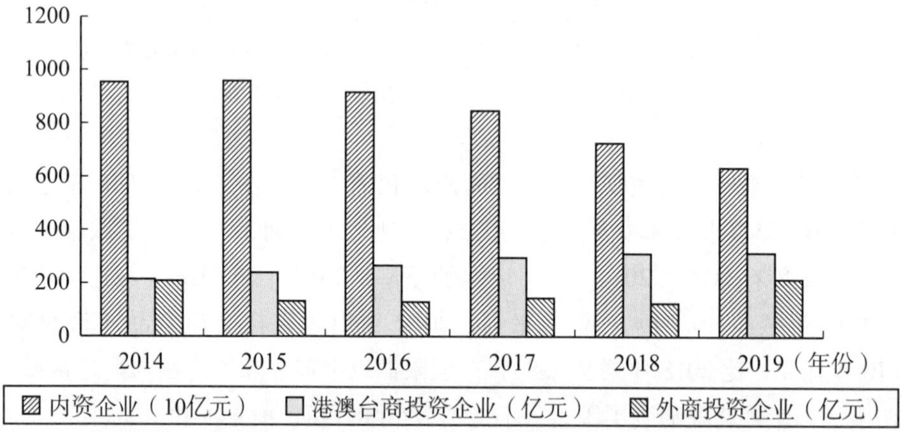

图 3-15　2014~2019 年限额以上零售业内外资企业商品销售总额

资料来源：《山东统计年鉴（2020）》，中国统计出版社 2020 年版。

从表 3-14、图 3-15 可以看出，在 2014~2019 年零售企业的商品销售总额中，内资企业所占比重远大于港澳台商投资企业和外商投资企业，虽然比重逐年降低，但 2019 年仍然超过了 92%，6 年平均占比 95.55%，港澳台商投资企业和外商投资企业在商品销售总额中 6 年平均所占比重分别是 3.23% 和 1.86%。从销售额增长情况来看，2016 年以来，内资企业销售额一直下降，而且呈现加速趋势，说明限额以上零售企业的行业性疲软，与线上销售额的迅速增长形成鲜明对比。港澳台商投资企业的销售总额持续增长，但增幅逐年下降。外商投资企业的销售总额在 2014 年大幅增长，增幅为 39.5%，但到 2015 年又大幅下降，幅度为 -36.2%，2016 年仍然下降，但降幅变小，2017 年增加了 11.86%，2018 年又下降了 13.19%，2019 年又大幅增加 71%，反映了外商投资零售业的大起大落，但外商投资企业销售额所占份额在逐年提高。港澳台商投资企业虽然占比不高，但从2014年以来份额逐年提升，这说明港澳台商投资企业由于政策预期的稳定性，不确定性程度较小，增长比较稳定。总体上，近几年山东引进港澳台商投资的力度在逐步加大。

（3）限额以上零售业内外资法人单位情况。零售企业按登记注册类型可分为内资企业、港澳台商投资企业及外商投资企业。限额以上零售企业总数情况以及三类企业的法人单位数如表3－15所示。

表3－15　　2014～2019年限额以上零售企业内外资法人单位情况

项目	2014年	2015年	2016年	2017年	2018年	2019年
法人单位（个）	8793	8702	8677	8136	7397	5495
法人单位增幅（%）	1.03	－1.03	－0.29	－6.23	－9.08	－27.07
内资企业（百个）	86.82	85.91	85.59	80.23	72.78	53.84
港澳台商投资企业（个）	59	63	71	69	72	65
外商投资企业（个）	52	48	47	44	47	46
内资企业占比（%）	98.74	98.72	98.64	98.61	98.39	99.80
港澳台商投资企业占比（%）	0.67	0.72	0.82	0.85	0.97	1.20
外商投资企业占比（%）	0.59	0.55	0.54	0.54	0.64	0.85
内资企业增幅（%）	1.05	－1.05	－0.37	－6.26	－9.29	－26.02
港澳台商投资企业增幅（%）	5.36	6.78	12.70	－2.82	4.35	－9.72
外商投资企业增幅（%）	－5.45	－7.69	－2.08	－6.38	6.82	－2.13

资料来源：《山东统计年鉴（2020）》，中国统计出版社2020年版。

从表3－15、图3－16可以看出，限额以上零售企业法人单位总数从2014～2019年以来持续减少，而且有加速减少趋势，特别是2019年大幅减少27.07%。限额以上零售企业法人中绝大多数为内资企业，2014～2019年6年中内资企业平均占比超过98%，2019年甚至达到99.80%，仍是零售业的主力军。港澳台商投资企业2019年减少9.72%，外资企业减少2.13%。从法人单位数量情况也可以看出零售业的不景气状况，资金在持续退出，进入意愿不强。

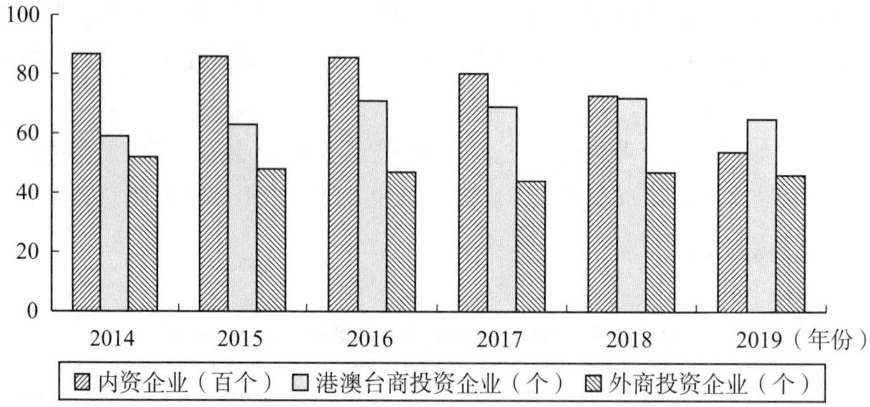

图 3－16　2014～2019 年限额以上零售业内外资法人单位数量情况

资料来源：《山东统计年鉴（2020）》，中国统计出版社 2020 年版。

（4）限额以上零售业各行业销售额情况。限额以上零售业各行业销售情况如表 3－16 和图 3－17 所示。

表 3－16　　2014～2019 年限额以上零售业各行业销售总额　　单位：亿元

项目		2014 年	2015 年	2016 年	2017 年	2018 年	2019 年
综合零售业		3013.84	3025.67	2835.10	2053.13	1884.72	1645.97
专门零售业	食品、饮料及烟草制品	351.08	382.6	439.73	310.77	199.01	128.52
	纺织、服装及日用品	312.96	342.46	334.46	281.75	245.72	265.01
	文化、体育用品及器材	159.3	171.24	190.87	200.87	146.97	147.32
	医药及医疗器材	471.4	514.06	659.76	691.49	606.72	328.23
	汽车、摩托车、燃料及零配件	4006.73	3749.26	4142.08	3871.20	3460.49	3363.88
	家用电器及电子产品	710.54	827.41	856.34	780.42	502.12	418.24
	五金、家具及室内装修材料	533.01	583.41	588.42	305.13	160.65	66.58
货摊、无店铺及其他零售业		398.91	361.51	457.19	432.38	510.69	528.91

资料来源：《山东统计年鉴（2020）》，中国统计出版社 2020 年版。

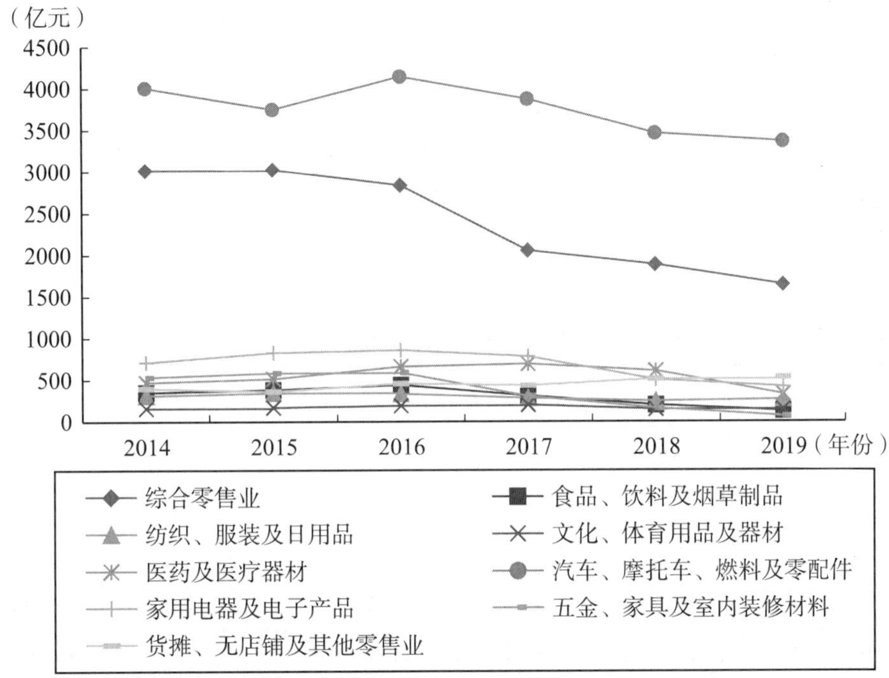

图 3－17　2014～2019 年限额以上零售业各行业销售总额

资料来源：《山东统计年鉴（2020）》，中国统计出版社 2020 年版。

从表 3－16 和图 3－17 中可以看出，2019 年纺织、服装及日用品销售额增长了 7.85%，文化、体育用品及器材增长 0.23%，货摊、无店铺及其他零售业销售总额增长 3.57%。其他行业全面下滑，五金、家具及室内装修材料 2019 年下降 58.57%，下跌超过一半，而且 2018 年比 2017 年下降了 47.35%，2017 年比比 2016 年下降了 48.14%，连续 3 年接近 50% 的降幅，反映了房地产收缩对该行业带来的重大影响；医药及医疗器材下降 45.90%，也几乎腰斩；其次是食品、饮料及烟草制品行业，下降 35.42%；家用电器及电子产品下降 16.71%；综合零售业下降 12.67%；汽车、摩托车、燃料及零配件下降 2.79%。以上数据充分说明了实体零售行业的整体不景气和线上零售和其他零售业态的兴起。

2. 山东省限额以上零售企业财务状况分析

根据常用财务指标对限额以上零售企业偿债能力、盈利能力、营运能力及发展能力方面进行分析。

（1）限额以上零售业偿债能力分析。从表 3－17 和图 3－18 中看出，2019

年山东省限额以上零售企业的资产负债和所有者权益都分别比去年减少 8.12%，3.99% 和 8.06%。资产负债率 2016 年以来持续上升，而且有加速上扬趋势，需要警惕。总体而言，资产负债率仍在安全范围以内，但 2019 年达到了 79.09，日益逼近 80% 的安全边际。产权比率 2016 年短暂下降，2017 年以来持续升高且有加速趋势，2018 年突破 300% 达到 345.56%，2019 年更是达到 360.84%，显示负债增加较快，偿债堪忧。

表 3－17　2014～2019 年山东省限额以上零售企业资产负债率及产权比率

年份	资产合计（亿元）	负债合计（亿元）	所有者权益合计（亿元）	资产负债率（%）	产权比率（%）
2014	4210.78	2997.67	1212.69	71.19	247.19
2015	4189.86	3098.15	1091.73	73.94	283.78
2016	4388.27	3176.93	1222.00	72.40	259.98
2017	4142.02	3054.27	1124.61	73.74	271.58
2018	4136.59	3130.84	906.02	75.69	345.56
2019	3800.55	3005.89	833.03	79.09	360.84

资料来源：《山东统计年鉴（2020）》，中国统计出版社 2020 年版。

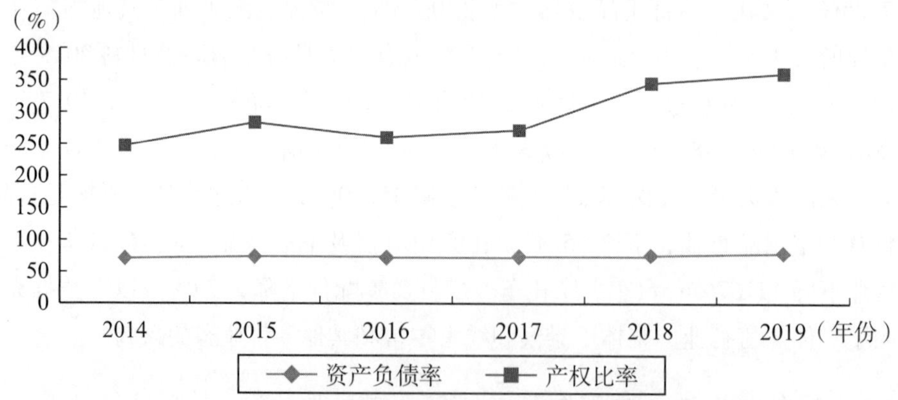

图 3－18　2014～2019 年山东省限额以上零售企业资产负债率及产权比率

资料来源：《山东统计年鉴（2020）》，中国统计出版社 2020 年版。

（2）限额以上零售企业营运能力分析。总资产周转率及固定资产周转率可以反映企业总资产及固定资产的周转速度，从而分析企业运用资产赚取利润的能力。山东省限额以上零售企业营运能力分析如表 3－18 和图 3－19 所示。

表 3－18　2014～2019 年山东省限额以上零售企业总资产及固定资产周转率

项目	2014 年	2015 年	2016 年	2017 年	2018 年	2019 年
固定资产净值（亿元）	983.75	1009.6	1101.23	921.02	878.98	804.4
资产总额（亿元）	4210.78	4189.86	4388.27	4142.02	4136.59	3800.55
主营业务收入（亿元）	9034.82	9099.84	9598.71	7989.10	6771.58	6103.09
固定资产周转率（%）	9.18	9.01	8.71	8.67	7.70	7.59
总资产周转率（%）	2.14	2.17	2.18	1.93	1.64	1.61

资料来源：《山东统计年鉴（2020）》，中国统计出版社 2020 年版。

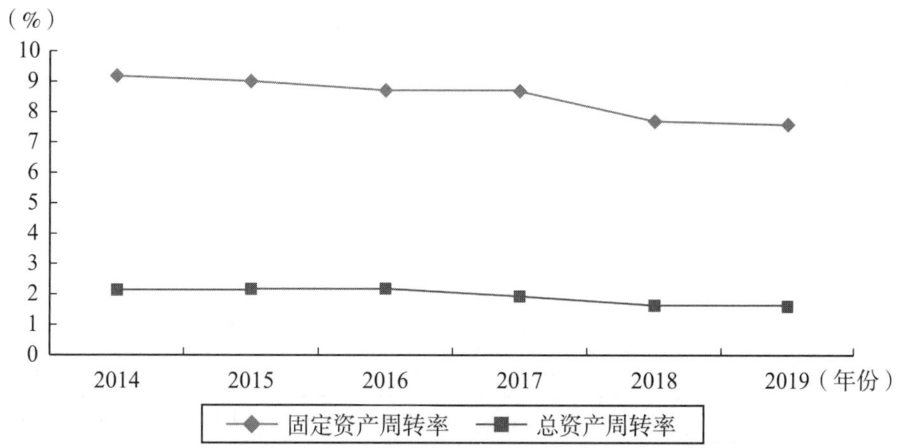

图 3－19　2014～2019 年山东省限额以上零售企业总资产及固定资产周转率

资料来源：《山东统计年鉴（2020）》，中国统计出版社 2020 年版。

从表 3－18 和图 3－19 可以看出，限额以上零售企业的总资产周转率自 2014 年以来持续下降。固定资产周转率自 2016 年以来连续下降。反映出来限额以上零售业的盈利能力下降，前景不容乐观。

（3）山东省限额以上零售业各行业营业利润率情况。山东省限额以上零售业各行业 2014～2019 年营业利润情况如表 3－19、图 3－20 所示。

表 3－19　2014～2019 年山东省限额以上零售业各行业营业利润情况　单位：亿元

项目			2014 年	2015 年	2016 年	2017 年	2018 年	2019 年
综合零售业		营业利润	107.37	105.32	96.92	45.78	36.15	33.46
		营业收入	2656.35	2658.34	2539.17	1845.22	1685.59	1480.86
		营业利润率（%）	4.04	3.96	3.82	2.48	2.14	2.26
专门零售业	食品、饮料及烟草制品	营业利润	29.20	27.38	31.25	19.23	10.71	3.89
		营业收入	331.75	360.87	412.98	286.23	176.78	119.26
		营业利润率（%）	8.80	7.59	7.57	6.72	6.06	3.26
	纺织、服装及日用品	营业利润	19.57	20.58	20.21	19.17	10.06	11.65
		营业收入	285.28	306.35	309.59	249.68	224.06	244.3
		营业利润率（%）	6.86	6.72	6.53	7.68	4.49	4.77
	文化、体育用品及器材	营业利润	9.38	10.62	11.56	7.53	6.78	3.88
		营业收入	144.88	156.86	174.01	181.73	141.48	132.12
		营业利润率（%）	6.47	6.77	6.64	4.14	4.79	2.94
	医药及医疗器材	营业利润	19.29	21.96	21.44	15.82	9.62	2.55
		营业收入	419.55	464.24	609.72	629.89	544.22	300.24
		营业利润率（%）	4.60	4.73	3.52	2.51	1.77	0.85
	汽车、摩托车、燃料及零配件	营业利润	111.49	93.41	124.84	73.99	25.17	23.75
		营业收入	3786.23	3562.22	3925.10	3548.77	3112.56	3060.02
		营业利润率（%）	2.94	2.62	3.18	2.08	0.81	0.78
	家用电器及电子产品	营业利润	48.23	51.11	56.91	32.11	7.28	－0.083
		营业收入	654.69	741.62	806.13	704.3	419.86	363.22
		营业利润率（%）	7.37	6.89	7.06	4.56	1.73	－0.02
	五金、家具及室内装修材料	营业利润	50.30	51.67	53.58	21.48	5.55	0.86
		营业收入	467.79	509.24	527.19	279.5	143.07	60.71
		营业利润率（%）	10.75	10.15	10.16	7.69	3.88	1.42
货摊、无店铺及其他零售业		营业利润	29.21	22.96	22.35	13.44	7.15	4.52
		营业收入	368.82	340.09	403.59	370.59	451.1	472.52
		营业利润率（%）	7.92	6.75	5.54	3.63	1.59	0.96

资料来源：《山东统计年鉴（2020）》，中国统计出版社 2020 年版。

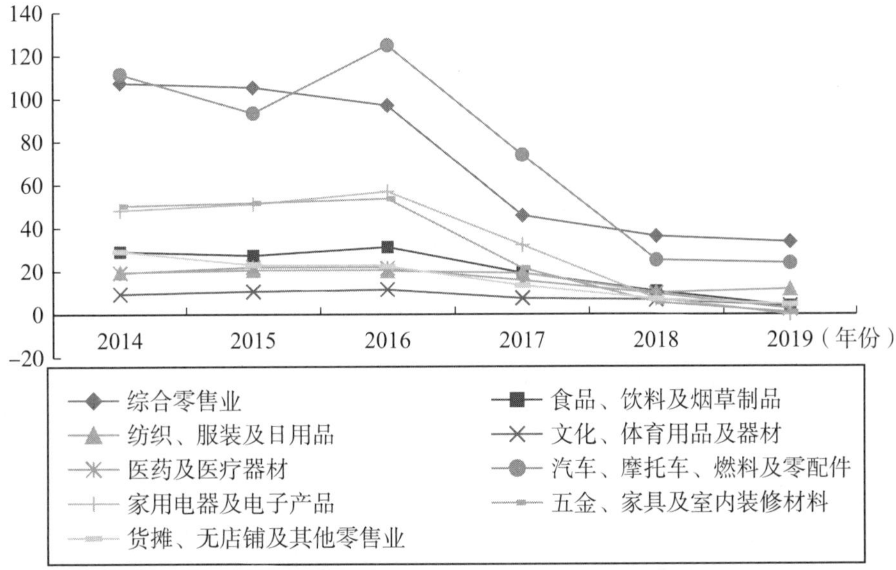

图 3-20　2014~2019 年山东省限额以上零售业各行业营业利润情况

资料来源：《山东统计年鉴（2020）》，中国统计出版社 2020 年版。

由表 3-19、图 3-20 可以看出，2019 年与 2018 年相比，除了货摊、无店铺及其他零售业以外，所有行业的营业收入减少；所有行业的营业利润都在减少，家用电器及电子产品行业的营业利润甚至是负值；2019 年各行业的营业利润率进行对比，第一位是纺织、服装及日用品专门零售业，为4.77%；第二位是食品、饮料及烟草制品专门零售业，营业利润率为3.26%；第三位是文化、体育用品及器材专门零售业，为 2.94%；第四位是综合零售业，为 2.26%；第五位是五金、家具及室内装修材料专门零售业的 1.42%；第六位是货摊、无店铺及其他零售业 0.96%；医药及医疗器材专门零售业的 0.85%；汽车、摩托车、燃料及配件专门零售业的0.78%，第七位是家用电器及电子产品的 -0.02%。

综合来看，2019 年仅有货摊、无店铺及其他零售业的营业收入比 2018 年有所增长，其他所有行业的营业收入都有了明显下降；而且，所有行业的营业利润及营业利润率下降得更多，充分说明了实体零售业的整体凋零，风光不再。

（三）亿元以上商品交易市场分析

1. 亿元以上商品交易市场基本情况

山东省 2014～2019 年亿元以上市场交易市场摊位出租数和成交额情况如表 3－20 和图 3－21 所示。

表 3－20　　2014～2019 年山东省亿元以上商品交易市场基本情况

年份	摊位出租数（百个）	成交额（亿元）
2014	4222.48	9663.3
2015	4016.29	9866.3
2016	3845.67	9751.5
2017	3556.42	9362.8
2018	3048.50	8538.5
2019	2856.94	8544.1

资料来源：《山东统计年鉴（2020）》，中国统计出版社 2020 年版。

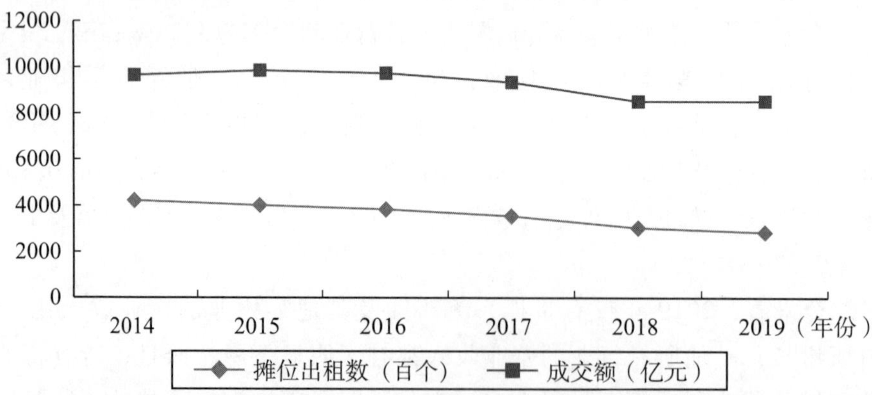

图 3－21　2014～2019 年山东省亿元以上商品交易市场基本情况

资料来源：《山东统计年鉴（2020）》，中国统计出版社 2020 年版。

从表 3－20 和图 3－21 可以看出，山东省亿元以上商品交易市场摊位出租数

2014 年以来连续下降；商品交易市场成交额 2015 年以来持续下降，2017 年和 2018 年下降明显，2019 年略有回升。这反映了亿元以上商品交易市场的经营遇到了困难。

从 2019 年各专业市场的成交额看，生产资料市场成交额最多，达到 2590.5 亿元，比 2018 年的 2854.7 亿元减少 264.2 亿元；其次是农产品市场，成交额为 2223.9 亿元，比 2018 年的 2129.0 亿元略有增长；然后是纺织服装鞋帽市场，成交额达 566.5 亿元，比 2018 年的 539.9 亿元增加 26.6 亿元；日用品及文化用品市场，成交额为 333.0 亿元，比 2018 年的 305.3 亿元增加 27.7 亿元；食品、饮料及烟酒市场成交额为 177.9 亿元，比 2018 年的 215.8 亿元减少 37.9 亿元。总体而言，生产资料市场成交额减少最多，反映了投资的不景气。除了食品、饮料及烟酒市场之外，其余各专业市场成交额都比 2018 年有所增加，反映了相关交易市场的向好趋势。

2. 亿元以上商品交易市场重要类别成交额

山东省统计年鉴中亿元市场共分为 26 个类别，下面选取所占份额比较重的 7 个行业做比较分析，具体数据如表 3－21 和图 3－22 所示。

表 3－21　　2014～2019 年亿元以上商品交易市场重要类别成交额　　单位：亿元

年份	全年合计	粮油、食品、饮料、烟酒类	金属材料类	服装、鞋帽、针、纺织品类	建筑及装潢材料类	木材及制品类	汽车类	日用品类
2014	9663.3	3130.6	2059.9	1045.4	703.8	345.2	321.0	317.4
2015	9866.3	2882.4	1988.1	1049.4	671.0	366.1	358.4	467.4
2016	9751.47	3163.6	1499.8	1008.4	613.2	373.8	378.6	504.3
2017	9362.79	3367.8	1325.2	926.8	610.2	341.4	350.6	465.9
2018	8538.5	2889.3	1335.8	761.6	590.1	314.6	327.6	410.3
2019	8544.1	2954.94	1361.1	845.8	476.9	169.9	398.3	425.2

资料来源：《山东统计年鉴（2020）》，中国统计出版社 2020 年版。

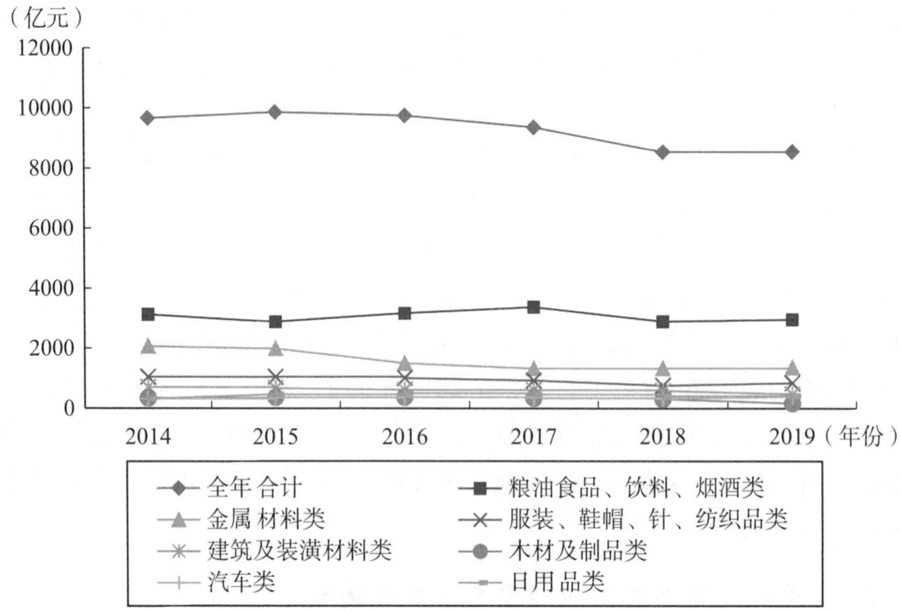

图 3－22　2014～2019 年亿元以上商品交易市场重要类型市场成交额

资料来源：《山东统计年鉴（2020）》，中国统计出版社 2020 年版。

从表 3－21 和图 3－22 可以看出，2019 年全年亿元以上商品交易市场成交额比 2018 年略有增长，增长了 5.6 亿元。其中，粮油、食品、饮料、烟酒类，金属材料类和服装、鞋帽、针、纺织品类所占的成交额为亿元以上商品交易市场的成交额中比重最大的三种商品。粮油食品、饮料、烟酒类在 2015 年有所下降，2016 年、2017 年连续增长，并超过了 2014 年的水平，但 2018 年转为下降，2019 年又略有增长，反映了国民经济的发展，国民收入水平的提高带动了消费的增长，但 2018 年表现不佳；服装、鞋帽、针、纺织品类逐年增长，2016 年以来连续下降，2018 年比 2017 年下降了 17.83%，2019 年又重拾增势，但仍然低于 2017 年的水平；金属材料类 2014 年到 2017 年连续下降，2018 年以来连续增长，终于稳住了阵脚，反映了宏观经济的去产能调控对金属材料类商品的影响。

由表 3－22 可知，其中食品、饮料烟酒类交易市场成交额在历年均占有最高比重，基本保持在 30% 左右，是市场交易的主力品类。金属材料类市场占比在 2014 年以来连续下降，2018 年以来有所回升，反映了相关行业的不景气状况。服装、鞋帽、针、纺织品类市场成交额与所占比例逐年下滑，2019 年又重新增长。建筑及装潢材料类成交额所占比例从 2014～2016 年总的趋势是下降，2017～2018 年有所上升，但 2019 年又重新下降。

表 3－22　2014～2019 年亿元以上商品交易市场重要类别成交额比重　单位：%

年份	食品、饮料、烟酒类占比	金属材料类占比	服装、鞋帽、针、纺织品类占比	建筑及装潢材料类占比
2014	32.40	21.32	10.82	7.28
2015	29.21	20.15	10.64	6.80
2016	32.44	15.38	10.34	6.29
2017	35.97	14.15	9.90	6.52
2018	33.84	15.64	8.92	6.91
2019	34.58	15.93	9.90	5.58

资料来源：《山东统计年鉴（2020）》，中国统计出版社 2020 年版。

亿元以上商品交易市场按市场类别分为综合市场和专业市场，2019 年两类市场的成交额分别是 1352.8 亿元和 7191.3 亿元，其中专业市场比 2018 年的 1300.2 亿元增加 52.6 亿元，综合市场比 2018 年的 7238.3 亿元减少 47 亿元。2019 年专业市场的成交额是综合市场的 5.32 倍，专业市场仍然在亿元以上市场中占有统治地位。综合市场与专业市场个数分别为 75 个和 296 个，分别比 2018 年的 87 个和 331 个减少 12 个和 35 个，每个综合市场和专业市场的平均成交额分别为 18.03 亿元和 24.29 亿元，分别比 2018 年 14.94 亿元和 21.87 亿元增加 3.09 亿元和 2.24 亿元。这反映出来由于市场形势不好，淘汰了一部分效率较低的市场，留存下来的市场经营规模和经营效率都比以前有所提高。从市场的平均规模来看，专业市场规模比综合市场规模大得多。这反映了人们的购买习惯，老百姓习惯于去专业市场购买商品。

3. 各地市亿元以上商品交易市场成交额

从各地市亿元市场的发展情况看，临沂、青岛、德州、淄博、德州、滨州和潍坊等地市的亿元市场处于前六位，2017 年成交额 5903.48 亿元。2017 年只有青岛、滨州、淄博、济南、聊城成交额增加，其他各市都不同程度的下降。2014～2019 年各市亿元市场成交额及增幅情况如表 3－23 和图 3－23 所示。

表 3－23　　2014～2019 年山东省前十位亿元市场成交额　　单位：亿元

地区	2014 年	2015 年	2016 年	2017 年	2018 年	2019 年
全省（百亿元）	966.33	986.63	975.15	936.28	853.85	854.41
济南	435.95	401.97	399.68	479.70	452.31	531.69
青岛	1215.33	1109.61	1193.07	1305.45	1250.78	1269.94
淄博	561.64	902.02	901.27	973.45	973.64	1001.13
枣庄	302.31	301.16	380.51	352.81	185.80	150.64
东营	55.56	56.71	49.86	46.29	14.90	1.12
烟台	411.64	408.02	442.47	472.08	458.09	446.68
潍坊	588.72	575.56	598.72	567.06	520.29	708.02
济宁	487.05	356.85	485.94	517.44	403.52	414.09
泰安	623.07	703.33	612.19	495.28	509.03	505.07
威海	59.73	57.79	60.45	48.98	42.91	56.31
日照	412.13	443.45	457.48	448.59	322.41	157.87
临沂	1447.16	1688.22	1680.1	1530	1565.33	1455.22
德州	1530.49	1483.41	1342.04	935.11	680.9	588.52
聊城	488.19	471.83	391.8	396.62	434.7	484.91
滨州	843.33	692.08	559.77	592.41	523.23	529.52
菏泽	200.96	214.28	196.13	201.51	200.65	243.33

资料来源：《山东统计年鉴（2020）》，中国统计出版社 2020 年版。

从表 3－23、图 3－23 可以看出，2015 年以来，全省亿元以上交易市场的成交额呈现下降趋势。临沂、青岛和淄博三市的亿元市场成交额位居山东省前三位，都超过 1000 亿元。临沂近年发展速度一直比较快，2015 年以来一直占据成交额头把交椅，但 2017 年比 2016 年减少，2018 年又稍微增长，2019 年继续下降；青岛 2014 年以来连续两年下降，2016 年，2017 年又重拾增势，2018 年稍微下降，2019 年稍微增长，止住了下滑势头，位居成交额第二名。淄博 2014 年还不到 600 亿元，2015 年迅速增长到 900 亿元，而且一直保持端午节，2019 年超过了 1000 亿元，位于第三位；德州从 2014 年以来持续下降，从 2014 年的 1530.49

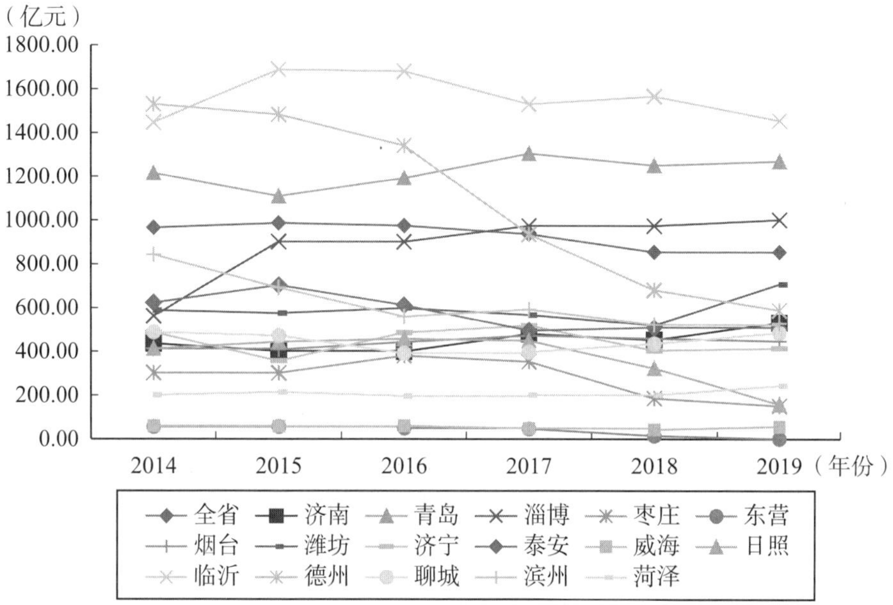

图 3-23　2014~2019 年山东省前十位亿元市场成交额

资料来源：《山东统计年鉴（2020）》，中国统计出版社 2020 年版。

亿元下降到 2019 年的 588.52 亿元，成交额低于临沂、青岛、淄博和潍坊，下降到第五名，说明德州亿元交易市场遇到了很大困难；潍坊市从 2018 年的 520.29 亿元增长到 2019 年的 708.02 亿元，增长了 36.08%，发展迅速；济南市场成交额近年来一直在下跌，2017 年才转为增长，2018 年转为下降，2019 年增长到 531.69 亿元，市场成交额位于全省地市第六位，与其他城市相比有较大差距，与省会城市的地位有所不符，下一步需要重点加快发展。由此可见，山东省各地方亿元以上商品交易市场发展不均衡，各地方差距较大，特别是济南市，发展得较差，与省会的地位不符。

4. 批发业、零售业销售额和亿元以上市场成交额占 GDP 情况

山东省 2014~2019 年限额以上批发业销售额、限额以上零售业销售额和亿元以上市场成交额以及它们占山东省 GDP 的比例如表 3-24 和图 3-24 所示。

表 3－24　批发业、零售业销售额和亿元以上市场成交额占 GDP 情况　单位：亿元

年份	GDP	批发业销售额	批发业占比（%）	零售业销售额	零售业占比（%）	亿元市场成交额	亿元市场占比（%）
2014	50774.84	22154.2	36.82	9957.8	16.55	9663.3	16.06
2015	55288.79	19692.5	30.84	9957.6	15.59	9866.3	15.45
2016	58762.45	21625.26	31.84	10503.9	15.46	9751.47	14.36
2017	63012.10	24016.87	33.07	8927.16	12.29	9362.79	12.89
2018	66648.87	27161.08	35.52	7717.1	10.09	8538.49	11.17
2019	71067.53	33144.5	46.64	6892.7	9.70	8544.09	12.02

资料来源：《山东统计年鉴（2020）》，中国统计出版社 2020 年版。

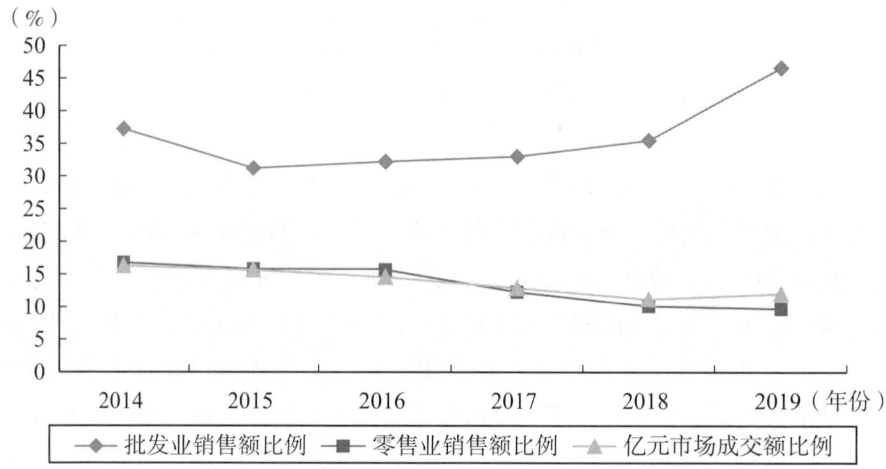

图 3－24　批发业、零售业销售额和亿元以上市场成交额占 GDP 的比例

资料来源：《山东统计年鉴（2020）》，中国统计出版社 2020 年版。

从表 3－24 和图 3－24 可以看出，2014～2019 年，山东省限额以上批发业销售额绝对值一直在增加，特别是 2019 年，比 2018 年增长了 22.02%。批发业销售额占 GDP 比重也一直保持在 30%以上，2019 年占到了 GDP 的 46.64%，显示了批发业的繁荣。限额以上零售业销售额绝对值 2016 年以前在增加，2016 年以来一直下降，所占 GDP 比重 2015 年以来一直下降，反映了限额以上零售业的不景气；亿元以上市场成交额 2016 年以来持续萎缩，2019 年基本维持 2018 年同样

水平，占 GDP 占的比例更是一直呈下降趋势，说明亿元以上交易市场发展较差。

（四）批发零售业连锁经营分析

近年来连锁经营企业发展速度较快，现代商贸流通业有向连锁经营发展的趋势，连锁企业逐渐在商业、服务业中占据了主体地位。山东批发零售业连锁经营发展迅速，在满足城乡人民生活需要、改善和提高人民生活质量方面发挥着越来越重要的作用。

1. 山东批发零售连锁经营概况

截至 2019 年底，山东省的批发和零售连锁经营总店数为 181 个，其中批发业为 11 个，零售业为 170 个。门店总数为 16988 个，其中批发业为 3075 个，比 2018 年的 3659 减少 584 个，减少幅度达到 18.99%；零售业为 13913 个，比 2018 年的 11703 增加 2210 个，增加幅度达到 18.88%。总的来看，连锁经营门店总数从 2014 年以来一直增长。批发业连锁总店数和门店总数一直在减少，零售业连锁总店数和门店总数一直在增加，这充分反映了互联网背景下连锁批发业的萧条与连锁零售业的景气。零售业在全部门店中的数量比例一直远远超过批发业，而且，2014 年以来零售业门店总数占比逐年增加，零售业发展较好（见表 3－25 和图 3－25）。

表 3－25　　2014～2019 年山东省批发零售业连锁门店数量

指标	2014 年	2015 年	2016 年	2017 年	2018 年	2019 年
总店数	147	151	149	167	168	181
批发业总店数	16	16	12	10	10	11
零售业总店数	131	135	137	157	158	170
门店总数	10733	11383	12130	13948	15362	16988
批发业门店总数	4008	4032	3856	3683	3659	3075
批发业门店总数占比（%）	37.34	35.42	31.79	26.41	23.82	18.10
零售业门店总数	6725	7351	8274	10265	11703	13913
零售业门店总数占比（%）	62.66	64.58	68.21	73.59	76.18	81.90

资料来源：《山东统计年鉴（2020）》，中国统计出版社 2020 年版。

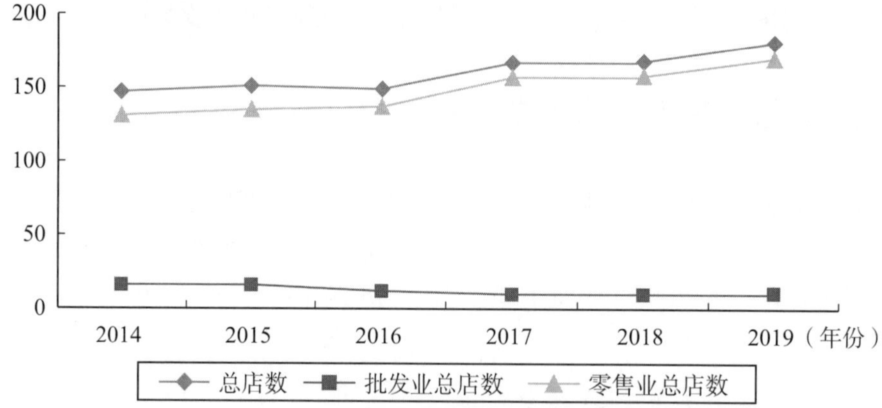

图 3－25　2014～2019 年山东省批发零售业连锁门店总店数量

资料来源：《山东统计年鉴（2020）》，中国统计出版社 2020 年版。

近 5 年山东批发零售连锁经营的门店总数呈现波浪式增长。具体数据如表 3－26 和图 3－26 所示。2014 年以来直营店数量逐年增加，直营店占比都在 70% 以上，2018 年直营店占比增至 86.55%，2019 年下降到 82.99%。加盟店则呈现较大波动，2014 年、2015 年加盟店总数降幅明显，2016 年以来稍微增加，说明加盟店这种模式在连锁经营中形势不好。2019 年，不管是直营店还是加盟店，数量都迅速增长，说明了 2019 年批发零售业连锁经营门店扩张迅速。

表 3－26　2014～2019 年山东省批发零售业连锁直营和加盟情况

年份	门店总数			直营店占比（%）
	合计	直营	加盟	
2014	10733	8606	2127	80.2
2015	11383	9495	1888	83.41
2016	12130	10202	1928	84.11
2017	13948	11923	2025	85.48
2018	15362	13297	2065	86.55
2019	16988	14099	2889	82.99

资料来源：《山东统计年鉴（2020）》，中国统计出版社 2020 年版。

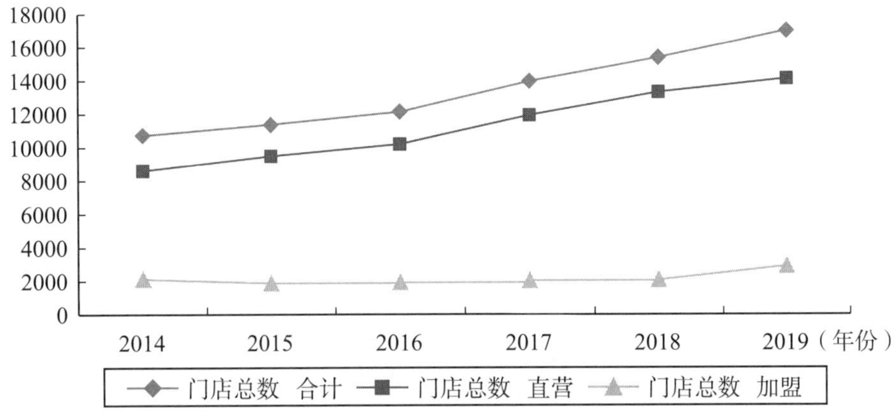

图 3－26　2014～2019 年山东省批发零售业连锁直营和加盟情况

资料来源：《山东统计年鉴（2020）》，中国统计出版社 2020 年版。

从表 3－27 和图 3－27 来看，2014 年之前，连锁门店商品销售额和批发业、零售业销售额都是持续增长，2015 年由于批发业销售额的大幅下降，导致 2015 年批发零售连锁经营销售额大幅下降为 2017.86 亿元，其中批发业的销售额为 494.74 亿元，零售业的销售额为 1523.12 亿元。2019 年批发业连锁门店销售额增长，而零售业连锁门店销售额则下降，导致零售业连锁门店销售额占总销售额的比重下降到 66.41%，而批发业连锁门店销售额占比上升到 33.59%。

表 3－27　2014～2019 年山东省批发零售连锁销售额比较

年份	连锁门店商品销售额（亿元）	批发业销售额（亿元）	占比（%）	零售业销售额（亿元）	占比（%）
2014	2818.61	1239.56	43.98	1679.05	56.02
2015	2017.86	494.74	24.52	1523.12	75.48
2016	2040.23	500.13	24.51	1540.09	75.49
2017	2070.94	505.19	24.39	1565.75	75.61
2018	2163.50	553.60	25.59	1609.91	74.41
2019	2357.07	791.79	33.59	1565.29	66.41

资料来源：《山东统计年鉴（2020）》，中国统计出版社 2020 年版。

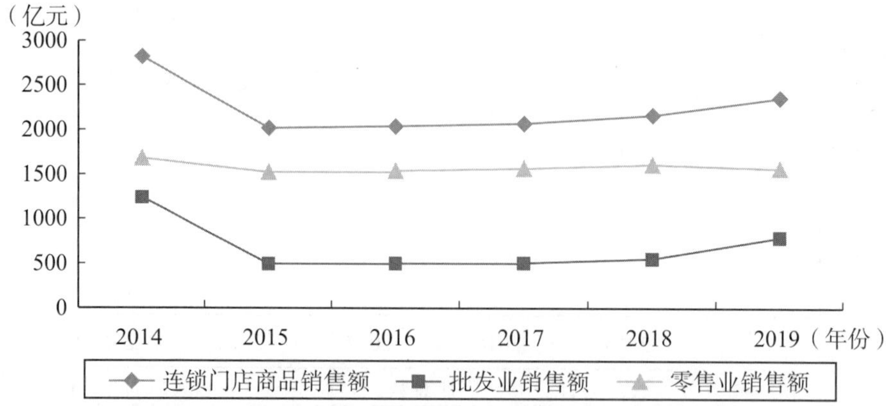

图 3－27　2014～2019 年山东省批发零售连锁销售额比较

资料来源：《山东统计年鉴（2020）》，中国统计出版社 2020 年版。

2. 批发业、零售业内外资企业连锁经营比较

2014～2019 年山东省批发业、零售业内外资企业连锁经营总店数与门店总数指标如表 3－28 和图 3－28、图 3－29 所示。

表 3－28　批发业、零售业内外资企业连锁经营总店数与门店总数

年份	总店数与门店总数	合计	内资企业		港、澳、台商投资企业		外商投资企业	
			数量	占比（%）	数量	占比（%）	数量	占比（%）
2014	总店数	147	137	93.2	3	2.04	7	4.76
	门店总数	10733	10244	95.44	357	3.33	132	1.23
2015	总店数	151	141	93.38	3	1.99	7	4.64
	门店总数	11383	10878	95.56	365	3.21	140	1.23
2016	总店数	149	143	95.97	3	2.01	3	2.01
	门店总数	12130	11658	96.11	400	3.30	72	0.59
2017	总店数	167	162	95.97	2	1.20	3	1.80
	门店总数	13948	13471	96.58	405	2.90	72	0.52

续表

年份	总店数与门店总数	合计	内资企业		港、澳、台商投资企业		外商投资企业	
			数量	占比（%）	数量	占比（%）	数量	占比（%）
2018	总店数	168	163	97.02	2	1.19	3	1.79
	门店总数	15362	14850	96.67	429	2.73	83	0.54
2019	总店数	181	175	96.69	2	1.10	4	2.21
	门店总数	16988	16320	96.07	445	2.62	223	1.31

资料来源：《山东统计年鉴（2020）》，中国统计出版社 2020 年版。

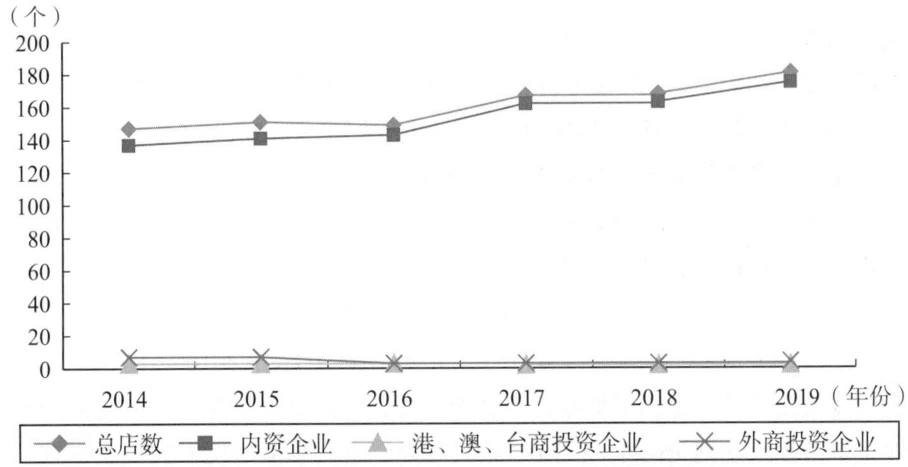

图 3－28　批发业、零售业内外资企业连锁经营总店数

资料来源：《山东统计年鉴（2020）》，中国统计出版社 2020 年版。

从表 3－28 和图 3－28、图 3－29 可以看出，2014～2019 年，内资企业的连锁总店数和门店总数占比都超过 90%，远大于港澳台商投资企业和外商投资企业，占据绝对份额优势，而且占比在逐年增加，门店总数也在稳步增加。港澳台企业发展比较稳定，总店数与门店总数变化不大，占比变化也不大，2014 年以来，门店总数也在逐步增长。2015 年之前外商投资企业比较稳定，但 2016 年遭遇滑铁卢，连锁经营总店数和门店总数都大幅下降，反映了外资企业在 2016 年经

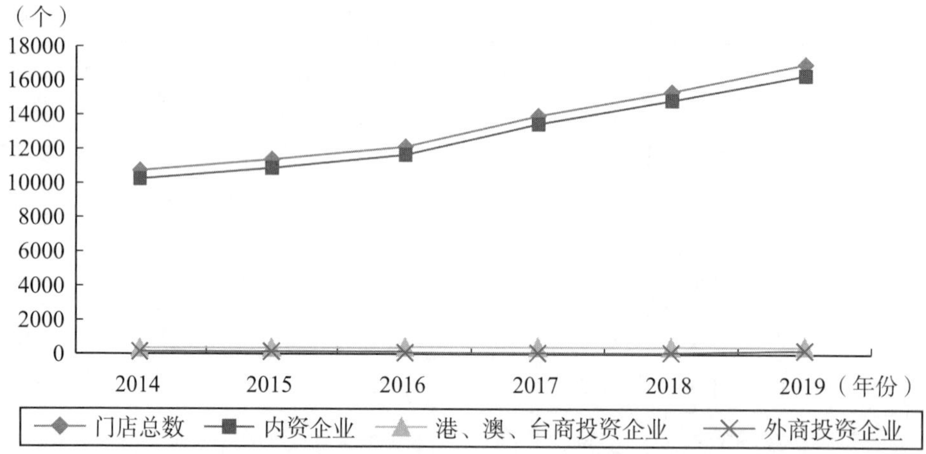

图 3-29　批发业、零售业内外资企业连锁经营门店总数

资料来源：《山东统计年鉴（2020）》，中国统计出版社 2020 年版。

营比较困难，在与本土连锁企业竞争中败下阵来，2018 年以来门店总数连续两年有所增加。2019 年与 2018 年相比，三种性质的企业连锁门店总数都比去年增加，反映了连锁经营行业在 2019 年整体回暖。

山东省批发零售业不同投资类型连锁经营企业近五年销售额数据如表 3-29 所示。从表 3-29、图 3-30 和图 3-31 可以看出，2014 年内资企业销售额基本维持不变，其他两类企业都稍有增长；2015 年内资企业受困于电商发展、经济下滑和消费结构升级的综合影响，销售额大幅下降 28.41%，外商投资企业销售额也下降 19.71%，只有港澳台商投资企业增加 11.04%；2016 年内资企业由负增长转变为正增长，走出了低谷，但其他两类企业都是负增长，尤其是外商投资企业，下滑幅度达到 76.34%；2017 年只有内资企业小幅增长 1.72%，其他两类企业都继续负增长。2018 年内资企业继续增长，外资企业企稳回升，港、澳、台商投资企业继续低迷；2019 年，三种性质的企业连锁经营销售额都取得了增长，尤其是外商投资企业，取得了大幅度增长。

表 3-29　批发业、零售业内外资企业连锁经营销售额

项目	2014 年	2015 年	2016 年	2017 年	2018 年	2019 年
总计（亿元）	2818.61	2017.86	2040.23	2070.94	2163.5	2357.07
内资企业（亿元）	2606.53	1839.95	1980.91	2014.96	2107.37	2275.11

续表

项目	2014年	2015年	2016年	2017年	2018年	2019年
港、澳、台商投资企业（亿元）	23.78	26.73	23.55	22.65	22.23	22.88
外商投资企业（亿元）	188.30	151.18	35.77	33.33	33.9	59.09
内资企业比例（%）	92.48	91.18	97.09	97.30	97.41	96.52
港、澳、台商投资企业比例（%）	0.84	1.32	1.15	1.09	1.03	0.97
外商投资企业比例（%）	6.68	7.49	1.75	1.61	1.57	2.51
内资企业增幅（%）	-0.5	-28.41	7.66	1.72	4.59	7.96
港、澳、台商投资企业增幅（%）	2.7	11.04	-11.90	-3.82	-1.85	2.92
外商投资企业增幅（%）	10.91	-19.71	-76.34	-6.82	1.71	74.31

资料来源：《山东统计年鉴（2020）》，中国统计出版社2020年版。

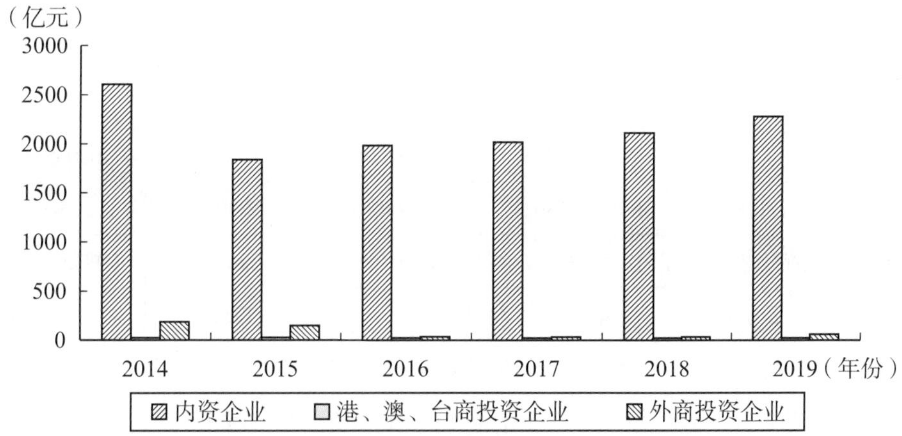

图3-30　批发业、零售业内外资企业连锁经营销售额

资料来源：《山东统计年鉴（2020）》，中国统计出版社2020年版。

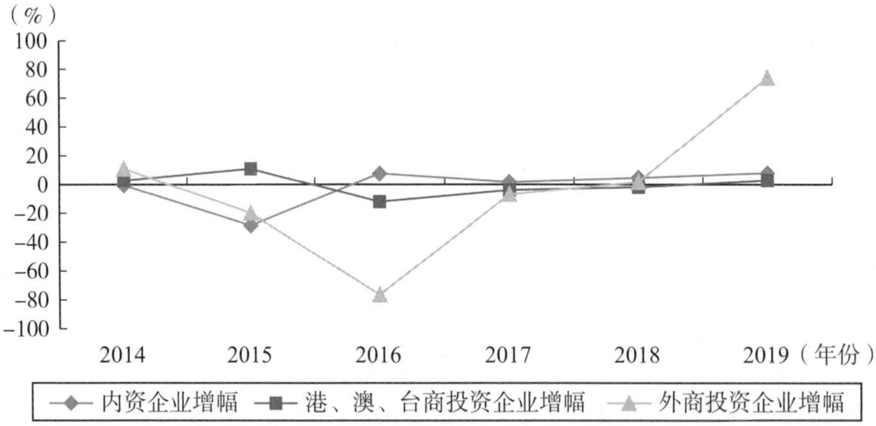

图 3-31　批发业、零售业内外资企业连锁经营销售额增幅

资料来源：《山东统计年鉴（2020）》，中国统计出版社 2020 年版。

2019 年，内外资连锁经营企业的经营情况、地效、人效等指标如表 3-30、表 3-31、图 3-32 所示。

表 3-30　2019 年批发业、零售业内外资企业连锁经营情况

指标	总计	内资企业	港、澳、台商投资企业	外商投资企业
门店总数（个）	16988	16320	445	223
年末零售营业面积（平方米）	28427375	27893597	128773	405005
年末从业人员（人）	186237	179150	3407	3680
连锁门店商品销售额（万元）	23570738	22751086	228782	590869
地效（千元/平方米）	8.29	8.16	17.77	14.59
人效（万元/人）	126.56	126.99	67.15	160.56
门店平均销售额（万元）	1387.49	1394.06	514.12	2649.64

资料来源：《山东统计年鉴（2020）》，中国统计出版社 2020 年版。

表 3-31　　2017~2019 年批发零售业内外资企业连锁经营地效和人效

项目	地效（千元/平方米）			人效（万元/人）		
	2017 年	2018 年	2019 年	2017 年	2018 年	2019 年
内资企业	10.75	8.55	8.16	116.62	115.88	126.99
港、澳、台商投资企业	18.82	17.93	17.77	60.72	64.76	67.15
外商投资企业	11.45	11.06	14.59	114.68	114.69	160.56

资料来源：《山东统计年鉴（2020）》，中国统计出版社 2020 年版。

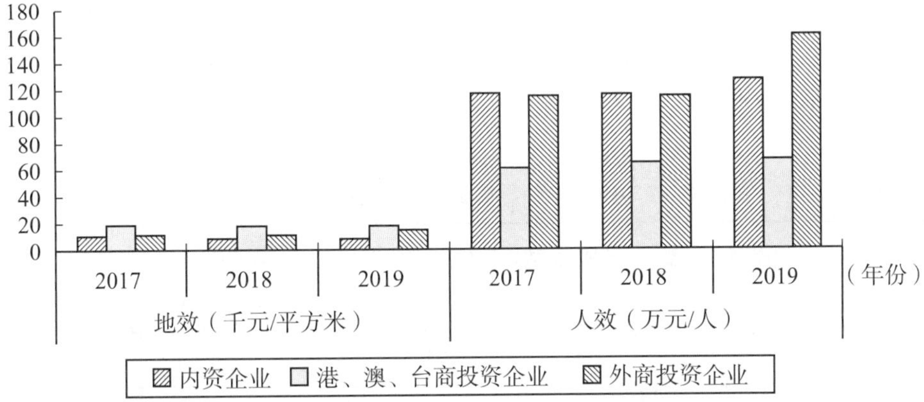

图 3-32　批发业、零售业内外资企业连锁经营地效和人效

资料来源：《山东统计年鉴（2020）》，中国统计出版社 2020 年版。

如表 3-30、表 3-31 和图 3-32 所示，2019 年，内资企业、港澳台投资企业、外商投资企业连锁经营的门店平均销售额分别是 1394.06 万元、514.12 万元和 2649.64 万元，分别比 2018 年的 1419.10 万元、518.25 万元和 4084.63 万元，增加 -1.76%、-0.80% 和 -35.13%。而 2018 年比 2017 年的 1495.78 万元、559.36 万元、4628.60 万元分别增加 -5.13%、-7.35% 和 -11.75%。可以看出，自 2016 年以来所有性质企业连锁经营门店平均销售额连续下降。

内资企业、港澳台投资企业、外商投资企业连锁经营的地效分别是 8.16 千元/平方米、17.77 千元/平方米和 14.59 千元/平方米，分别比 2018 年的 8.55 千元/平方米、17.93 千元/平方米和 11.06 千元/平方米增长 -4.56%、-0.89% 和 31.92%，除了外商投资企业的地效增加之外，其他两种性质的企业连续两年地效减少。

内资企业、港澳台投资企业、外商投资企业连锁经营的人效分别是 126. 99 万元/人、67. 15 万元/人和 160. 56 万元/人，分别比 2018 年增长 9. 59%、3. 69% 和 39. 99%。三种性质的企业人效都有增长。总的来看，内资企业和港澳台投资企业地效持续下降，人效上升，这反映了它们的人力效率提高，而经营面积利用效率在下降。外商投资企业的地效和人效都在增加，反映了 2019 年外商投资企业走出了行情。

3. 连锁零售业态经营情况分析

2019 年山东省批发零售连锁经营业态主要有便利店、超市、大型超市、百货店、专业店、专卖店。连锁总店数、门店总数、年末营业面积、年末从业人员数以及销售额数据如表 3－32、图 3－33 和图 3－34 所示。

表 3－32　　2019 年连锁零售业态基本营运指标

项目	连锁总店数（个）	门店总数（个）	年末零售营业面积（平方米）	年末从业人员数（人）	销售额（万元）
便利店	5	457	44588	1731	97439
超市	25	2215	3710196	42997	3327439
大型超市	6	245	2103815	16627	2314354
百货店	12	910	5691539	42612	4631005
专业店	114	11078	16369899	64985	12513870
专卖店	13	1764	112275	13511	199767
其他	6	319	395063	3774	486864
合计	181	16988	28427375	186237	23570738

资料来源：《山东统计年鉴（2020）》，中国统计出版社 2020 年版。

由表 3－32、图 3－33、图 3－34 看出，2019 年山东省连锁总店数 181 个，比 2018 年的 168 个增加 13 个；门店总数 16988 个，比 2018 年的 15362 个增长 10. 58%，实现了连续 4 年增长。

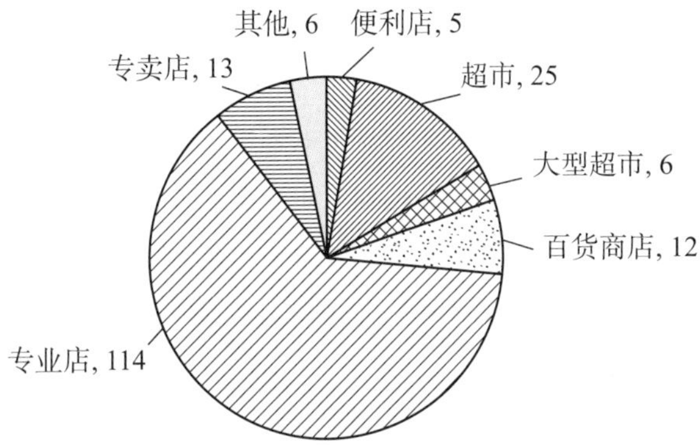

图 3－33　连锁零售业态总店数

资料来源：《山东统计年鉴（2020）》，中国统计出版社 2020 年版。

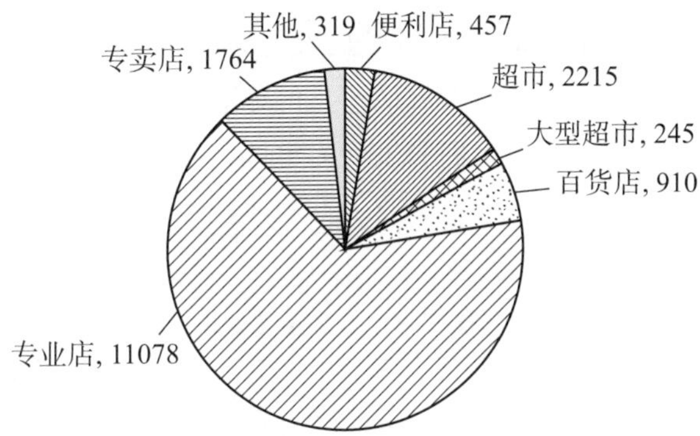

图 3－34　连锁零售业态门店总数

资料来源：《山东统计年鉴（2020）》，中国统计出版社 2020 年版。

其中专业店连锁总店数 104 个，比 2018 年的 109 个减少 4 个，占全部业态总店数量的 62. 98%；门店总数 11078 个，比 2018 年的 10315 增加 763 个，占比 65. 21%，比 2018 年的 67. 15% 减少 1. 49%。不管是连锁总店数还是门店总数均居各种业态之首，显示了专业店这种零售业态旺盛的生命力。

营业面积位列前三的是专业店、百货店、超市，分别是 16369899 平方米、5691539 平方米、3710196 平方米；从业人员前三位分别为专业店、超市、百货店，年末从业人数分别是 64985 人、42997 人、42612 人，吸纳了最多的从业人员；销售额前三分别是专业店、百货店、超市，销售额分别为 1251. 39 亿元、463. 10 亿元、332. 74 亿元。专业店销售额比 2018 年大涨 63. 56%，销售额占整个业态的 57. 84%，专业店的门店总数、年末零售营业面积、年末从业人员数和销售额四个指标值 2017 年以来一直增长，而且趋势在加快，这显示了 2019 年专业店的发展势头良好。

由于不同业态经营条件不同，连锁形式不同，经营效果也有差别，如表 3 – 33、表 3 – 34、表 3 – 35、图 3 – 35、图 3 – 36 和图 3 – 37 所示。专卖店 2017 年人效排名第一，但 2018 年以来连续两年继续大幅下滑；专业店人效位列第二，但 2016 ~ 2018 年每年略有下降，2019 年略有增长；第三是大型超市，2018 年以来连续增长。

专卖店 2016 年、2017 年地效仍然是遥遥领先，但 2018 年同样遭遇重大挫折，2019 年重拾增势。便利店地效位列第二，专业店位于最后。通过人效与地效的比较可以发现，随着收入的提高，消费结构升级，人们更偏向于去专卖店与专业店购买商品，更偏好这种经营业态的精准定位与人员服务，所以这两种业态的人效位于第一位和第二位。从 2018 年来看，专卖店经营不利，遇到了重大挫折，2019 年只是略微增长，在人效方面已经远远落后于专业店，但地效在各种业态中仍然排在第二位。便利店人效最差，但地效居于第二位，通常便利店都是面积不大，种类繁多，以方便人们的生活为定位，说明便利店的单位面积产出相当不错。

表 3 – 33　2017 年连锁零售业态经营效果比较

项目	人效（万元/人）	地效（万元/平方米）	门店平均销售额（万元/店）
便利店	33. 25	2. 37	180. 24
超市	71. 65	1. 07	1304. 25
大型超市	113. 52	0. 98	11050. 50
百货店	89. 28	0. 92	5700. 22
专业店	170. 85	1. 06	737. 20
专卖店	376. 94	18. 74	940. 26

资料来源：《山东统计年鉴（2018）》，中国统计出版社 2018 年版。

表 3-34　　　　2018 年连锁零售业态经营效果比较

项目	人效（万元/人）	地效（万元/平方米）	门店平均销售额（万元/店）
便利店	56.55	2.15	209.50
超市	74.19	1.22	1349.95
大型超市	134.47	1.00	9246.37
百货店	88.11	0.85	5618.14
专业店	165.66	0.69	741.72
专卖店	28.41	0.85	43.61

资料来源：《山东统计年鉴（2019）》，中国统计出版社 2019 年版。

表 3-35　　　　2019 年连锁零售业态经营效果比较

项目	人效（万元/人）	地效（万元/平方米）	门店平均销售额（万元/店）
便利店	56.29	2.19	213.21
超市	77.39	0.90	1502.23
大型超市	139.19	1.10	9446.34
百货店	108.68	0.81	5089.02
专业店	192.57	0.76	1129.61
专卖店	14.79	1.78	113.25

资料来源：《山东统计年鉴（2020）》，中国统计出版社 2020 年版。

从不同业态门店平均销售额来看，大型超市和百货店占据优势，充分反映了体量巨大的影响，但其平均销售额呈下降趋势。专卖店门店平均销售额 2018 年低得可怜，虽然 2019 年大幅回升，但仍然处于所有业态的最后一位。

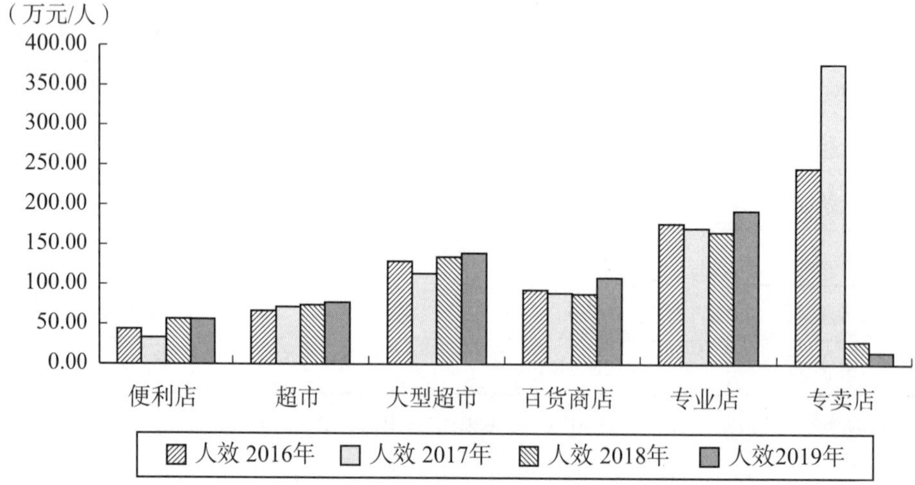

图 3－35　连锁零售不同业态人效

资料来源：《山东统计年鉴（2020）》，中国统计出版社 2020 年版。

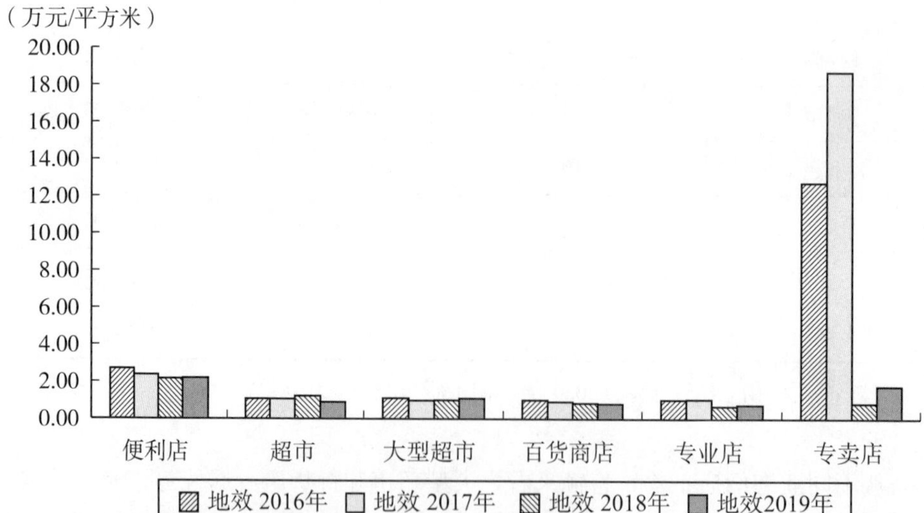

图 3－36　连锁零售不同业态地效

资料来源：《山东统计年鉴（2020）》，中国统计出版社 2020 年版。

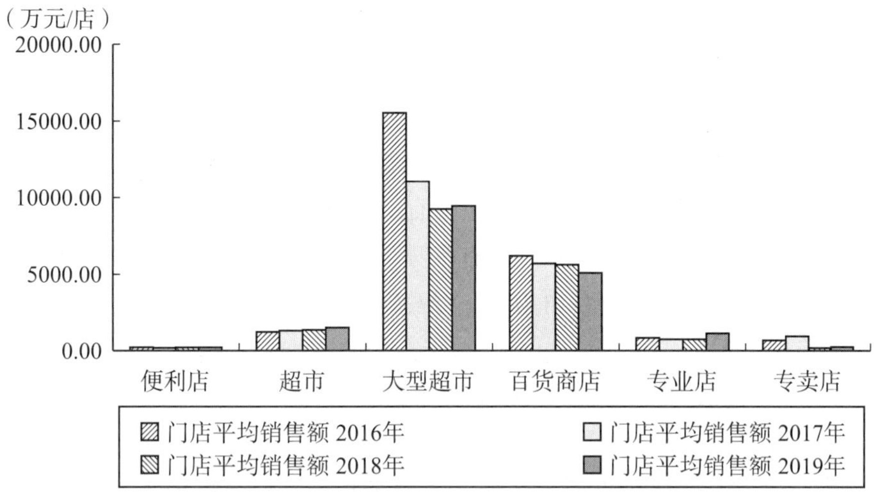

图 3-37　连锁零售不同业态门店平均销售额

资料来源：《山东统计年鉴（2020）》，中国统计出版社 2020 年版。

二、山东批发零售业存在的问题

山东省批发零售业对外受经济和社会发展宏观环境的各种影响，面临多方面的发展机遇和挑战；对内而言，从行业自身发展来看，也存在各种需要解决的问题。

（一）对批发零售业的重要性认识不足，支持力度不够

2019 年，我国全年批发和零售业增加值 95846 亿元，占同期服务业增加值（534233 亿元）的比重为 17.9%，高于金融业增加值（77077 亿元）和房地产业增加值（69631 亿元），是服务业中份额最大的门类行业。批发零售业是劳动密集型行业，发挥着吸纳就业的主力军作用；批发零售业是支撑社会消费品零售总额的中流砥柱。社会消费品零售总额是指企业（单位、个体户）通过交易直接售给个人、社会集团非生产、非经营用的实物商品金额，以及提供餐饮服务所取得的收入金额。批发零售业消费品零售总额占社会消费品零售总额的 75% 以上。也就是说，绝大多数消费资料都要通过批发和零售才能到达终端消费者手中。批发零售业具有市场化程度高、民间投资主导、中小企业聚集的特点。对于繁荣经济、增加就业、改善民生、增加民众福利具有不可替代的作用。只有促进批发零

售业的发展，才能最终促进经济的发展和民众福利的增加。

但山东省对批发零售业的重视程度显著不够。从政策上来讲，只是在2015年山东省商务厅出台了《山东省批发零售餐饮业转型升级实施方案》，提出了批发零售业的发展目标和转型方向，从顶层规划上提出了一些要求和建议，但缺乏可操作性。因为没有明确责任主体，也没有从政策、资金、技术、人才等各方面进行针对性的支持，后续政策措施没有及时跟上，方案效果不佳，从而导致了批发零售业的自主无序发展，各自为政，野蛮生长，效率下降。

（二）经营成本提高，盈利能力下降

随着经济的发展，对生产要素的需求越来越多，要素价格呈现加速上升趋势。特别是劳动价格上升得较快，批发零售业是典型的劳动密集型行业，需要大量的劳动投入，劳动价格的连续上涨增加了批发零售业的生产成本。此外，商业房屋租赁费用也在不断上涨，严重挤压了批发零售企业特别是个体户的盈利水平，从而导致它们的盈利能力不断下降。

批发企业利润总额2016年以来持续下降，2019年比2018年稍微增长一点，基本持平。但批发企业主营业务利润率比较低，除了2016年短暂升高之外一直都在下降，2019年降至1.15%的近几年来的最低水平，反映了批发业盈利能力日渐下降。费用利润率情况相似，2016年短暂上升，近3年来又持续下滑，表明每百元费用支出所取得的利润额持续减少，企业费用控制得较差；净资产收益率也是2016年企稳回升，近3年加速下降，总体呈现下降趋势。整体看来，批发行业的经济效益呈下滑趋势，盈利能力堪忧。从零售业来看，2019年仅有货摊、无店铺及其他零售业的营业收入比2018年有所增长，其他所有行业的营业收入都有了明显下降；而且，所有行业的营业利润及营业利润率下降得更多，充分说明了实体零售业的整体凋零，风光不再。

（三）投资意愿不强，固定资产投资减少

近几年来，电商的迅速发展形成了对传统的批发零售模式的替代，使批发零售业的经营产生了困难，营收增长乏力，日子越来越不好过。再加上生产要素价格的上涨导致的经营成本的上升，从而导致传统批发零售业利润下降。社会资本不看好传统批发零售业的发展，使其固定资产投资持续性下降。从2016年开始，

固定资产投资连续 4 年负增长幅度，且幅度越来越大。增长幅度分别为 -16.33%，-20.71%，-38.8%和-58.2%，投资不断减少，并呈加剧趋势。

(四) 规模效应较差，吸引外来资金不足

在 2014~2019 年批发业限额以上商品销售总额中，内资企业所占比例远远大于港澳台商投资企业和外商投资企业，平均比例达97%。在三类企业中，2019 年内资企业的平均销售额为 3.44 亿元，比 2018 年增加 9.25%，延续 2018 年的良好增长势头；2019 年港澳台商投资企业的平均销售额为 11.61 亿元，比 2018 年的 11.38 亿元增加 2.06%；2019 年外商投资企业的平均销售额为 3.22 亿元，比 2018 年增加了 46.3%，经过去年的大落之后，又恢复了原来的水平。由以上数据可以看出，虽然内资企业在数量上占绝对优势，但从企业的平均销售额来说，港澳台商投资企业远远高出内资企业，外商投资企业和内资相差不大，内资企业的规模效应还应大力加强。

在 2014~2019 年零售企业的商品销售总额中，内资企业所占比重远大于港澳台商投资企业和外商投资企业，虽然比重逐年降低，但 2019 年仍然超过了 92%，6 年平均占比 95.55%，港澳台商投资企业和外商投资企业在商品销售总额中 6 年平均所占比重分别是 3.23% 和 1.86%。从销售额增长情况来看，2016 年以来，内资企业销售额一直下降，而且呈现加速趋势，说明限额以上零售企业的行业性疲软，与线上销售额的迅速增长形成鲜明对比。港澳台商投资企业的销售总额持续增长，但增幅逐年下降。

总体来看，批发零售行业的外资背景的企业效率比较高，盈利能力较强。但山东省批发零售业利用外来资金很少，对外来资金不友好，没有充分发挥外来资金的优势，数据背后透视的是政策支持、行业环境的原因，由于没有统一的政策支持及良好的行业环境，导致批发零售业的外资利用能力极差。

(五) 批发零售业粗放式经营，附加值较低

总体上看，山东省批发零售业现代化水平较低，属于粗放式经营，仍处于价值链的较低层次。组织化程度、产业集中度、集约化水平、流通效率和信息化水平比较低。批发市场，尤其是限额以上批发企业产业集中度和市场集约化水平较低，存在大量规模不大的批发企业，不论是批发企业数量还是商品销售额，与全

国发达省市相比都处于劣势。零售业基本都属于区域性龙头企业，缺少在全国范围内有影响力的、行业领先的零售企业集团，和国内其他先进省份相比，山东省的龙头企业相对规模较小，难以形成规模经济优势，发展受到阻碍。而且行业集中度较低，造成群龙无首的局面，低层次的价格竞争此起彼伏，市场秩序混乱不堪，影响了零售企业的发展壮大。这种状况也导致了零售企业品牌建设方面欠缺很多。缺少能够拿得出手、叫得出口的知名品牌，即便有品牌，市场知名度也较低。随着经济的发展和人们消费结构的升级，低层次的价格消费已经向高层次的价值消费转移，人们更加注重消费过程中的体验、情感与文化获得感。缺乏知名品牌使我省零售业难以提高其消费的附加价值，难以满足人们高层次的消费需要。

三、促进山东批发零售业发展的对策

（一）强化规划引领，规范化、科学化发展批发零售业

山东省的批发零售业缺乏系统的战略规划和发展纲要指导，基本处于零乱、无序和散养状态，政府引领不够，导致难以形成现代化的和大规模的强势批发零售企业，使山东省批发零售业面临大而不强、多而不强、乱而不强的尴尬现状。政府应调整和制定山东省批发零售业顶层设计与整体发展规划来控制和引导市场合理布局，提高资源配置效率。2021 年是“十四五”的开局之年，结合山东省的“十四五”规划目标，制订批发零售业发展战略，引领批发零售业发展。围绕山东省推动产业体系优化升级，加快发展数字经济，大力发展现代服务业，培育优良产业生态，强化基础设施保障的目标，根据各地区产业体系和产业特色发展相应批发零售业；加大信息技术投资，加快促使批发零售业的数字化进程，以促进现代服务业的发展，推动消费扩容提质。

通过规划引领，可以从整体上把握与引导全省的批发与零售业的发展方向，将其纳入科学化、规范化、系统化的发展道路，从而一改过去大而不强、大而全、小而全、小而弱、惨烈竞争的格局，促进山东省批发零售业的健康发展，通过批发零售业的健康发展反过来促进地方经济发展，从而产生良性循环。

（二）推进互联网等信息技术的应用

近几年来，互联网与电子商务迅速发展，网络交易额飞速增加，2019 年天猫“双 11”总成交额 2684 亿元，京东“双 11”成交额超 2044 亿元，可以看出网络销售的火爆。网络购物等新兴消费模式发展、共享经济快速推广，分流了部分线下的传统消费，挤压了传统批发零售企业的利润空间。批发零售业要紧跟时代潮流，加快电子商务建设，采取多种网络交易形式促进市场交易。批发市场建设数据共享平台与电子商务渠道，可以共享信息、共享客户，能够及时了解各商品供求信息与价格信息，也可以更好地为客户服务，互联网的普及和电子商务的兴起，改变了传统商业模式，使专业批发市场节约交易成本的优势逐步减弱。融合电子商务提高自身竞争力是专业批发市场转型升级的客观需要，是现代服务业的重要发展方向。随着经济的发展与分工的越来越细，专业化发展也成为批发市场的一条可行性之路，越来越多的批发市场只经营一类或几类相关的商品，市场更加注重商品的质量、管理的科学性和布局的合理性。批发业要结合本地产业特色和优势产业，因地制宜地发展专业批发和综合批发，促进批发业的发展。互联网等信息技术的发展给零售业事业的影响和冲击更大，零售企业更需要加强互联网与零售业的联系与建设，紧跟技术进步和时代前进的步伐，通过门户网店、微信、微博等多种网络形式加强与消费者沟通与联系，切实了解消费者的需要，更好地满足消费者。通过直播带货、社区团购等创新的营销手段，进而推动零售业的发展。

（三）促进批发零售业内涵式增长，提高附加值

批发零售业进入门槛较低，技术水平要求不高，低层次的价格竞争比较激烈。从而导致山东省批发零售业规模不大，效率不高，效益不好，大多数属于粗放式经营，外延式增长。随着经济的发展和人们收入水平的提高，我国居民的消费结构在升级，人们从以前的价格消费逐步向价值消费转化，人们在消费过程中更加注重体验和获得，情感式消费的特征越来越明显。因此，批发和零售业要苦练内功，提高附加值，以使人们在消费中获得的价值更高。特别是零售业，需要注意和加强消费环境、消费情境和消费便利性等的建设和美化。而价值是人创造出来，要想提供给顾客高价值，就需要把价值先创造出来。所以，第一，批发零

售业需要积极学习国内外先进的经营理念和管理方式，全面提高自己的经营管理水平，增强核心竞争力。积极学习大型零售企业发展的成功经验，特别是一些信息化技术的应用，供应链一体化的发展，品牌化的发展，绿色低碳流通的发展，这些先进的营销方式和经营模式，要在行业内逐步推广。第二，价值是人创造出来的，批发零售业要注重引进人才，加强对员工的培训，把先进的服务理念传递给员工，把先进的服务技术传授给员工，提高人力资源价值，从而提高批发零售业的增加值。第三，批发零售业要苦练内功，精益求精，注重节约成本，开源节流，把节省的资源用在为顾客服务上。第四，打造品牌。想要提高附加值，满足顾客需要，就要打造品牌，品牌的知名度越高其影响力就越大。零售企业可以借助品牌的知名度与影响力提高顾客的忠诚度，从而使其在生产制造、质量控制和商品配送上掌握更多的主动权，能够获得更高的利润，从而使企业获得品牌溢价，提升企业盈利能力。总之，通过多种举措并举，促进批发零售业内涵式增长，提高其附加值，使顾客满意，从而提高经营效益。

（四）深化对外开放，提升国际化水平

山东省批发零售业内资占据绝对主导地位，外来投资较少，不利于学习国际先进经营管理经验，提高批发零售业内涵。首先，坚持高端引进。重点引进国际知名零售商和战略投资者，鼓励通过股权转让、增资扩股吸引国内外行业龙头企业、股权投资基金、私募基金参股等方式，在省内设立地区总部、采购中心、物流配送中心，发展新兴零售业态。其次，加强国际合作。积极开展与国外企业的品牌共享、技术交流、管理创新等灵活多样的国际交流合作，学习借鉴香港品牌收购、策划、营销等方面的经验，引进消化吸收国际商业先进理念和新模式、新业态、新技术。最后，推动有条件商业企业“走出去”。抓住“一带一路”、京津冀协同发展等战略机遇，推动大企业大集团通过新建、并购、参股等方式，到省外境外布局，设立分销、展示、交易平台。通过各项措施，促使批发零售业企业引进来，走出去，从而加强国际交流合作，提高批发零售业的国际化水平。

（五）促进新零售的发展

随着信息技术的发展，零售业产生了新特点，新零售的概念大行其道。所谓新零售，即企业以互联网为依托，通过运用大数据、人工智能等先进技术手段，

对商品的生产、流通与销售过程进行升级改造，进而重塑业态结构与生态圈，并对线上服务、线下体验以及现代物流进行深度融合的零售新模式。“新零售”的核心概念在于推动线上与线下的一体化进程，其关键在于使线上的互联网力量和线下的实体店终端真正融合在一起，形成真正意义上的合力，从而完成电商平台和实体零售店面在商业维度上的优化升级。

对于零售企业来说，需要利用信息技术，加强互联网与零售业的联系与建设，通过门户网店、微信、微博等多种网络形式加强与消费者沟通与联系，切实了解消费者的需要，更好地满足消费者。眼下正是“体验为王”的时代，比如传统购物中心的电玩、影院都难以吸引人们驻足，新的体验如创意空间、健身房、主题乐园、VR 体验馆、齿科诊所等业态纷纷进驻，购物中心业态创新，成为实体商业转型升级中的全新亮点。各零售实体店在不断升级的过程中，增加与消费者的互动体验感，才能赢得顾客。只有从消费者实际的情感诉求出发创新业态，才能帮助实体店从广度和深度上产生质的飞跃。因此，各零售企业需要改善基础设施，增加空间规模，提高环境设计水平，增强体验设计，体现顾客友好，充分发挥实体店的体验优势及环境优势，才能在与网络零售的竞争中通过差异化、体验感取得优势，从而走出低谷，重铸辉煌。

参考文献：

[1] 杜睿云、蒋侃：《新零售：内涵、发展动因与关键问题》，载《价值理论与实践》2017 年第 2 期。

[2] 陈婉仪：《零售业的再革命——“新零售”》，载《现代商贸工业》2020 年第 21 期。

[3] 戴建平：《“智能 +”背景下我国零售业转型研究——组织层面的转型路径》，载《技术经济与管理研究》2020 年第 7 期。

[4] 谢莉娟：《互联网时代的流通组织重构—供应链逆向整合视角》，载《中国工业经济》2015 年第 4 期。

[5] 赵浩宇：《零售模式创新赋能区域经济结构优化的实证分析》，载《商业经济研究》2020 年第 13 期。

[6] 尚延超：《区块链技术促进“新零售”提速增效问题研究》，载《商业经济研究》2020 年第 13 期。

[7] 山东省统计局：《山东统计年鉴（2020）》，中国统计出版社 2020 年版。

第四章

山东住宿餐饮业发展现状与对策研究*

住宿餐饮业是国民经济的重要组成部分，是吸纳劳动力就业的主要渠道之一。改革开放以来，山东省住宿与餐饮业获得了稳定快速的发展，它不仅肩负着供应广大城镇居民、国内外宾客的饮食需求，而且也带动各个相关产业的发展与进步，每年向社会提供大量就业机会，是社会再分配的一个重要环节，更是社会稳定、经济繁荣的直接体现。

一、山东住宿餐饮业发展现状与特点

作为“幸福产业”之首，旅游是人民生活水平提高的重要标志，是人民对幸福美好生活更高层次的追求。山东省住宿餐饮业保持稳定发展，在满足人民消费需求和改善生活条件方面发挥了重要作用，也带来了众多的就业机会和创汇条件，对加快山东省经济发展做出了积极贡献。

（一）山东省住宿餐饮业发展现状

2019 年山东省住宿餐饮企业销售收入较 2018 年略有下降，行业结构合理。但法人企业数量、从业人员数量均有所下降，品牌化建设仍需加强。

1. 法人企业数量

2015 ~2019 年山东省限额以上住宿餐饮业的法人企业数量由 3211 个降低到

* 本章作者简介：赵娟，山东商业职业技术学院公共管理学院。

2466 个，平均下降幅度为 4%。营业数额从 2015 年的 547.3 亿元，下降至 2019 年的 385.9 亿元，平均下降幅度达 2.8%。其中，限额以上住宿法人企业数量 5 年内增加 13 家，餐饮法人企业数量减少 667 家。详细数据如图 4－1 所示。从目前来看，自 2015 年以来，山东省住宿餐饮业发展整体上呈现继续回落趋势，虽然绝大多数经营数据和行业指标呈现负增长，但是近几年总体经营情况相对来说比较稳定。其中，住宿业发展呈现不显著缓慢增长，各年度间变化不明显。餐饮业相关指标下降明显，各年度间起伏波动较大。整体上，住宿餐饮行业规模在持续萎缩减少，法人企业数量和从业人数持续下降。总体情况来看，目前山东省住宿餐饮行业仍然处于转型升级的关键时期，行业结构调整的压力仍然较大。

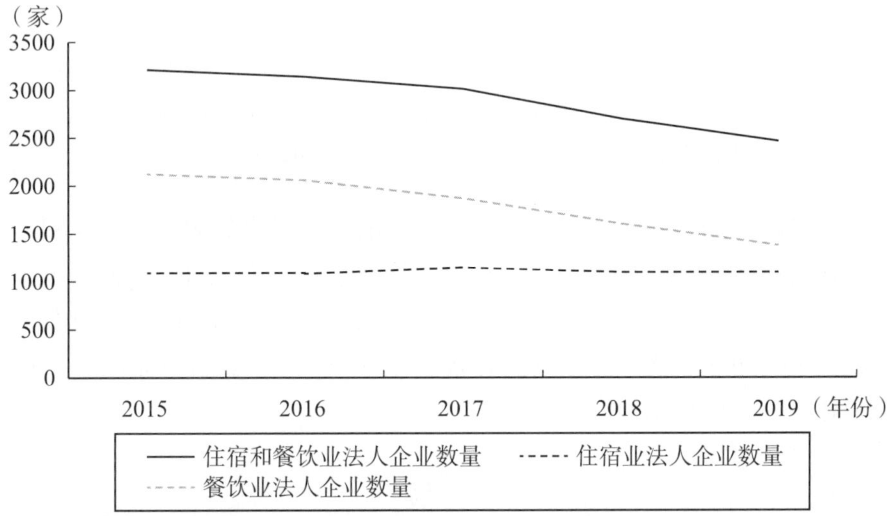

图 4－1 2015～2019 年限额以上住宿和餐饮业法人企业数量

资料来源：《山东统计年鉴（2020）》，中国统计出版社 2020 年版。

2. 销售收入情况

2019 年，全省限额以上住宿和餐饮业法人企业数量 2466 家，比 2018 年减少了 234 家。[①] 这表明在宏观环境影响下，住宿餐饮企业规模呈现集聚发展趋势，企业规模效应逐渐显现。从企业数量上，不同规模企业的表现各不相同，大型企业经过转型升级和战略调整，开始逐渐平稳发展，而中型企业与小微型餐饮企业则呈现明显下降趋势。面临复杂多变的市场和复杂的行业环境，大中小型餐饮企

① 资料来源：《山东统计年鉴（2020）》，中国统计出版社 2020 年版。

业都在积极谋求转型，但短期内并没有取得明显的效果。

从纵向发展来看，2015~2019年，山东省限额以上住宿餐饮企业营业额呈先升后降趋势。由2015年的547.3亿元降低到2019年的385.9亿元，年均下降幅度5.71%。其中，2016年以前营业额增长速度明显，在2016年以后，营业额增长幅度放缓，并趋于下降趋势。具体如图4-2所示。

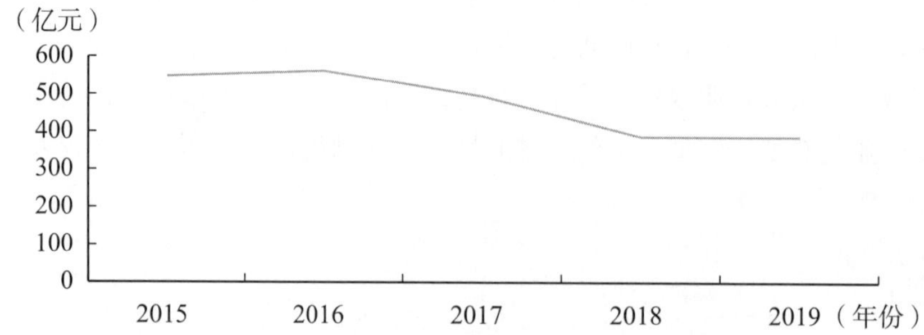

图4-2　2015~2019年山东省限额以上住宿餐饮业营业额

资料来源：《山东统计年鉴（2020）》，中国统计出版社2020年版。

受近年来国家政策及产业环境等因素的影响，山东省住宿餐饮业整体规模虽然持续上升，但增速较慢，在第三产业中所占的比重逐年下降。详细情况如图4-3所示。自2015年以来，限额以上住宿餐饮企业的营业额所占第三产业比重持续下降，由2015年的1.91%，下降到2019年的0.98%。从经济指标来看，住宿餐饮企业在第三产业中的占比逐渐下降。

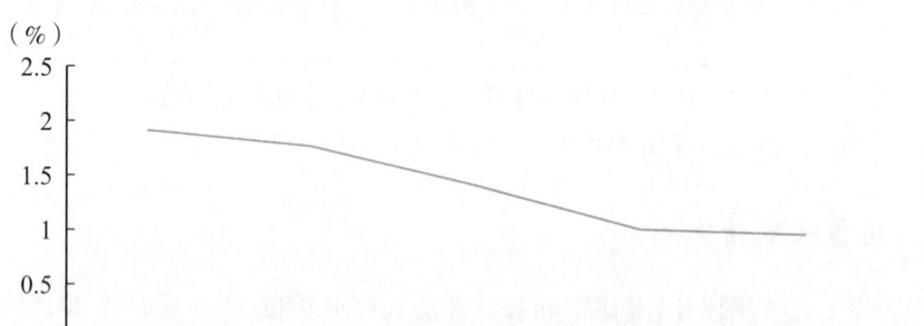

图4-3　2015~2019年限额以上住宿餐饮业在第三产业中的比重

资料来源：《山东统计年鉴（2020）》，中国统计出版社2020年版。

3. 从业人员情况

2019 年山东省住宿餐饮业年末从业人员 19.2 万人，比 2018 年减少 2.41 万人，吸纳社会劳动力能力有所加强。根据图 4－4 所示，2015～2019 年山东省住宿餐饮业年末从业人员数量呈波动发展趋势。其中，住宿业从业人员数量从 2015 年的 10.32 万人降低到 2019 年的 9.12 万人，降幅达 11.26%；餐饮业从业人员数量从 2015 年的 12.66 万人减少到 2019 年的 10.82 万人，降幅高达 23.29%。

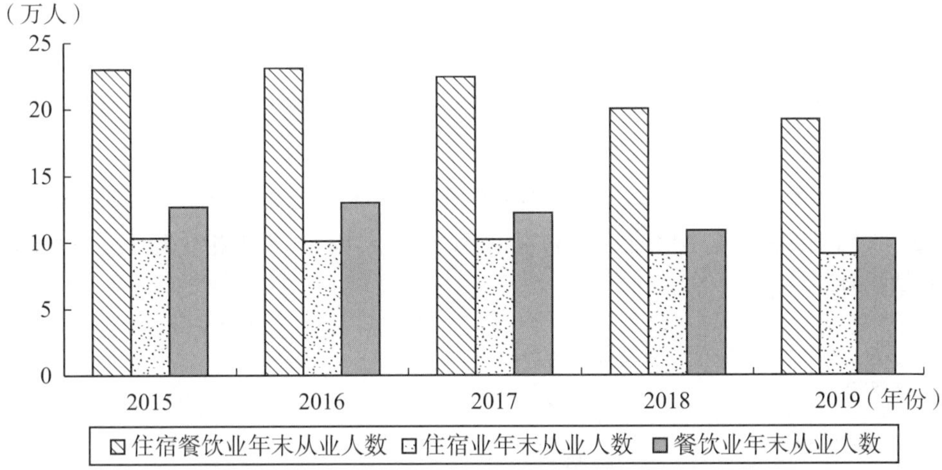

图 4－4　2015～2019 年限额以上住宿和餐饮业年末从业人数

资料来源：《山东统计年鉴（2020）》，中国统计出版社 2020 年版。

4. 品牌发展情况

2003～2019 年，山东省入围过中国餐饮百强的山东餐饮企业不足 10 家，其中正餐企业有山东皇宫餐饮集团、青岛良友饮食股份有限公司、山东蓝海酒店集团、山东银座旅游集团有限公司、山东凯瑞商业集团有限公司等；快餐及团餐企业有山东金德利集团快餐连锁有限责任公司等。2019 年，在市场的重新洗牌下，大众餐饮成为市场主体。正餐集团 50 强营业额合计超过 550 亿元，山东凯瑞餐饮集团仅次于杭州饮食服务集团和上海杏花楼（集团）股份有限公司，位居第三。但是，在火锅餐饮、快餐、团餐和西餐等餐饮集团 10 强名单中，并没有出现山东餐饮企业。由此可见，山东省餐饮行业在多品牌塑造和持续发展方面与国内先进省份相比存在较大差距。

5. 行业结构分析

（1）营业范围。2019 年山东省住宿餐饮行业营业范围多样，包括高端星级酒店、经济型酒店、商务酒店，以及正餐、大众快餐、自助餐、休闲餐、沙龙餐饮、娱乐餐饮、美食街、美食城、特色餐饮、地方小吃店，甚至庄户饭店等的迅速发展，逐步形成了多层次、多样化经营格局。餐饮业经营以往是以鲁菜为主的地方菜和少数份额的省外菜，现在是鲁菜、川菜、京菜、沪菜、粤菜、潮州菜、东北菜等应有尽有；日本料理、泰国料理等外国餐饮，麦当劳、肯德基等洋快餐也逐渐被人们所接受和青睐，形成了花样繁多、丰富多彩，南北菜系大合唱、中西餐饮大交流的可喜局面。

（2）行业类别。从住宿餐饮业具体类别来看，2019 年山东省限额以上住宿餐饮业总营业额达 385.9 亿元，其中客房收入达到 111.81 亿元，占 2019 年住宿餐饮业总销售额的 28.97%，同 2018 年相比增加了 1.9 亿元；餐费收入达到 242.73 亿元，占住宿餐饮业总销售额的 71.03%，同 2018 年相比降低了 3.11 亿元（见图 4－5）。

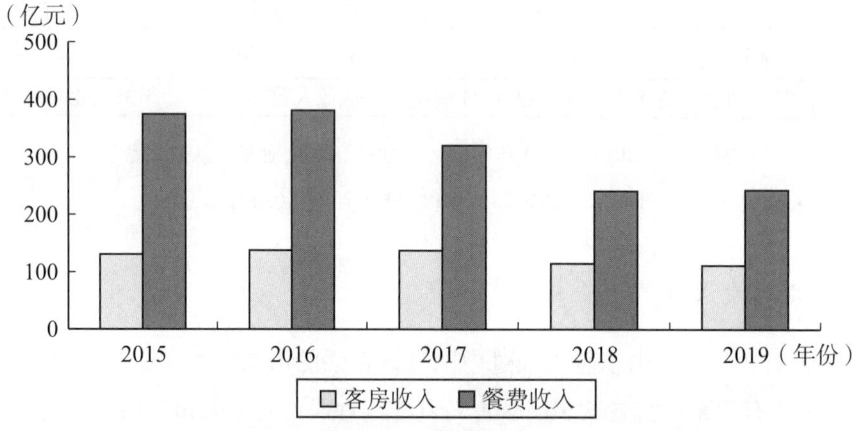

图 4－5　2015～2019 年山东省住宿餐饮业各行业销售额

资料来源：《山东统计年鉴（2020）》，中国统计出版社 2020 年版。

（3）资金结构。随着经济体制改革的深化和市场发展的需要，住宿餐饮企业的经济成分发生了深刻变化，以国有经济为主的时代已成为历史。社会上各种经济成分的住宿餐饮企业，诸如外商独资、中外合作、中外合资、多种形式的股份制、私有制酒店、饭店迅速发展。2019 年，山东省住宿餐饮业网点中，非公有经济性质的企业都占 87。02%，其中住宿行业非公有制性质企业占行业总数的 87.63%，餐饮行业非公有制性质企业占行业总数的95.76%。从登记注册类型来看，2019年山东省限额以上住宿业法人企业中，内资企业数量1100家，占到了93.6%，而港澳台资及外资企业比例相当小，总数量为19家，各自只占到了1.2%。以国民经济行业划分，旅游饭店658家，所占比例达58.38%，一般旅馆436家，占到了38.69%，其他住宿业26家，占比2.3%。在餐饮行业中，2019年山东省限额以上餐饮业法人企业中，内资企业数量1780家，占到了98.23%，而港澳台资及外资企业比例相当小，总数量为25家，只占到了1.38%。以国民经济行业划分，正餐服务企业1705家，所占比例达94.1%，快餐服务71家，占到了3.91%，其他餐饮业7家，占比0.3%。这说明山东省虽然经历了40多年的改革开放，但港澳台和外国的投资比重依然较小，山东省住宿餐饮行业吸收港澳台资及外资的道路依然任重道远，而住宿餐饮行业内的多种经营发展情况依然不尽如人意。

（4）区域结构。2019年各市限额以上住宿餐饮行业差距较大，如图4-6所示，山东省16地市住宿餐饮企业平均经营额为232390万元，其中烟台、威海、济宁3个地市在平均水平以上，其余13个地市均位于平均水平以下。经营额最高的烟台和最低的莱芜相差高达14倍之多。16地市中经营情况良好的基本分布在省会和胶东区域，以及一些人口较多的地市。从经营成本的角度分析，2019年山东省限额以上住宿餐饮企业平均主营业务成本104003万元，通过地市之间对比，发现相互之间的主营业务成本差异较大。成本高于平均值的有济南、青岛、烟台、济宁、临沂等8个地市，成本低于平均值的有聊城、滨州等7个地市。其中，主营业务成本最高的市比青岛最低的枣庄市高接近41倍（见图4-7）。

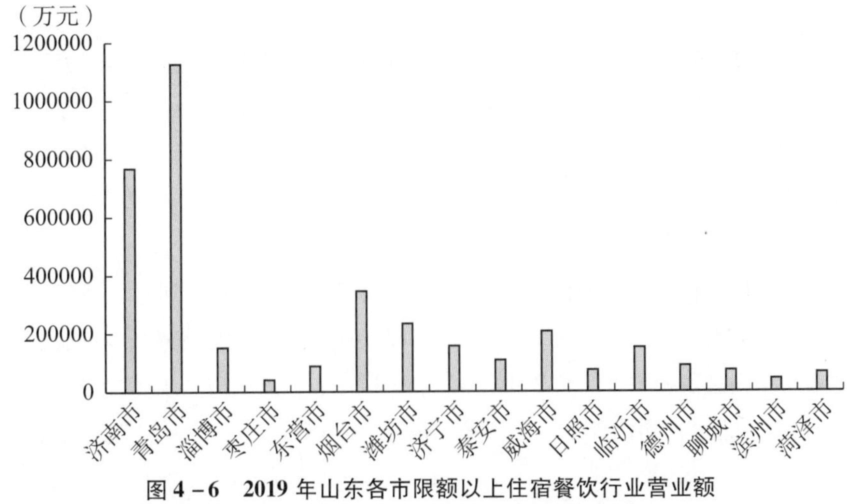

图4-6 2019年山东各市限额以上住宿餐饮行业营业额

资料来源：《山东统计年鉴（2020）》，中国统计出版社2020年版。

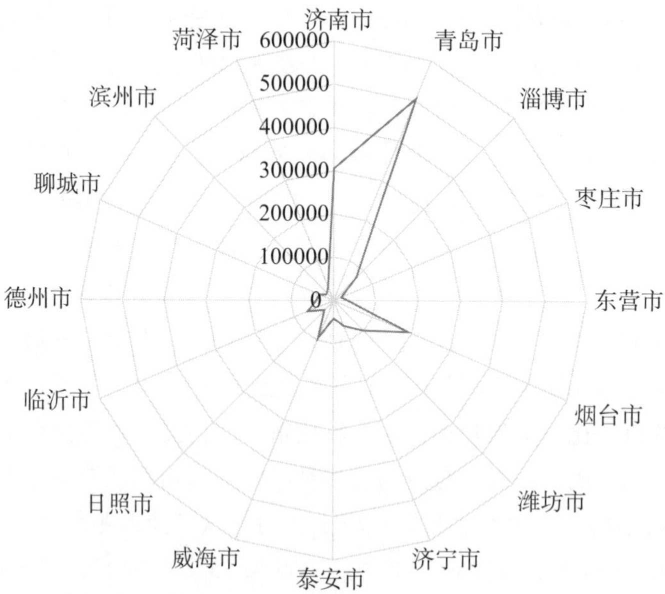

图 4－7　2019 年山东各市限额以上住宿餐饮行业主营业务成本（万元）

资料来源：《山东统计年鉴（2020）》，中国统计出版社 2020 年版。

（二）山东省住宿餐饮业发展特点

从具体情况和最新统计数据来看，山东省住宿餐饮业呈现出如下特点：

1. 行业规模稳步增长

根据国家旅游局公布的《2019 年度全国星级饭店统计公报》显示，以完成财务统计填报工作并通过旅游行政管理部门审核数据为准，山东省星级饭店 635 家，总量居全国省市（区）第 3 位，营业收入 135.41 亿元，位居全国第六。[①]说明山东省餐饮住宿企业整体规模在稳步提高，但在全国范围内看盈利能力和企业效益有待进一步提高。

2015～2019 年，全省限额以上住宿餐饮业实现零售额分别达到 547.3 亿元、561.5 亿元、494.64 亿元、386.9 亿元，385.9 亿元，呈现逐年递减的态势。另外，根据中国烹饪协会发布的 2019 年度国内各省市餐饮收入排行，山东省餐饮收入 3680.23 亿元，同比增长，9.5%，高于全国平均 10.3% 的增长速度，在全

① 国家旅游局监督管理司，《2019 年度全国星级饭店统计公报》，2020 年 10 月。

国餐饮收入排名位居第二。

2. 大众化企业成为住宿行业主体

从行业结构看，2019 年山东省住宿业在规模和档次上保持着金字塔的市场结构，五星级酒店 30 家，占 4.82%，四星级酒店 146 家，占 23.47%，三星级酒店 378 家，占 60.77%，二星级酒店 68 家，占 10.93%，总体来看，服务大众市场的占比高达 71.7%，体现了住宿业服务大众消费的民生属性。

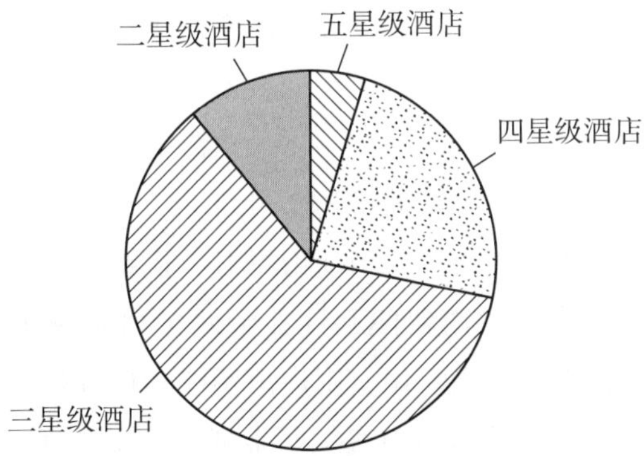

图 4-8　2019 年山东省星级酒店规模分布

资料来源：《山东统计年鉴（2020）》，中国统计出版社 2020 年版。

3. 餐饮业态优化升级

作为市场化程度较高的行业，餐饮产业集中度并不高。2019 年，山东省限额以上餐饮企业收入 242.7 亿元，仅占山东省餐饮收入的 8.9%，比重较上年下降了 1.58 个百分点，说明山东省极具特色的中小型餐饮深受消费者喜爱，发展活力长盛不衰。

2019 年全国餐饮收入首次突破 39644 亿元，同比增长 10.7%，已经连续两年保持了两位数的增长。山东省 2019 年餐饮业较 2018 年增速也达到 10.5%，以商务宴请接待为主的高档餐饮企业通过调整经营定位、转变营销策略，纷纷向大众化转型。如山东蓝海酒店集团推出“特价菜”“尝鲜价”“平价套餐”等亲民产品，加上专业贴心的服务，效益逐步提高。一些海鲜高档餐饮企业的倒闭，也给中档餐饮企业带来了市场机遇，其中山东凯瑞餐饮集团营业收入增速高达 41 倍以上。

4. “互联网+”蓬勃发展

餐饮业是受互联网渗透较早且影响较深的行业，两者融合的步伐不断加快。一方面，餐饮企业将互联网先进的技术、理念、思维、方式等引进来，更加重视技术投入，加快信息化建设，挖掘互联网对传统餐饮企业在营销、运营管理等各个方面的作用，使互联网技术真正成为自身加快转型的助推器。根据中国饭店协会调查统计，2019 年全国餐饮 O2O 市场规模 7128 亿元，同比增长 70.9%，占餐饮业总体规模的 17.98%，餐饮百强企业网络销售更是猛涨 132%。另一方面，基于餐饮业的庞大市场和强大生命力，互联网企业也积极主动的从为餐饮企业提高效益、解决信息化难度出发，通过持续的技术创新，为餐饮企业提供更有效的解决方案。

随着移动互联网对于居民生活的渗透不断深入，以及“80 后、90 后”等网生代消费者成为餐饮消费的主力军，当前市场对手机线上点餐、等位和支付等需求出现持续增长，同时对餐饮消费便利性、个性化和品牌化的需求也在与日俱增，这使得餐厅在功能与服务线上化、用户消费体验持续提升以及全链路线上线下一体化等维度的竞争，将成为国内餐饮行业进一步转型升级的主阵地。此外，从我国餐饮互联网化发展的历程来看，新技术、新体验将成为餐饮行业下一步发展的重心，逐步用智慧化、数字化的经营理念迎合年轻消费者的喜好，而移动化、自助化、智能化的新餐饮体验也将成为未来餐饮的重要发展方向。

5. 国民经济贡献度日益提高

目前，山东省住宿餐饮业规模逐渐增长，在吸纳就业、带动农业发展、增加税收等方面都发挥了重要作用，对经济增长和社会发展做出了突出的贡献。2019 年，山东省住宿餐饮业营业收入增长 11.91%，占社会消费品零售总额 13.4%，对整个消费市场贡献率达到 12.6%，拉动消费市场增长 1.6%。2019 年，山东省住宿餐饮业的年末从业人员 20 万人，继续创造了大量的就业岗位，帮助缓解就业压力。另外，2019 年，山东省住宿业应交所得税 8642 万元，餐饮业应交所得税 18001 万元，总计应交所得税 26643 万元，成为山东省重要的财政收入组成部分。

6. 旅游产业的快速发展成为行业发展的重要推动力

旅游产业作为住宿餐饮业的一个重要相关行业，近年来其良好的发展态势对山东省住宿餐饮业的发展起到了正向的推动作用。2015 年山东省外汇旅游收入为 27. 14 亿美元，截至 2019 年底山东省外汇旅游收入为 33. 64 亿美元，整体上看基本呈现稳步上升的趋势。2015 年山东省入境旅游总人数 445. 7 万人次，其中外国人数 325. 7 万人次，2019 年入境旅游总人数为 513. 1 万人次，其中外国人数 366. 1 万人次，总体上呈现稳步上升趋势。详细情况如表 4 – 1 所示。

表 4 – 1　　国际旅游接待情况

年份	旅游人数（万人次）	外国人（万人次）	旅游外汇收入（亿美元）
2015	460. 8	335. 9	28. 96
2016	485. 5	352. 5	30. 63
2017	494. 4	353. 1	31. 74
2018	513. 1	366. 1	33. 64
2019	521. 3	370. 9	34. 1

资料来源：《山东统计年鉴（2020）》，中国统计出版社 2020 年版。

二、山东住宿餐饮业发展存在的问题

从总体上看，山东住宿餐饮业还存在着不少问题，成为产业发展的制约因素，主要表现在连锁程度低、集约化程度低、经营成本高、行业结构失衡、服务同构严重、员工素质偏低、人员短缺等方面。

（一）连锁化程度低

2019 年山东省连锁餐饮企业 10 家，数量仅为北京、广东、湖北的 11. 5%、11. 9% 和 34. 5%。跨区域经营的大型企业数量更少，还没有出现像海底捞、真功夫、全聚德、黄记煌等横跨全国范围的知名连锁品牌。连锁住宿企业门店数 434 个，经济型连锁酒店多为外来品牌，缺乏自主品牌。近几年来，山东住宿餐饮业连锁化经营发展的势头较弱，行业总体连锁经营程度仍然较低。根据日本零售业的资料统计，独立店第一年就关闭的有 80%，到第五年则高达 92%；连锁店第一年关闭的有 20%，到第五年仅为 23%。由此可见，连锁化经营对餐饮住宿业的可持续发展具有相当重要的意义，大力发展山东住宿餐饮业的连锁经营势在必行。

（二）集约化程度低

2020 年 7 月，中国旅游饭店业协会发布 2019 年度《中国饭店集团（管理公司）发展报告》[①]，产生了“中国饭店集团 60 强”。以餐饮为强项的山东蓝海酒店集团、大型国企山东商业集团下属的山东银座旅游集团有限公司和以三线城市作为规模扩张点的新兴连锁经济型酒店青岛尚客优城际酒店管理有限公司名列其中，但三者旗下的饭店主要分布在山东省内，仍处于成长期，在规模、集团发展力、品牌化发展、集团管控力、经营效益等方面，与国内、国际饭店集团还存在着差距。山东银座集团旗下的主要品牌“银座佳悦”属于中档酒店，而其母公司山东商业集团投资建造的五星级饭店，却委托法国雅高集团的“索菲特”“铂尔曼”品牌以及美国凯悦集团的“凯悦”品牌管理。上榜的 3 家山东企业在规模成长性、档次延伸性、地域扩张性、发展稳定性等方面制约了其进一步发展，需要在市场细分、高端市场的影响力、集团收益、标准化、品牌化、信息化、发展质量等“软实力”方面有所突破。

（三）经营成本增高

“四高一低”是目前山东省餐饮行业面临的主要困境，即房租、人工、原材料、水电成本高；食品安全、消费投诉、媒体曝光风险高；门店销售难增长，利润水平持续低。餐饮业的租金、食材原料、人工等成本在逐年上涨，餐饮盈利空间已经摊得越来越薄，再加上取消了最低消费，造成一些餐馆的经营步履艰难。近年来原材料成本支出持续增加，采购成本上涨，人力资源成本上涨，固定成本及可变成本都呈现递增上涨趋势，但终端商品价格上涨幅度低于经营成本的上涨幅度，消费者可选择餐饮产品的多样化，导致消费市场细分分流，利润率降低，人工成本增加，人均消费水平降低，成本率上升，利润空间缩小。

（四）行业结构失衡

现代消费群体和消费意识已经发生改变，消费心理及消费观念、消费边界特

① 中国旅游饭店业协会：《中国饭店集团（管理公司）2019 年度发展报告》，2020 年 7 月。

征明显，消费特征差异很大。公务消费明显减少，私人消费呈现递增趋势，高档餐饮需求降低，大众餐饮、家常餐饮、特色餐饮需求量旺盛，并且有很大的提升空间。但是目前山东餐饮市场经营粗放，细分市场研究不足，行业结构失衡严重。主要表现为：在品牌结构上，本土集团已形成规模优势。国际集团在标准五星级及豪华市场地位牢不可破，但部分本土饭店集团已经开始布局这一市场。例如山东舜和国际酒店，就将顾客就餐体验变成了一种与国际饮食文化接轨的文化体系。在类型结构上，度假型酒店数量偏少，且多集中于旅游度假胜地。在档次结构上，中档饭店的集约化程度和品牌建设依然薄弱，而在当今国内形势下，这部分企业却成为目前住宿和餐饮业赢利的主力军。布局及结构失衡的情况适应不了山东省未来住宿餐饮业发展的需要，更不能满足不同层次的游客的需要。

（五）服务同构严重

现阶段顾客需求呈现出多元化、多层次、人性化等特点，对山东省住宿餐饮业的服务质量有了更深层次的要求。但是，目前山东省酒店行业的服务依然停留在满足客人基本需求层次上，服务同构现象严重，酒店个性化的服务没有突出，特色不鲜明。目前，多数企业多将精力集中于硬件改善等方面，对于住宿餐饮业的服务比较注重标准化，对于个性化服务的探索则相对缺乏。根据《2020 年度全国星级饭店统计公报》，山东省星级酒店的数量不在少数，然而真正能够成为顾客心目中印象深刻的酒店数量却不多，这就说明酒店在强大硬件设施的基础上，更需要优质的服务能力，从而提升酒店的整体实力。企业除了注重标准化的服务程序和服务标准外，还应特别重视企业执行力、领导力和团队协作能力等关键因素。

（六）人力资源短缺问题突出，从业人员素质偏低

随着山东省住宿餐饮业市场规模的日益扩大，企业对懂经营、善创新、能引导消费潮流的经营管理型、策划型、复合型的人才需求也越来越大，各个企业单位普遍缺乏有文化、懂管理、能创新的优秀管理人员和一线员工，成为制约山东省住宿餐饮业发展的重要因素。同时，行业之间的竞争也加剧了人才供求关系的不足。此外，员工流失问题也越来越严重。据统计，住宿餐饮企业在职员工平均流失率超过了 30%，这对一个处于快速发展期的正需要人才的行业来说无疑是

不小的打击。同时，员工素质较低是住宿餐饮行业较为突出的问题。近年来山东省住宿餐饮业虽然在提升员工素质方面投入力度较大，企业的服务质量得到了一定的提升，酒店服务水平有了很大的提高，但是由于水平参差不齐，整体效果不够明显。酒店行业的进入门槛较低，且企业人力资源短缺的问题长期得不到有效解决，导致员工素质良莠不齐，难以满足现代住宿餐饮行业发展的需求。根据抽样统计，70%的酒店中有超过半数的员工大专以下文化水平，而大专学历以上的从业人员人数较少，导致企业服务人员的整体素质不高，不论在数量上还是质量上都制约着企业的发展。根据山东省商务厅统计数据，截至2019年底，在山东省住宿餐饮业工作的员工，大中专以上学历只占到15.3%。

三、山东住宿餐饮业的发展趋势分析

随着经济的不断发展，住宿餐饮业单位数量不断增加，营业额持续增长，不仅吸纳了大量的劳动力就业，也成为繁荣经济、拉动消费需求增长的重要力量。但是，近几年来随着山东居民消费心理日渐成熟、消费行为日渐理性，加上政府对政府支出的餐饮及住宿消费管控政策逐步落地，以及互联网技术对人们生活消费的影响无孔不入，住宿餐饮业的发展呈现出一系列新的发展趋势。

（一）饭店全球化趋势进一步加强

首先，全球化背景下，国内市场国际化、国际市场国内化日趋明显。全球化使山东省国际客源市场前景更为广阔，跨文化研究与跨文化管理有利于提高山东省饭店产品的国际适应性与竞争力，促进产业国际竞争力的提升。随着全球化进程，市场竞争的加剧与行业自身发展的需要，不论现在的战略合作还是未来的海外扩张、全球并购，都是国际化进程中的必然行为，探索全球化背景下的跨文化管理已经成为山东省饭店产业国际化道路中亟待解决的课题。其次，在全球化影响下，针对不同等级、不同类型的饭店市场开发不同的产品类型，形成相对专业化分工以及不同序列的饭店品牌谱系将是山东住宿餐饮业近几年的发展趋势之一。这种分工的专业化、品牌的精细化，使饭店市场定位趋向于专一化，可以提高市场的针对性与适应性，满足个性化发展，使其在国际市场竞争中占据明显的竞争优势。最后，山东饭店产业集团化是适应全球化发展与提升产业国际竞争力的必经之路。山东省饭店产业必须加大集团化经营力度，加快集团化发展步伐，应从政府、企业、行业多重影响力推进山东饭店集团化进程。

（二）饭店在创新发展中多元化经营

为适应新的市场需求结构调整，打破酒店传统的仅提供食宿的功能、开展多元化经营，成为山东酒店企业未来发展的另一个重要发展方向。山东的酒店企业正在以开放包容的心态，积极探索多元化的经营方式和拓展更广阔的市场发展空间。青岛黄海饭店就是从多元化经营中获利的企业之一。几年前，青岛黄海饭店就开始尝试将各种资源和产品捆绑，做成组合产品对客销售。当时，集免费景点门票、特色食品为一体的“组合式”客房产品一推出，便吸引了很多休闲游客的眼球；威海海悦建国饭店针对写字间客户出租固定停车位和专属旗杆，以及开展对他们办公区定期保洁的业务，每年可增加收入近 10 万元；山东颐正大厦则对银行员工餐厅推出托管服务，并集约饭店闲置空间，针对大公司推出楼层租赁业务，使饭店收入提高数百万元。在这一进程中，客人获得了更加便捷、实惠的包价服务，酒店更加接地气地吸收了更多的客源，景区则销售出了更多的门票，包括博物馆、影院、银行在内的多个跨界行业普遍从中受益。然而要保证山东省酒店企业在探索多元化发展的道路，既大胆创新，又不致“跑偏”就必须坚持“万变不离其宗”的原则。即酒店企业谋求多元化发展，不能偏离酒店行业的本质和方向，要围绕酒店的核心和强项，来选择和延伸多元化的业务。

（三）节能、生态、科技引领绿色饭店发展

随着人们对低碳、环保的要求不断提高，酒店业也加快从材料、污废水处理、温度调节装置、照明等各方面使自己“低碳”起来，创建一个真正的绿色饭店。目前，山东省酒店企业环保健康安全理念低，绿色管理水平不高，与国际知名绿色饭店集团存在较大的差距。在消费者绿色环保需求日益强烈的驱动下，山东省饭店产业将在绿色建筑、绿色设计、绿色客房、绿色厨房等方面加大建设力度，利用各类绿色新技术、新产品，以达到后期节能减排的作用，在经营管理上，方方面面落实保护生态和合理使用资源的意识，逐步探索构建绿色生态的酒店服务新模式。

（四）智慧酒店是传统酒店升级换代的大方向

在移动互联网日益火爆的今天，酒店的移动智能化也得到了广泛关注，智慧酒店应运而生。智慧酒店通过数字化与网络化，来实现酒店管理和服务的信息化，更快速便捷地满足消费者各方面需求。未来消费者对于酒店的需求已经不仅仅满足于简单住宿，更好的消费体验将是选择酒店的重要条件。省内酒店企业在酒店智能化方面进行了积极探索，如近几年，山东大厦在酒店智能化技术上做了不少工作，既为客人带来新奇的体验，也使管理效率得以提高。除了智能化客房服务，山东大厦目前的智能化技术已经覆盖了酒店的各个层面。集舒适、智能及人性化为一体的科技服务设施，不但增强了对客服务能力，也极大提高了山东大厦的接待能力和档次。这些智能化技术将山东大厦的“21 世纪客房”的精髓体现得淋漓尽致，也让客人深刻体验到便捷和智能。对于山东省许多星级酒店来说，信息系统的建设与应用还面临刚刚起步阶段，即便对于高端酒店业来说，智能化管理的进程与客户对酒店的需求也有着相当大的差距，这将成为未来几年酒店业发展的重要方向。

（五）非标准住宿市场的高增长、多元化、高端化趋势

非标准住宿作为有别于传统酒店及传统线下租赁的新型住宿形态，近几年发展势头迅猛，但订单量相比于传统酒店，仍有较大差距，市场培养仍需要一定时间。目前，山东省非标准住宿市场依旧立足于功能单一的住宿要素，同旅游其他环节的结合程度比较低，同时，由于房源的分散性，房间清洁工作、钥匙的交接工作依旧是难题。未来，非标准住宿市场将会同旅游的其他领域进行深度整合，满足用户包括住宿在内的全旅程服务体验。此外，智能门锁的普及、“分散式集中管理”服务供应商的大规模出现，为非标准住宿市场的多元化发展带来更多可能。民宿被视为乡村旅游升级的方向，在乡村旅游的蓝海里，民宿正进入发展黄金期。山东省未来非标准住宿市场向高端化，定制化的方向发展的趋势愈加明显，消费者对于优质及个性化产品、服务的消费意愿逐步提升。

四、提升山东住宿餐饮业的对策

近年来，山东省住宿餐饮业取得了令人瞩目的成绩，在肯定山东住宿餐饮业成绩的同时，应针对发展中存在的问题，进一步探讨住宿餐饮业未来的发展方向与发展策略。当前，山东省住宿餐饮业在政府导向，产业结构，经营理念，人才管理，对客服务能力，多产业融合发展等方面依然略有欠缺，因此政府主管部门、行业协会及企业应各司其职，采取有效措施，努力提升山东省住宿餐饮业，实现住宿餐饮业的转型升级和创新发展。

（一）提升住宿餐饮业的基础竞争力

1. 加强政府扶持力度，落实国家和山东省关于住宿餐饮业政策

首先，要加强政府对住宿餐饮业的扶持力度。政府对住宿餐饮业起到调控引导作用，政府主管部门要积极帮扶企业、建立安全质量体系、振兴企业品牌、推动住宿餐饮业发展。住宿餐饮业的发展，需要政府部门在长远战略规划，相关政策的制定方面给予更多的关注。要在充分调研和评估的基础上，出台鼓励住宿业发展的优惠政策，政府质监、物价、工商、卫生、消防等部门和单位，要发挥监督、协调和服务作用，对住宿企业在开办、经营等过程中遇到的问题及时给予帮助解决。要协调相关单位落实国务院和省有关住宿企业用水、电、气与一般工业企业同等价格的政策，要清理减少相关收费项目及费用，减轻企业的负担。其次，要落实国家和山东省关于住宿餐饮业政策。近来，国家商委及山东省商务厅出台了一系列政策来加快餐饮业发展，这些政策涉及小吃、早餐、传统餐饮业、现代餐饮业、餐饮连锁业以及餐饮集团组建等多个方面，采取优惠扶持传统名小吃、培育餐饮连锁巨头、划定餐饮业中期规划等措施，另外，山东省还颁布多个加快住宿业发展的文件。相关政府职能部门和企业应该深切地贯彻这些住宿餐饮业的政策与文件，切实推进山东省住宿餐饮业的发展。

2. 加强法规制度建设，规范行业管理秩序

加快制定餐饮业管理的国家级和地方性法规，建立健全行业法规体系。要制

定餐饮业发展规划，并将其纳入城市商业网点规划。加强餐饮业统计工作，建立统计调查体系，增强行业运行分析。开展餐饮业创新理论研究，深入研究行业发展过程中面临的新情况、新问题，有针对性地提出解决的政策措施。有法可依，有法必依。餐饮业必须有统一的执法部门，加大处罚力度，杜绝像地沟油之类事件的再次发生，只有将其清除出局，才具有震撼作用。

3. 充分发挥行业中介组织的作用

行业协会是旨在促进行业发展，规范行业秩序的自治组织。涉及住宿餐饮业的行业协会主要有中国烹饪协会、中国饭店业协会、山东省烹饪协会等。支持行业协会在加强行业自律、维护企业利益、沟通行业信息、加强业务交流、推广先进技术以及人员培训等方面做好工作。行业协会要积极组织行业活动，提高区域竞争力，推动行业良性运作。行业协会应发挥维护市场公平，节省企业间的交易成本，保护市场主体合法权益，改进对市场的决策和管理，制定行业规范的作用。行业协会作为连接政府与行业之间桥梁的行业组织，不但要协调住宿业内的关系，还要协调与相关部门及其他行业的关系，经常性地组织行业企业举办管理经验交流和服务人员部门经理的培训，加强与国内外同行相关企业的交流合作，在充分发挥自身技术品牌、市场等优势的基础上，吸收外部先进的经营管理经验，协助企业做大做强。

（二）提升住宿餐饮企业核心竞争力

1. 做好个性化产品和服务

消费者需求的个性化导向，要求企业提供个性化的产品和服务。在硬件设施方面，餐饮企业要根据目标人群进行装修、布局的设计。在产品层面，山东省的餐饮企业应从“粗制”向“精制”转变，根据本企业准确的市场定位生产产品，在自身的市场定位中本着尽可能满足目标顾客层、不同饮食需求的根本宗旨，对所生产的产品不断推陈出新，在各种档次上有不同产品可供选择，在工作时间、地点上迎合顾客的需要。如四川省海底捞餐饮股份有限公司为顾客提供的个性化服务做得非常到位，包括为带小孩的客人提供婴儿车，给客人提供手机套和眼镜布等。这些个性化服务造就了稳定客源，非常值得山东高端餐饮企业借鉴和推广。

2. 标准化生产程序，优化服务质量

在生产过程上，餐饮企业应该有着标准化的生产程序，各道程序专人管理，对每道程序的质量进行严格把关，实行追究责任制，避免在出现质量不过关的情况下所面临的混沌状态，定时对每道程序进行检查，确保整个生产过程的条理性，同时，将质量摆在第一位。

优化服务质量应从细节入手，首先强化员工的服务意识，掌握灵活的服务技巧，使员工能根据不同顾客在饮食过程中的不同需求，灵活应变的处理顾客就餐过程中提出的各种要求，以使顾客对企业提供综合产品的整个过程满意为目标，尽量避免顾客可能出现的各种不满与抱怨，提高顾客满意度和忠诚度。其次，企业可以围绕顾客需求开展动态的个性化服务，在顾客首次就餐时推出优惠办法，鼓励顾客建立用餐档案，然后记录顾客的姓名、性别、生日、用餐口味、手机号码等，在客人以后用餐的过程中对其参照优惠方法进行优惠，在逢年过节时为顾客送上短信祝福，在顾客生日时准备小礼品并进行特殊优惠，在企业的经营过程中有所变化或者有所成就时对顾客进行告知，在企业推出新菜式时邀请顾客前来以优惠价进行品尝，让顾客感受到企业由衷的重视。

3. 加强规模化经营，扩充资本实力

餐饮业尤其是连锁餐饮业的规模化经营，对于单个餐饮企业竞争力的提升具有很大作用，餐饮业应从单个体向联合体转化，创立集团式、公司制企业运营体系，企业的规模化有利于节省货物运输过程中产生的运输费用、劳务费用，有利于核心企业的无形资产价值的充分合理利用，实现资源共享，有利于充分发挥管理层的管理水平，资源利用最大化，有利于地区特有饮食的国际化，开拓市场与占领市场。但是，连锁餐饮业的规模化，也要遵循一定的原则，既要稳步的做大连锁餐饮业的规模，以求实现规模经营与规模效益，又要拿捏尺度，尽量避免在扩张过程中出现的边际效应问题，避免“大而不强"的态势。餐饮业作为第三产业的基础服务业，具有可持续发展的特征，仅仅只靠扩充规模增大营业面积、营业网点、营业人数是远远不够的，还需要对经营模式进行创新，跟着时代的步伐走，创造符合人民生活模式的经营模式，使餐饮业与人民生活紧密结合，渗透到工作与生活中的每个角落，在企业规模化的同时也扩张了品牌的知名度。资本实力是体现竞争力的最直接的因素，资本实力的雄厚与否，在很大程度上影响着餐饮企业的壮大与革新。充裕的资本将是企业扩大业务规模、实施经营战略和业务

创新、提高竞争力的基础，企业可以通过多方面的行为来扩充自身的资本实力，比如银行贷款、招商引资、引进外资、上市销售、发行债券等多种融资方式，资本实力是企业发展的根本保障，企业应该选择与自身情况相符的融资方式对自身的经济实力进行有效的扩充。

（三）企业加快转型升级，实现创新发展

社会发展进步带动着市场需求的不断变化，住宿餐饮企业为满足不断变化的市场需求，就要在管理经营模式、对客服务、企业产品等多方面，积极转变，实现创新发展。

1. 餐饮企业加快转型步伐，实行多元化经营

大众化餐饮时代正越走越近，餐饮企业如果能够及时转型升级，挑战也意味着机遇。餐饮企业加快转型，不但需要放低姿态，创新经营模式，实行多元化经营，还要在提高产品质量、优化产品结构、科学配餐和改善花色品种上下功夫，在降低成本上要效益，从而最终实现餐饮业的现代化、科学化和大众化。中国餐饮未来发展趋势，一定是大众化的民生餐饮为永久主题，多样化的特色餐饮为立身之本，创意化的低位产品为利润之源，休闲与餐饮深度结合是未来的走向。

2. 构建现代化的经营管理体系和运作模式

建立现代化的经营管理体系和运作模式是企业迎接现代化竞争的重要举措，现代化的住宿餐饮业经营管理体系是集企业财务管理体系、市场营销战略体系、厨房采购体系、人性化的经营管理体系，企业后勤保障体系等于一身的完善的现代化企业运作保障。完善以成本、资金等财产管理的企业财务管理体系，完善以发展企业规模、开拓市场为核心的现代市场营销战略体系，完善以中央厨房配送为主体的厨房采购体系，完善以人性化为主导的对客服务和员工管理体系，完善以先进技术为主体的企业后勤服务保障体系，形成企业发展的有序化、规模化、现代化，提高企业抗风险能力。

3. 加快企业的信息化发展

在信息技术发达的时代，电子商务成为主流，住宿餐饮业与现代信息技术密不可分。国内、国际知名的酒店集团都是依靠其强大的网络营销和预订系统。尽

管山东省已经加强了建设，但是力度明显欠缺，尤其是集团化发展的企业，完善的电子营销和定制系统是集团化成功与否的标志，也是其旗下酒店业是否健康发展的标志，所以各住宿餐饮业应快速建立健全电子商务系统，满足企业规模化、智能化、现代化的发展。可与携程、艺龙等网络服务商合作，提高网络的散客预订率。

4. 提倡生态化经营

目前，住宿餐饮业的生态环保意识已经备受关注。绿色低碳、可持续发展的理念将被贯穿到住宿餐饮业运营的各个环节，这既是国家发展的战略目标，行业协会的使命，也是企业的社会责任体现。生态化经营的倡导能够有效地降低运营成本，节约酒店的资源和维护经营环境。具体而言，通过提倡企业选址生态化、布局设计生态化、开源节流、废品利用、改造一次性用品等来实现生态化经营目标。

5. 推动创新发展

首先，利用互联网+实现创新发展。近年来互联网应用飞速发展，传统餐饮行业与互联网相结合成为必然，传统餐企要重视技术投入，加快信息化建设，挖掘互联网对传统餐饮企业在营销、管理等各个方面的作用，使互联网技术真正成为自身加快转型的助推器。其次，要推出特色经营，加强资源整合和创新，对山东本土菜加大研究和开发力度，挖掘和改良乡土菜肴，丰富山东餐饮菜肴，提升产品品质，从而助力餐饮市场转型升级。山东本土菜有许多特色菜肴如九转大肠、糖醋鲤鱼等，非常受大众消费者的欢迎，且山东许多深藏民间的传统特色菜肴尚未得到开发，创新发展的空间巨大。

（四）培育和发展集团化连锁，大力推行品牌化经营

山东省住宿餐饮业产业结构失衡现象较为突出，品牌化发展水平较低，大力发展集团化连锁，推行品牌化经营，将有助于解决上述问题，提高企业的综合竞争力。

1. 加强集团化建设

为提高山东省住宿餐饮业的国内、国际竞争力，改善山东省住宿餐饮业的普遍存在的规模小、较分散的经营状况，走集团化之路是山东省住宿餐饮业蓬勃发

展的必然趋势，传统住宿餐饮业经营成本高，经济效益低，经营规模小。集团化发展之路促使企业一方面降低成本提高收益；另一方面可跨领域经营，实现多元化经营。集团化经营主要可以采用以下管理方式：一是委托经营管理。将企业委托给专业的管理公司代为管理，依托专业管理提升企业的品牌形象与品牌竞争力。二是连锁经营管理。住宿餐饮业暴利的时代已经是过去时了，理性消费、平民化的消费成为当代的主流，只有探索走连锁经营的道路，统一标准化的经营运作模式，突出服务优势、价格优势、品牌优势，才能屹立不倒。三是特许经营管理。依托于国内、国际知名的连锁集团，连锁集团成熟的管理经营模式、先进的营销体系、完善的服务标准、稳定的客源为企业的发展夯实基础，从而企业能更好地将精力放在对客服务及产品创新上，打造自己的特色优势。

2. 推行品牌化经营

一是政府主管部门积极创造有利的投资环境，有针对性地引进具有代表性的国内外知名住宿餐饮企业；二是振兴扶持地方品牌企业，引导其不断探索，不断创新，结合传统文化，并融入现代经营理念，积极转型，提升自身竞争力；三是将企业品牌的建设与鲁菜菜系和菜品研发创新紧密结合，发挥名店、名师、名菜的品牌叠加效应。在对传统菜系改进、创新的基础上，采众家所长，提升菜品的档次，推动餐饮业的发展。

餐饮品牌的打造还在于品牌架构的丰满，也就是在餐饮主品牌的上下游打造出一个完整的链条。创新多变，自成体系是品牌化整合的工作重点。现在的餐饮消费也已进入到第三重阶段，即看不见、摸不着的整体消费意识阶段，消费者在离开消费场所后在头脑中形成的整体感知回应是什么，这便体现出餐饮店的品牌文化，所以商家的独特体系已不仅仅是菜品、味道、服务、环境、音乐等，而是综合因素的整体体现。品牌化打造是山东省住宿餐饮业日后突围的重要手段之一，而实时的战略与战术运用更是餐饮业自成体系的重要方法，以便在“不同的区域里都能创造精彩”。

（五）实施企业人力资源开发战略

员工是企业赖以生存的根本，人力资源发展战略是推动企业发展的基本战略，是组成山东省住宿餐饮业可持续发展战略的重要部分。

1. 与高校、科研院所紧密合作

面对山东省住宿与餐饮业员工流动率大、人才严重紧缺的现状，提高旅游教育科研整体水平、培育更多的饭店类人才迫在眉睫。山东省住宿餐饮业应该积极、主动和当地相关高校合作，充分利用高校的人才优势以及技术力量，共同进行项目的开发与研究。尤其是关于菜品开发和旅游资源开发方面的项目，项目的投资和风险都比较大，如果仅仅通过山东本省餐饮住宿企业自身的技术力量很难顺利完成项目。因为近年来酒店产品在不断创新，而山东餐饮住宿企业的技术力量及人力资源情况稍显不足，有相当的复杂问题自己无法解决。因此，山东餐饮住宿企业应该寻求专业科研院所的帮助，以项目为联系纽带，把科研院所的研究成果转化为山东餐饮住宿企业的技术力量。

2. 加强内部培养和培训，挖掘员工自身潜力

山东餐饮住宿企业想要强化自身的人才队伍，不仅应该依靠外部力量，同时还应该借助内部培养和培训，充分挖掘员工的自身潜力。餐饮住宿企业应该重视对现有人才队伍的培训，多为这些人才提供学习和培训的机会，比如可以派一些有发展潜力的优秀技术人员和管理人员去学习和培训。企业也可以合理利用国家出台的一些政策，招聘一些定向生，在学生就业时签订就业合同，保证他们的就业，同时也保证了企业对专业性人才的需求能够得到满足。此外，企业应该定期聘请专家对酒店员工进行在职继续教育，或者向高校教师进行咨询，为企业技术人员解答研发过程中出现的技术重难点问题，这样可以深入挖掘技术人员的内在潜力，从而更好地留住人才，让人才能够更好地发挥自己的能力。

3. 引进优秀管理人才，建立健全薪酬激励制度

山东餐饮住宿企业的经济模式较为单一，缺乏市场意识，无法适应当前的市场经济发展的要求。为了使企业更好地适应市场经济发展，山东餐饮住宿企业应该采用市场营销运作模式，这就需要优秀的市场营销管理人才。企业应该多引进一些具备现代市场营销观念的优秀人才，打造一支优秀的市场营销管理人才队伍。同时，山东餐饮住宿企业应该进一步优化薪酬分配制度，将管理人员的个人业绩与薪酬收入直接挂钩，这样可以激励管理人员的工作积极性，积极地参与企业内部和外部管理，真正提高企业的人力资源管理水平。

参考文献：

[1] 国家旅游局监督管理司：《2019 年度全国星级饭店统计公报》，2019 年 10 月。

[2] 山东旅游政务网，http：//www. sdta. gov. cn/sy/ggxx – tzgg/newInfo/fb017e8d3ff4465e01400580fb23006a. html，2019 年 7 月 22 日。

[3] 中国旅游饭店业协会：《中国饭店集团（管理公司）2019 年度发展报告》。

[4]《山东统计年鉴（2020）》，中国统计出版社 2020 年版。

第五章

山东物流业发展现状与对策研究*

2019～2020年面对国内外风险挑战明显上升的复杂局面，全国物流行业以习近平新时代中国特色社会主义思想为指导，坚持新发展理念，坚持稳中求进工作总基调，深入推进供给侧结构性改革。物流业主要经济指标运行在合理区间，降本增效取得阶段性成果，营商环境持续改善，为实现“六稳”目标做出了应有贡献。山东抓住物流和供应链产业处于重要战略机遇期，保持了总体平稳、稳中有进的运行态势，需求规模不断扩大，经济结构调整优化，运行效率有所改善，为山东省经济发展提供了有力的支撑。

一、山东物流业总体发展现状

2019年，山东省大力落实国家政策，充分发挥产业优势，推出了一系列有力措施，促进物流业降本增效、转型升级，各项工作有序推进，物流业继续保持稳中有进的发展态势，发展水平和竞争能力显著提高，物流业服务能力得到了进一步提高，一体化运作、网络化经营、信息技术服务和供应链管理能力明显提升，对经济发展和产业转型升级起到重要的支撑保障作用。截至2019年底，全省物流企业22000多家。其中，国家A级物流企业404家，5A级物流企业40家，国家星级冷链物流企业23家，5A级和星级冷链物流企业数量居全国首位。[①]

---

* 本章作者简介：乔骏，山东商业职业技术学院，副教授，研究方向：物流与供应链管理。

① 资料来源：中国物流与采购联合会，http://www.chinawuliu.com.cn/lhhzq/202003/31/497212.shtml。

（一）政策发展环境不断优化

山东省为加快物流业发展，多措并举，积极营造物流业发展的良好环境。《山东省乡村振兴战略规划（2018—2022年）》指出，要加快推进农村物流网络节点建设，全面提升农村物流站点服务能力和水平，形成城乡互动、县乡村互联、畅通高效的物流网络体系，重点解决物流入村“最后一公里”问题。《山东省推进运输结构调整工作实施方案（2018—2020年）》提出，发展壮大现代物流运输主干企业，促进“互联网＋货运物流”新业态、新模式发展，鼓励引导“互联网＋车货匹配”“互联网＋专线整合”“互联网＋大车队”管理等新模式、新服务，加快建设“货运一单制、信息一网通”的港口物流运作体系，有效促进物流业发展。2019年5月28日，山东省人民政府发布《山东省深化收费公路制度改革取消高速公路省界收费站实施方案》，通过加快ETC推广应用，加快建设和完善高速公路收费系统，加快推进相关法规政策修订完善工作，妥善分流安置收费人员，深化收费公路制度改革，提高综合交通运输网络效率，降低物流成本。2019年12月山东省人民政府办公厅转发省交通运输厅等部门《关于加快道路货运行业转型升级促进高质量发展实施意见的通知》，聚焦当前道路货运行业发展面临的痛点，着力减轻企业经营负担，激发市场创新活力，提升行业治理水平，增强从业人员的获得感，推动货运企业规模化发展、集约化经营，促进道路货运行业高质量发展。

（二）物流产业规模持续扩大

2019年，山东省物流行业运行呈现出稳中有进的态势。全年实现社会物流总额21.8万亿元左右。①

2019年全年铁路、公路、水路共完成货运量36.5亿吨，增长4.3%，实现连续三年稳步增长。其中铁路完成货运量2.1亿吨，同比增长11.4%；公路完成货运量32.6亿吨，同比增长4.2%；水路完成货运量1.8亿吨，同比下降1.1%。沿海港口货物吞吐量16.1亿吨，同比增长8.9%。② 2019年，山东省邮政业务实

① 资料来源：《山东省物流与供应链发展报告（2019）》。

② 资料来源：山东省交通运输厅，http：//jtt. shandong. gov. cn/art/2020/2/14/art_100501_8718343. html。

现收入718亿元，同比增长35.9%（见表5－1）。[①]

表5－1　　2019年山东省运输量及货运周转量统计表

项目	运输量（亿吨）	同比增长（%）	货物周转量（亿吨公里）	同比增长（%）
合计	36.5	4.3	10441.9	4.6
铁路	2.1	11.4	1460.5	13.4
公路	32.6	4.2	7085.9	3.3
水路	1.8	－1.1	1895.6	3.3

资料来源：《山东省物流与供应链发展报告（2019）》。

（三）交通运输网络日趋完善

2019年山东省强力推进交通基础设施建设，全年完成投资1750亿元，同比增长8.76%，投资总量、建设规模创历史之最。其中，公路建设累计完成投资1121.24亿元，同比增长10.56%，总里程达到28万公里，公路密度达到178.8公里/百平方公里，除直辖市外居全国第一位；铁路建设完成投资375亿元，同比增长9.33%，运营里程达6589公里，其中高速铁路里程达到1987公里；港航建设累计完成投资105.81亿元，同比增长2.18%，沿海港口新增万吨级以上泊位19个，港口总通过能力达到9.1亿吨，截至2019年底，全省沿海码头泊位总数为596个，其中万吨级以上泊位326个；完成吞吐量16.1亿吨，居全国第2位，其中金属矿石、原油、非金属矿石、木材、外贸吞吐量位居全国沿海第一。内河通航航道1150公里，吞吐量达到5891万吨，居北方地区第1位；机场建设完成投资110亿元，同比增长12.94%；场站建设累计完成投资37.94亿元。全省通用机场达到9个，形成了“两枢一干六支”的机场格局，分别是济南遥墙、青岛流亭2个枢纽机场，烟台蓬莱1个干线机场，威海大水泊、临沂沭埠岭、济宁曲阜、日照山字河、潍坊南苑、东营胜利6个支线机场。济南、青岛、烟台、潍坊、临沂、日照6市确定为国家物流枢纽载体城市，其中烟台市以烟台港集团为国家物流枢纽运营主体，开展了“干支配”物流通道建设，优化了“门到门”

① 资料来源：山东省邮政管理局，http://sd.spb.gov.cn/xytj/202001/t20200114_2005077.html。

供应链物流体系，形成了与济南、潍坊及渤海湾内港口型物流枢纽协同发展的局面。城市轨道交通实现突破。继青岛地铁成网运行后，2019 年，济南地铁 1 号线、3 号线一期相继建成通车，济南进入“地铁时代”，目前两市城市轨道交通运营里程达到 232. 5 公里。[①]

客运方面，2019 年全省累计完成营业性客运量 7. 4 亿人次、旅客周转量 1288. 9 亿人公里，同比分别增长 1. 6% 和 1. 3% 。其中，公路客运量 5. 0 亿人次、旅客周转量 492. 6 亿人公里；水路客运量 2014 万人次、旅客周转量 14. 4 亿人公里；铁路客运量 1. 6 亿人次、旅客周转量 782 亿人公里；民航客运量 6300 万人次。货运方面，全省累计完成营业性货运量 36. 8 亿吨、货物周转量 10466. 4 亿吨公里，同比分别增长 4. 3% 和 4. 7% 。其中，公路货运量 32. 6 亿吨、货物周转量 7085. 9 亿吨公里；水路货运量 1. 8 亿吨、货物周转量 1895. 6 亿吨公里；铁路货运量 2. 4 亿吨、货物周转量 1485 亿吨公里；民航货运量 45 万吨。[②]

（四）产业供应链不断完善

2018 年 11 月底，山东省政府办公厅印发《关于推动供应链创新与应用的通知》，提出完善农业供应链、创新制造供应链、优化流通供应链、发展供应链金融、提升供应链全球化水平等要求。此外，各级政府在农业供应链和制造业供应链方面出台多项政策，营造良好供应链发展政策环境，助力全省供应链发展。截至 2018 年底，全省共有淄博、临沂、德州 3 个国家级物流标准化试点城市，济南、青岛 2 个国家供应链体系建设试点城市，烟台、潍坊 2 个流通领域现代供应链体系建设重点城市，青岛、东营、临沂、威海、烟台、寿光 6 个供应链创新与应用试点城市；烟台、潍坊、泰安、威海、菏泽 5 市开展 2018 年省级物流标准化试点工作。全省注册供应链服务企业突破 4750 家。[③] 2019 年，山东省工业和信息化厅印发《山东省深化“互联网 + 先进制造业”发展工业互联网的实施方案》，提出充分发挥工业互联网的创新引领作用，推动工业企业降本提质增效的要求，以及到 2020 年，初步建成低时延、高可靠、广覆盖的工业互联网网络基础设施，初步形成较为完整的工业互联网产业链的目标。我省依托大数据、区块链等新一代信息技术，集聚各类产业资源和要素，稳步推进智慧供应链平台建

① 山东省交通厅网站，http：//jtt. shandong. gov. cn/art/2020/1/10/art_100501_8666760. html。

② 山东省交通厅网站，http：//jtt. shandong. gov. cn/art/2020/3/27/art_100464_8972371. html。

③ 资料来源：《山东省物流与供应链发展报告（2019）》。

设，正逐步形成辐射全国的产业供应链综合服务能力。截至2019年，全省共评选出省级产业互联网示范平台二批共61个，省级物联网示范平台名单48个，省优秀大数据产品和应用解决方案40个。[①]

（五）快递业务规模持续增长

山东省邮政管理局统计数据显示，2019年全年快递服务企业业务量完成28.89亿件，同比增长32.08%；快递业务收入完成288.35亿元，同比增长26.25%。其中，同城业务量累计完成42009.57万件，同比增长2.34%；全年同城快递业务量完成4.2亿件，同比增长2.34%，全年国际/港澳台快递业务量完成0.15亿件，同比增长8.34%（见图5－1）。2019年全省快递业务量排前5名的城市为济南、临沂、青岛、潍坊、烟台，占全省快递业务量的65.82%。[②]

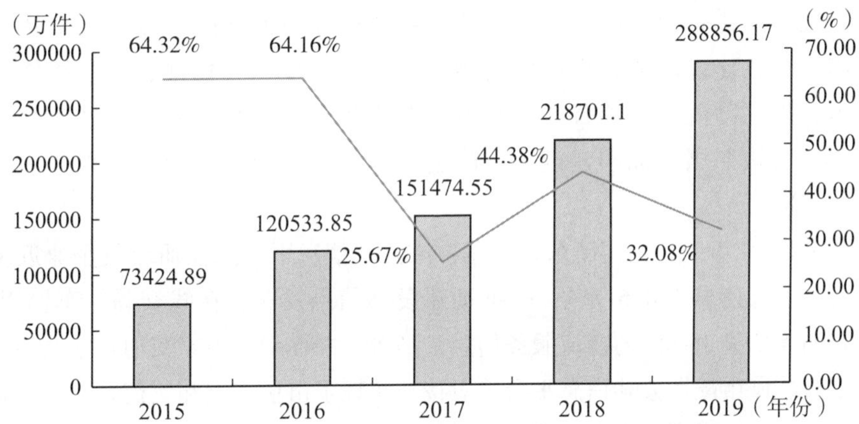

图5－1 2015～2019年山东省快递服务企业业务量统计

资料来源：华经产业研究院，https：//www.huaon.com/story/505911。

2019年山东省电子商务继续保持蓬勃发展态势，规模结构逐步优化、质量效益持续提升、产业渗透不断深化，在培育新业态、创造新需求、拓展新市场等方面的作用日渐凸显。数据显示，2019年山东省网上零售额4109.0亿元，比上

① 资料来源：山东省工业与信息化厅文件：鲁工信软（2018）20号。

② 资料来源：山东省邮政管理局。http：//sd.spb.gov.cn/xytj/202001/t20200114_2005077.html。

年增长15.8%。其中，实物商品网上零售额3445.0亿元，增长19.6%，占社会消费品零售总额的比重为9.6%，比上年提高1.1个百分点。电商直播迅猛发展，2020年1~6月，全省直播场次达58.8万场，参与直播商品1464.1万次，实现网络零售额231.8亿元，吸引消费者观看11.8亿次，全省淘宝直播自播店铺达到9210家，居全国第5位。[①]

（六）以数字建设为统领，提高物流科技信息化水平

2019年山东省以数字山东建设为统领，深化数据“聚、通、用”，充分发挥大数据在优政、兴业、惠民中的基础支撑和创新驱动作用，全力打造协同高效的数字政府，培育富有活力的数字经济，建设智慧便民的数字社会，打造转型升级产业链，构建数字经济生态圈，助推全省经济社会高质量发展。

山东省物流企业积极推广基于全球统一编码标识（GS1）的商品条码体系，促进基于GS1的托盘条码与使用企业商品条码、箱码、物流单元代码的关联衔接，优化企业生产、流通、销售管理；省相关部门还加强商业物流基础设施智慧化建设改造，推广应用物联网、云计算、大数据、人工智能等先进技术，提高物流设施的智能化水平，支持基于“互联网+”的物流综合信息服务平台按照国家标准建设进行改造，拓展撮合交易规模，实现资源整合共享。

截至2019年3月底，山东省交通物流公共信息平台共注册会员企业近4000家，发布供求信息180.6万条，[②] 推动建设集信息发布、在线交易、车辆跟踪、货物查询等功能于一体的物流服务信息云平台，并逐步与国家交通运输物流公共信息平台、城市配送公共信息平台等对接，实现了市场需求和物流资源之间高效匹配对接，大大提高了山东省物流业整体效率和服务水平。

（七）发展国际物流，深度融入“一带一路”建设

山东省2019年外贸进出口总额20420.9亿元，比上年增长5.8%。其中，出口11130.4亿元，增长5.3%；进口9290.6亿元，增长6.4%。外贸

① 资料来源：商务部网站。http：//qdtb.mofcom.gov.cn/article/shangwxw/guonmy/202001/20200102932852.shtml。

② 资料来源：山东现代电商与物流研究院，《2019年山东物流发展状况》。

布局更趋多元化，对欧盟和东盟进出口分别增长 9.5% 和 15.2%；对“一带一路”沿线国家进出口增长 15.9%，占全省外贸进出口总额的 29.5%，占比提升 2.6 个百分点。外贸新兴业态保持快速发展，网购保税和跨境直购合计进出口 29.6 亿元，增长 7.5%。①

新冠肺炎疫情发生以来，山东省出台的一系列措施并非只着眼最终消费，而是在生产、分配、流通、消费各环节的高效衔接中构建坚强的内需体系，挖掘释放内需潜力的重点，推动以大流通促进双循环。深度融入“一带一路”建设，扎实推进与沿线国家和地区交流合作，取得了实实在在的成效。“齐鲁号”作为欧亚班列品牌，2019 年开行 1054 列，同比增长 185%，跻身全国第 4 位，搭建起直达沿线 14 个国家 42 个城市的海铁联运网络，构筑了东连日韩、西接欧亚的国际物流大通道。组建省港口集团，开发海上航线近 300 条，数量和密度稳居北方港口首位。省港口集团—中远海运特运北极航线成功首航，打通了经北冰洋连接中国与欧盟国家的蓝色经济通道。成立省机场管理集团，青岛胶东国际机场基本建成。成立全国首家地方多式联运发展企业联盟和“一带一路”陆海联动发展联盟，开通多式联运航线 68 条。持续推进中韩陆海联运，实现威海—仁川“四港联动”物流一体化。

(八) 冷链物流市场需求旺盛

山东省是鲜活农产品生产和消费大省，2019 年，全年猪牛羊禽肉产量 698.6 万吨，禽蛋产量 450.6 万吨，牛奶产量 228.0 万吨。水产品总产量（不含远洋渔业产量）781.9 万吨。② 肉类、蔬菜、水果、水产品等主要农产品产量均居全国首位，冷链物流市场需求和发展潜力日趋增大。山东省国家星级冷链物流企业增至 23 家，占全国的 21.6%，5A 级和星级冷链物流企业数量居全国首位；农产品冷链流通标准化示范企业 6 家。2019 年中国冷链物流企业百强排行榜中，山东有 6 家企业入围（见图 5-2）。③

近年来，山东省冷库容量持续增加，其中 2016~2018 年呈平稳增长态势，2019 年增幅突然大涨，显示了山东省冷链物流产业强劲的发展态势，如图 5-3 所示。目前，全省注册资金 1000 万元以上冷链物流企业 200 余家，

① 资料来源：山东省工业与信息化厅，《2019 年山东经济运行态势》。

② 资料来源：https://www.sohu.com/a/402338072_782486。

③ 资料来源：https://cj.sina.com.cn/articles/view/1245286342/4a398fc600100v64y。

冷库2200余座，低温储存能力超过910万吨（其中冷藏库350万吨，冷冻库470万吨，其他冷库90万吨），占全国（4775万吨）的19.1%，冷库规模居全国首位。①

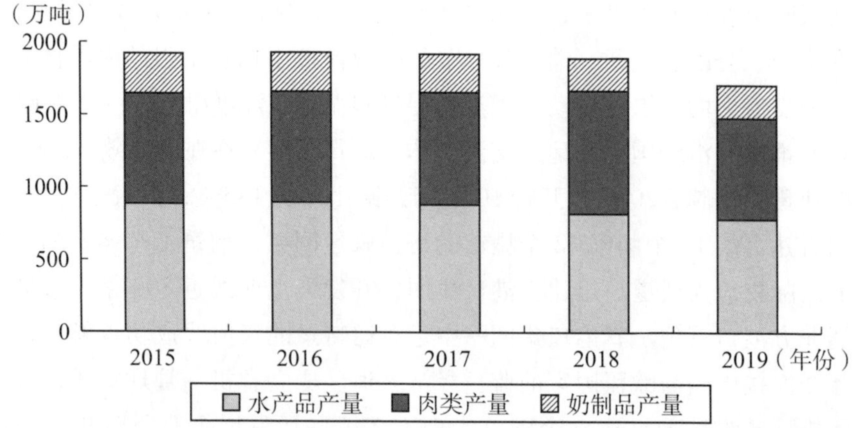

图5-2　2015~2019年山东省水产品、肉类和奶制品产量

资料来源：搜狐网，https：//www.sohu.com/a/364263901_114835。

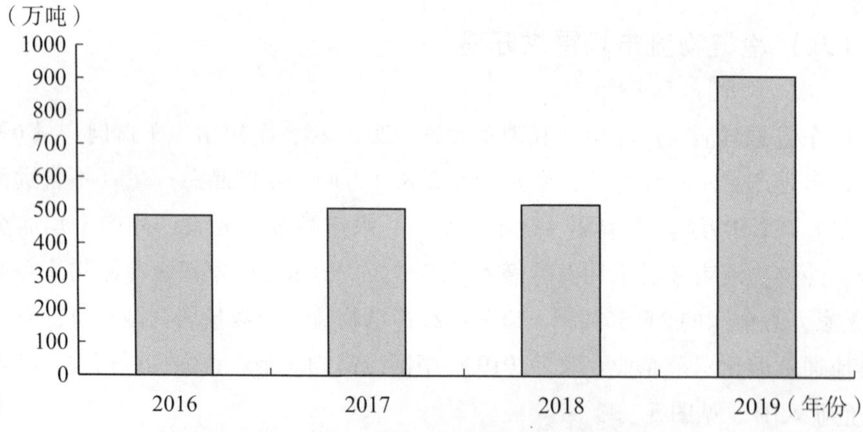

图5-3　2016~2019年山东省冷库容量统计

资料来源：搜狐网，https：//www.sohu.com/a/364263901_114835。

① 资料来源：山东省发展与改革委员会，http：//fgw.shandong.gov.cn/art/2020/7/10/art_91080_9290003.html。

二、山东物流业发展中存在的问题

尽管近年来山东省物流业发展持续向好，但总体来看，尤其是与国内先进省区山东省物流业发展水平依然较低，物流成本偏高、效率偏低，智能化、信息化发展滞后，在供应链管理、与制造业联动发展、品牌建设、冷链物流体系建设等方面仍存在一些问题。

（一）物流“成本高、效率低”问题仍较为突出

一方面，由于同行同质竞争持续，人工、土地、资源等生产要素成本不断上升，企业盈利空间收窄，效益水平较低；另一方面，山东省物流基础设施有效供给和衔接不足、专业化程度不高、网络化和组织化程度较低、物流信息化建设相对缓慢、政策环境不完善等制约因素，造成当前保管费用、管理费用水平偏高，以及运输费用中装卸搬运费用比重较大，各种运输方式衔接不畅，环节多、损耗大。

（二）物流智能化、信息化发展仍存在短板

山东省物流企业之间缺乏共享的信息平台，信息资源没有连接成网，多数企业还停留于单打独斗的状态，各部门信息化自成体系，缺少应有的整合共享，物流信息不及时、不通畅，物流信息化滞后，阻碍了现代物流业的发展。大部分物流企业在云计算、人工智能等信息技术和物流新设施新设备方面应用不足，导致物流智慧化程度较低。甩挂运输、托盘共用、温控、快递、城市配送等领域的标准化、专业化水平较低，制约物流产业转型升级。

（三）企业供应链管理意识仍然淡薄

如今全球经济一体化的趋势加强，企业竞争加剧。面对日益激烈的竞争环境，企业若想在竞争中胜出，就必须在全球范围内寻找合适资源，选择最佳伙伴，挖掘潜在客户。因此，现代企业之间的竞争，已经不再是单纯的企业与企业

之间的竞争，而是企业供应链之间的竞争。山东省大部分企业对供应链管理的概念不够理解，没有企业供应链管理相关的企业文化，更没有与企业供应链管理相关的价值观念、经营理念和发展目标，难于形成对企业长远发展有利的企业供应链管理氛围。供应链管理整体上缺乏有效的协同和约束机制，难以形成稳定的供应链管理机制。

（四）物流业与制造业联动不足

2019 年，山东全省完成全部工业增加值 2. 3 万亿元，占 GDP 比重的 32. 3%，总量占全国的 7. 2%；规模以上工业企业实现营业收入 8. 45 万亿元，占全国总量的 8%。[①] 但大多数制造类企业重产品生产、轻物流管理，对内部物流环节综合优化的重要性认识不足，没有充分发挥物流管理在资源调节中的指挥棒作用，导致企业内部物流存在着诸如对市场需求变化反应慢、订单交付不及时、物料到达不准时、车间物料调动混乱、零部件配套性差、库存及生产成本过高、生产效率低下和物料浪费严重等现象。

（五）物流发展环境建设亟待优化

近年来，有关地市和企业为适应物流业的发展，开发建设物流信息系统和平台，但物流企业与工业、商贸流通企业间的信息不能有效对接、共享共用。还存在诚信体系建设滞后，市场秩序建设、政策法规体系建设不够完善，物流业从业人员整体素质有待于进一步提升等发展环境问题。

（六）山东物流企业品牌不强

山东省以其优越的地理优势及经济的快速发展，促使物流服务业迅速扩张，物流企业的作用和地位显著提高，然而山东省的物流企业 95% 是中小型物流企业，存在着“小、多、散、弱”问题，往往缺乏物流规划及组织能力，加之品牌意识淡薄，严重影响了山东省物流业的整体发展，在 2019 年中国物流百强企业中，山东只有 4 家企业入围，说明山东省物流企业品牌不强。

① 资料来源：山东省工业与信息化厅，http：//gxt. shandong. gov. cn/art/2020/12/15/art_15208_10147630. html。

（七）冷链物流体系缺乏系统完整性

山东省冷链物流体系初步建立，但其完整性有待进一步加强。供应链各环节不能有效协调，信息流通不畅，“断链”现象严重，供应链的上下游之间缺乏整体规划，例如重经营性冷库建设，轻加工型冷库建设。其次冷链运营标准建设相对滞后，在法律法规、温度控制、操作规范方面没有统一标准。冷藏车及相关冷链设备结构性矛盾突出，分布不均衡，在水果、蔬菜等附加值较低的领域应用很低，造成冷链成本居高不下，损耗率较高。

三、山东物流业的发展趋势

近几年山东省物流业坚持创新驱动，稳中求进，新技术、新模式、新业态持续发力，新旧动能加快转换，已成为畅通经济大循环的有力支撑。但是，受宏观经济下滑、消费需求增速回落、产业结构优化以及国际经济环境不确定的影响，物流业也面临新的发展机遇和挑战，物流发展不平衡、不充分的矛盾比较突出，与人民群众日益增长的美好生活需要差距依然较大。

（一）山东物流业发展面临的机遇

1. 现代物流连通作用不断深化

习近平总书记在视察山东的物流基地时的重要讲话指出，物流业一头连着生产、一头连着消费，在市场经济中的地位越来越凸显。要加快物流标准化信息化建设，提高流通效率，推动物流业健康发展。强调的是现代物流在经济循环中的连通作用，不管是国内大循环，还是国际国内双循环，循环本身意味着生产、分配、流通、消费等各个环节顺畅联通，其中作为主要环节的流通具有重要意义，而流通最重要的就是物流。据山东济南市口岸物流办消息，为打造对外开放新高地，济南加紧构建“陆海空”协同发展的国际物流大通道。航空方面，正打造国家级国际航空枢纽；陆路方面，正打造欧亚班列集结中心；内陆港方面，依托内陆港铁路场站构建海铁联运大通道。据山东青岛市交通运输局消息，青岛将谋划对外大门户、大通道建设，以重大交通基础设施建设为支撑，构建东西双向互济、陆海内外联动的开放格局，努力打造具有全球竞争力的国际性综合交通枢纽和国际物流中心城市。

2. 供应链创新应用政策环境不断优化

2018 年 11 月底，山东省政府办公厅印发《关于推动供应链创新与应用的通知》，提出完善农业供应链、创新制造供应链、优化流通供应链、发展供应链金融、提升供应链全球化水平等要求。此外，各级政府在农业供应链和制造业供应链方面出台多项政策，营造良好供应链发展政策环境，助力全省供应链发展。山东省依托大数据、区块链等新一代信息技术，集聚各类产业资源和要素，稳步推进智慧供应链平台建设，正逐步形成辐射全国的产业供应链综合服务能力。

3. 跨境电商物流成市场蓝海

2019 年 11 月 28 日，第五届山东跨境电商生态峰会在济南举办。本届峰会以“数字生态，产业互联”为主题，旨在全力打造跨境电商产业链和生态圈，培育壮大外贸发展新动能，推动全省外贸高质量发展。据山东海关最新统计，2019 年跨境电商进出口保持增长态势，网购保税和跨境直购合计进出口 29.6 亿元，增长 7.5%；市场采购出口 186.2 亿元，增长 1.5 倍；46 家省级外贸综合服务企业进出口 464.5 亿元，增长 15.6%。当前全球市场的跨境网购需求在不断释放，随着云计算、大数据、人工智能等新兴数字技术广泛运用于跨境贸易服务、生产、物流和支付环节，加快物流业的标准化、信息化建设，将大幅提升跨境电商行业效率。

4. 智慧物流市场发展空间较大

智慧物流可实现物流的自动化、可视化、可控化、智能化、网络化，从而提高资源利用率和生产力水平，实现物流行业“降本增效”，根据中国物流与采购联合会资料，2019 年我国智慧物流市场规模约 4860 亿元，预测 2020 年将达到 5710 亿元。近年来，物流行业快速发展，行业需求不断叠加，同时也刺激着物流领域向“智慧化”领域变革。无人车上路、无人机试飞、机器人运输等场景化应用在物流行业越来越丰富。无疑，新兴技术的驱动之下，云、IOT、大数据、5G 等技术应用，助力实现万物互联，这为智慧物流提供了非常优越的条件，物流行业服务从高速度向高质量发展的愿景有望实现。

2019 年 10 月山东省商务厅与京东达成战略合作，启动京东生鲜“超级省”计划，通过京东技术加持、大数据分析等，联手政府、农企、农户建立农产品上行生态圈，打造“科技 + 产地 IP + 全渠道”的农产品产销一体化发展范本，共同探索乡村振兴全新模式。

5. 构建应急物流的体系的重要性日趋凸显

2020 年 2 月 14 日，习近平总书记主持召开中央全面深化改革委员会第十二次会议，明确提出要抓紧补短板、堵漏洞、强弱项，完善重大疫情防控体制机制，健全国家公共卫生应急管理体系，特别是要健全统一的应急物资保障体系，为下一步构建完善的应急供应链保障体系明确了方向。

在新冠肺炎疫情防控工作中，医用口罩、防护服、护目镜、医用酒精和消毒剂等重点物资的生产、采购、调配和供应至关重要。同时，维持疫区生产生活的日常物资供应也刻不容缓，应急物流发挥了疫情防控总体战“生命线”和保持生产生活平稳有序运行“先行官”的重要作用。针对此次疫情，近日国家发展改革委、商务部等部门做出部署安排，要求建立健全重要物资供应绿色通道，及时对接各地应急运输需求，保障重要物资的运输需要。

2017 年山东省应急物流企业联盟成立，共同积极有效的推进山东省应急物流产业的全面发展和进步，将作为政府开展应急物流建设与管理的辅助力量，在各级政府主管部门、行业协会的领导下，担负起引领山东省应急物流行业发展、促进行业规范的重任，努力做好政府和企业、军队和企业、相关企业之间进行应急物流建设的桥梁和纽带。

6. 数字化转型智能化改造迈开新步伐

2019 年底爆发的新冠肺炎疫情加速了行业数字化转型。2020 年我国实物商品网上零售额占社会消费品零售总额首超 1/4。传统企业积极向网上转移，带动传统物流发展方式向线上线下融合转变，全程数字化、在线化和可视化渐成趋势。头部物流企业加大智能化改造力度，物流机器人、无人机、无人仓、无人配送、无人驾驶卡车、无人码头等无人化物流模式走在世界前列。连接人、车、货、场的物流互联网正在加速形成，物流数据中台助力企业“上云用数赋智”。运力服务、装备租赁、能源管理、融资服务等互联网平台服务中小物流企业，助推中小企业数字化转型。物流业作为现代信息技术应用场景最多的服务业，迎来数字化转型的加速期。

（二）山东物流业发展面临的挑战

1. 新冠肺炎疫情对物流行业发展存在潜在影响

在新冠肺炎疫情下，物流行业的许多从业者担当着逆行者的角色，保障应急物资的跨地区运输和本地城市的统筹配送，物流行业在社会运行的地位及作用日益凸显。而疫情所带来的原有生产计划的调整，以及消费群体、习惯和场景的改变，都将会导致商流在时间、空间、受众上出现变化，并对不同细分领域的物流企业产生不同的影响，这些影响包括有：一是部分细分领域的末位淘汰将加速，行业竞争格局渐趋集中化；二是消费群体、习惯的改变推动电商物流、即时物流市场规模的扩大；三是一体化物流服务能力的关注度提升，电商自建物流的社会化进程将加快；四是智能信息化的价值被进一步凸显与强化，人才、技术、资本加速涌入。

整体来看，国内物流行业在疫情影响下市场需求偏弱，导致物流企业经营发展受限，部分企业经营水平到第三季度末仍未完全恢复，根据中国物流与采购联合会的调研情况，截至2020年第三季度末，物流企业经营水平比前期有所恢复，但劳动力、资金成本压力依然较大；物流企业利润额虽有增长，但盈利水平仍不容乐观，企业盈利持续稳定增长仍面临一定压力。

2. 物流企业分化调整显现新格局

受年初疫情影响，部分中小微物流企业抗风险能力不足，生存困难退出市场。一批骨干物流企业迎难而上，市场集中度有所提升。截至2020年底，全国A级物流企业达到6882家，其中规模型5A级企业367家。50强物流企业物流业务收入合计1.1万亿元，占物流业总收入的10.5%，进入门槛提高到37.1亿元，比2019年增加4.5亿元。首批网络货运平台企业和供应链服务企业评估工作启动，星级冷链物流、星级车队逐步形成规模。电商快递、零担快运、合同物流、航空货运、国际航运、港口物流等细分市场集中度有所加强，涌现出一批规模型骨干物流企业。企业间多种形式的联盟合作、重组整合共御疫情风险，一批物流企业上市发展。传统物流企业逐步从物流提供商向物流整合商和供应链服务商转变，物流核心竞争力显著增强。

3. 挖掘区域协同发展潜力

近年来，区域发展协调性持续增强，中西部地区经济增速持续高于东部地区，相对差距逐步缩小。新发展格局将推动我国经济发展的空间结构深度调整，促进各类生产要素合理流动和有效集聚，将带动物流区域布局协同发展，物流要素区域集中化规模化趋势显现。中西部地区作为未来新型城镇化、新型工业化的主战场，物流资源将加速集中集聚，较快形成规模经济。东部地区物流设施现代化改造升级提速，物流布局与产业布局协同发展。粤港澳大湾区、“一带一路”、长三角、京津冀、长江经济带等区域发展重大战略全面推进，将带动区域物流基础设施布局优化，区域覆盖全面、功能配套完善、技术水平先进的物流基础设施建设先行，将提升区域物流服务水平，释放枢纽经济红利，打造区域经济新增长极。

4. “三农”物流短板仍然存在

当前，脱贫攻坚战取得决定性成就，“三农”工作重心转向全面推进乡村振兴，重点是解决农业质量效益和竞争力不高的矛盾问题。农业和农村物流作为农业产业化的重要支撑，具有很强的发展潜力。产地物流基础设施将得到重点支持，交通、供销、邮政、快递等存量资源充分利用，助力农村物流服务网络建设。县域经济农业规模化发展提速，农产品深加工和存储保鲜技术发力，提升农业产业化水平。销地批发市场加快转型升级，冷链、物流、加工、交易等多种功能叠加，提升农产品服务价值。产地直销、销地直采、农超对接等多种物流模式减少流通环节，打通农产品上行通道，将切实增加农民收入，有力推进乡村振兴。

5. 物流市场的需求细分化正推动着物流商业模式的创新

伴随新零售改造的不断深化，物流需求场景正在不断迭代与细分，推动着中国物流模式的不断创新。过去几年，随着以餐食外卖场景为主的即时配送服务的普及，用户越来越高的分钟级时效诉求推动“前置仓”“店仓一体”等区别于传统中心网络制式下的物流商业模式不断迭代涌现。而目前，以生鲜为核心品类的社区团购正处于各路英雄与资本争相进入、蓬勃发展的快速发展期，相应地，以中心仓－网格仓－团点的围绕城市及社区配送的物流模式亦处于不断试错和优化的阶段，值得期待。

6. 供应链将更加柔性化，供应链之间的联动将愈加紧密，对物流企业提出更高要求

在大数据和工业互联网加持下，现代制造业中发展出由用户驱动生产的反向生产模式，即C2M模式（Customer to Manufacturer）。在C2M模式下，消费者直接通过平台下单，工厂接收消费者的个性化需求订单，并根据需求设计、采购、生产、发货。快消、服装等行业SKU数量的激增与上新节奏的加快对供应链提出“小单快反”的高难度要求。为应对“多品种、小批量、多批次、短周期”的要求，相应地，对中国物流企业由物流服务向供应链服务转型提出更高要求。

四、提升山东物流业的对策

1. 改善营商环境，优化产业升级

通过各类平台加强物流行业与公安、工商、交通运输、保险等部门的信息共享，建立政府监管、协会监督与行业自律相结合的机制。建立物流从业单位和从业人员信用信息档案，定期发布严重失信“黑名单”，建立跨区域、跨行业、线上线下联合的惩戒机制，加大对违法违规行为的惩戒力度。此外还应建立重大项目建设协调机制和绿色审核通道，推动多式联运转运设施、供应链物流、冷链物流、城乡配送网络、物流标准化、物流信息化平台等工程项目建设。

2. 加快推进物流企业品牌化建设，扩大行业影响力

鼓励物流企业与制造企业之间以资产重组、协作联盟、合资、合作等形式，组建第三方物流企业，并不断扩大合作领域，向物流金融服务、保税物流业务等功能延伸，形成一批技术先进、一体化和网络化运营的大型物流企业集团。重点培育一批服务水平高、竞争力强的第三方物流企业，与制造企业建立供应链战略合作伙伴关系。鼓励运输、仓储等传统物流企业向上下游延长服务，进行功能整合和服务延伸，加快向现代物流企业转型，支持传统运输企业拓展服务范围，提升综合服务能力。扶持中小物流企业创新物流服务模式，加强资源整合，组建物流企业服务联盟，逐步发展壮大。鼓励物流企业同国际、国内先进物流企业的合资、合作与交流，提高国际、国内竞争力。加快培育山东省电商物流的龙头和品

牌企业，鼓励支持电商物流企业的发展。推进山东省物流园区和物流企业的等级认证，完善物流企业信用评价指标体系，培育壮大物流企业，促进山东省物流业健康快速发展。

3. 推动物流、信息流、资金流、商流四流合一，完善供应链体系

通过互联网、物联网、区块链、大数据等现代技术进行集成，构建智慧供应链平台，提升核心企业与上下游企业合作的效率和水平，使得供应链的每一个环节所有的动作与行为都变成可控的数字形式，实现人、机、物、信息共享、协同，供应链管理更加公开、透明和可视化，有效消除“牛鞭效应”，推动供应链向规范化、规模化、智慧化方向发展，从而最大限度地提升工作效率、延伸产业链条。实现供应链信息流、商流、资金流、物流“四流”的平台化、数据化、智能化和共享化。进一步发挥物流连通作用，提升物流服务水平，提升流通效率，降低经济循环中物流成本，进一步推动社会物流成本降低。

4. 推进物流标准体系建设，建立高效物流运营体系

继续在推广应用标准化托盘，提高带托运输比例，深化封闭式托盘循环共用系统建设；建立开放式托盘循环共用体系相应运行机制与运营平台，推进开放式托盘循环系统建设；推动生鲜农产品端到端的标准周转箱循环使用；推进物流信息标准化建设，推行“一单一码一单元”标准化发展。重点健全末端配送网络，加快推进社区最后100米配送、电商快递下乡，深化城乡物流资源双向流动、互联互通，打通现代流通梗阻，建立更加畅通的城乡一体化、国内外高效衔接的物流运营体系。

5. 支持物流企业拓展融资渠道，加强供应链信用体系建设

鼓励各地探索适合物流业发展特点的投融资方式，支持重要物流基础设施项目建设。研究利用“区块链+供应链金融”、人工智能等新兴技术，建立基于供应链的信用评价机制。推进各类供应链平台有机对接。鼓励供应链核心企业以及供应链服务企业与银行、金融机构、融资租赁公司平台对接，为供应链上下游中小微企业融资提供便利，帮助相关各方形成供应链金融领域的合作创新。

6. 完善冷链物流基础设施，健全农产品冷链物流体系

依托市场专业主体，引导有条件的住宅小区加强生鲜投递柜、社区配送站等

末端节点建设，推广冷藏箱、箱体蓄冷等配送设备和技术，疏通“最后一公里”；优化城市冷链配送车辆配置，推广应用微型冷链物流车、多温层冷藏车，重点拓展菜篮子直通车配送功能。引导配送车辆配备导航定位系统、车厢温度感应系统，实现运行监控数据与物流行业综合信息技术平台、品牌农产品供应链双追溯信息互联平台有效对接；创新农产品下行冷链物流运营模式。鼓励大型零售企业发展“连锁＋冷链配送”“网络化冷库＋生鲜配送”“生鲜电商＋冷链宅配”“冷链央厨＋食材冷链配送”等物流模式。

7. 加快绿色物流发展

加快制订山东省绿色物流发展规划，研究推广清洁能源（LNG）、无轨双源电动货车、新能源（纯电动）车辆和船舶，加快岸电设施建设，推进靠港船舶使用岸电。加快车用LNG加气站、内河船舶LNG加注站、充电桩布局，在批发市场、快递转运中心、物流园区等建设充电基础设施。鼓励企业使用符合标准的低碳环保配送车型。以绿色物流为突破口，带动上下游企业发展绿色供应链，使用绿色包装材料，推广循环包装，减少过度包装和二次包装，推行实施货物包装和物流器具绿色化、减量化。

8. 加强物流人才的引进与培养，提升物流创新能力

推动产教融合、校企合作，完善中高职、职业本科、研究生教育和在职技能培训等多层次的人才培养体系建设。政府应完善人才引进和培养机制，通过制定高学历人才落户及购房补贴等方式吸引更多优秀的人才来山东就业、创业，同时可以通过与高校科研所合作联合办学、制定和完善人才交流机制等方式，改善物流创新环境、提升物流创新能力。

参考文献：

[1] 吴萍：《“互联网＋”背景下智慧物流发展的新动能、态势与路径》，载《商业经济研究》2018年第4期。

[2] 伍宁杰：《“互联网＋”背景下我国智慧物流转型路径探讨》，载《商业经济研究》2018年第6期。

[3] 姚国章、余星：《“互联网＋”与物流业的融合发展研究》，载《南京邮电大学学报（自然科学版）》2017年第4期。

[4] 王欣悦：《我国智慧物流发展问题及对策研究》，载《现代化物流》

2017 年第 4 期。

［5］中国物流与采购联合会会长、中国物流学会会长何黎明：《构建现代物流体系　建设“物流强国”——2020 年我国物流业发展回顾与展望》，2021 年 1 月 29 日。

［6］现代电商与物流研究院、山东省物流与采购协会：《山东省物流与供应链发展报告（2019）》，2020 年 8 月 5 日。

第六章

山东电子商务发展现状与对策研究*

2019年，是实现“两个一百年”奋斗目标的关键一年，以电子商务为代表的数字经济取得长足进步，在推动经济社会发展方面发挥了重要作用。山东省以提升数字经济为核心，聚焦消费市场发展、新动能培育等重点工作，大力发展电子商务，助力打造乡村振兴齐鲁样板。2019年，山东省网络零售额4002.7亿元，居全国第七位，在培育新业态、创造新需求、拓展新市场、助力脱贫攻坚等方面作用日益凸显，为城乡一体化发展，区域协调发展和实现精准扶贫提供动力，逐步成为加快推进山东省新旧动能转换的重要抓手。本章基于山东省电子商务发展现状的分析，剖析其在发展中出现的问题以及发展趋势，探讨山东省电子商务进一步发展的对策。

一、山东电子商务发展现状

2019年，我国网络零售市场持续稳步发展，全国网络零售额106324亿元，比上年增长16.5%。山东省电子商务持续良好的发展态势，网络零售额4002.7亿元，占全国的3.7%，列全国第七位，同比增长20.6%（见图6－1），增速高于全国增速2.2个百分点，平稳发展。

---

* 本章作者简介：饶君华，山东商业职业技术学院，工商管理学院，教授。

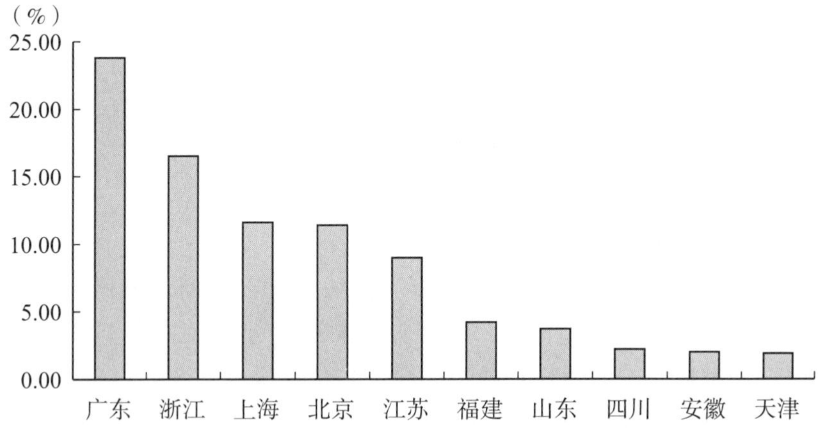

图 6－1　2019 年前十省市网络零售额占全国网络零售额比重

资料来源：商务部《中国电子商务报告》。

（一）营商环境持续向好

1. 政策支持坚实有力

2019 年，山东省电子商务领域积极落实国家政策，出台相关政策，助力行业加速发展。《山东省人民政府办公厅关于印发山东省支持数字经济发展的意见的通知》强调以打造乡村振兴齐鲁样板为引领，培育数字农业新动能，大力发展农村电商，积极推动电子商务进农村综合示范工作；《山东省人民政府关于大力拓展消费市场加快塑造内需驱动型经济新优势的意见》鼓励电商企业布局建设农村电商配送末端网点，大力发展连锁化品牌化便利店，打通农村消费“最后一公里”；省商务厅发挥主导作用，引导开展全省冷链物流试点，探索形成四种冷链物流全程温控“不断链”典型模式：标准驱动型、信息化驱动型、源头控制型、终端品控型；积极落实《关于进一步落实城乡高效配送专项行动有关工作的通知》，成功创建淄博、烟台、潍坊 3 个全国城乡高效配送专项行动试点城市。

2. 消费市场稳定发展

2019 年，山东省经济稳定增长，居民收入稳定增长，消费潜力进一步激发。全省居民人均可支配收入为 31597 元，增长 8.2%；人均消费支出为 20427 元，增长 8.8%。分城乡看，全年城镇居民人均可支配收入为 42329 元，增长 7.0%；农村居民人均可支配收入为 17775 元，增长 9.1%，增幅高于城镇居民收入 2.1

个百分点。消费品市场运行总体平稳，2019 年，山东社会消费品零售总额 35770.6 亿元，比上年增长 6.4%，保持较快增长。城镇市场零售额增长 6.2%，乡村市场零售额增长 7.2%，增速明显快于城镇市场，乡村下沉市场潜力进一步激发；全省个性化需求得以进一步释放，消费品市场呈现总体稳定发展态势。[①]

3. 人才培育有序有力

2019 年，山东省多地市着力培养电子商务人才，电商人才培训有序开展。烟台市印发《2019 年全市电商人才培训工作方案》，组织制订半年培训计划，明确培训方向、类型和组织程序；威海市联合韩都衣舍电商集团打造“2019 全年无休”系列公开课，先后邀请阿里巴巴、天猫商家、韩都大学等机构实战专家授课，免费提供店铺诊断，为传统企业转型触网把脉答疑。泰安市举办全省新媒体电商培训班，提升了电商企业运营水平。规范电商人才从业规范，广泛开展《电子商务法》普及宣传活动，省商务厅通过组织开展《电子商务法》线上宣贯暨有奖答题活动，充分调动群众学习电商法、了解电商法的积极性。

4. 法制环境显著优化

2019 年《中华人民共和国电子商务法》正式实施，与电子商务相关的法律法规逐步完善。一批电商标准立项、实施，电子商务标准体系日渐完善。商务部印发《关于加强电子商务统计监测分析工作的指导意见》，深入推进部省电商大数据共建共享，电子商务统计监测工作进入新阶段。政府、平台企业和电商经营者持续合力加强信用建设，构建以信用为基础的新型监管机制。大力推动电子商务企业开展诚信承诺，完善诚信档案，开通以信用共建为主要内容的电子商务公共服务平台，电子商务信用体系建设取得新进展。有关部门不断提高监管和执法能力，数据信息利用和保护水平显著提高，知识产权保护与治理不断强化，电子商务市场环境进一步优化。

（二）电子商务产业规模不断扩大

1. 网络零售稳步增长

2019 年，山东省网络零售额 4002.7 亿元，相对于 2015 年的 1266.2 亿元、

① 山东省商务厅：《2019 山东省电子商务发展报告》，2020 年 4 月。

2016年的1722.4亿元、2017年的2539.3亿元、2018年的3513.6亿元，稳步增长（见图6-2）。2019年，全省网络零售额对社会消费品零售总额的贡献为29.2%，并且增速高于社会消费品零售额12.7个百分点。实物商品网络零售额3114.33亿元，同比增长20.6%，非实物商品网络零售额888.42亿元，增速与实物商品相同。从月度数据来看，由于受"6.18""双十一"电商节等因素的影响，山东省上半年6月的网络零售额最高，达369.2亿元，下半年11月的网络零售额最高，达413.2亿元。截至2019年12月，山东省全网共有网络零售企业增至469648家，网络零售监测平台店铺数量达173.3万家。

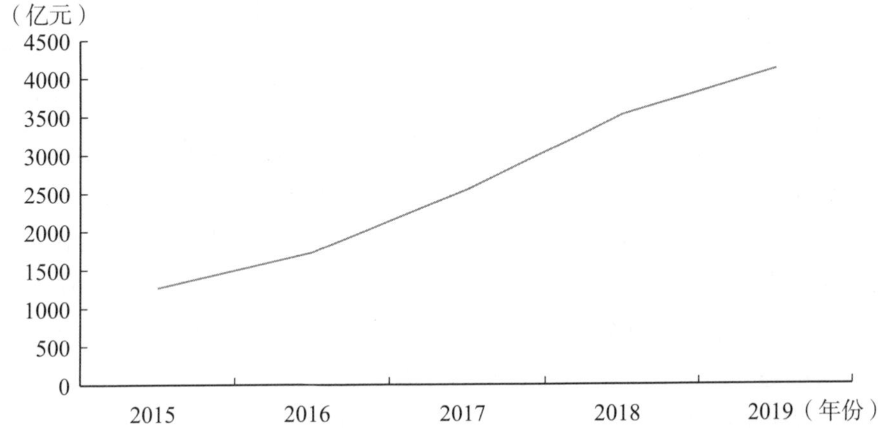

图6-2 2015~2019年网络零售稳步增长

资料来源：《中国统计年鉴》2016~2020年。

2. 不同地市各有作为

（1）青岛市、济南市和临沂市持续领先网络零售总额。2019年，山东省网络零售额排名前三的地市分别为青岛市、济南市和临沂市，网络零售额分别为1245.3亿元、799.5亿元和304.2亿元，占比分别为31.1%、20.0%和7.6%。[①] 其中，青岛市被阿里巴巴国际站精选为产业带城市之一，辐射范围进一步拓展到海外市场的美国、意大利、越南、印度等国家和地区；济南市企业主体隐形冠军多创新活力足，韩都衣舍持续保持山东省女装头部品牌地位，九阳豆浆机、破壁机、榨汁机、炒菜机器人等品类销量位居行业前列；临沂市作为全国

① 山东省商务厅：《2019山东省电子商务发展报告》，2020年4月。

地级市中快手用户普及率最高的城市之一，通过打造惟业·快手电商直播小镇电子商务及物流一体化平台，构建高效协同的电子商务产业体系，推进电子商务高质量发展。

（2）聊城市、德州市和东营市网零增速位列前三名。聊城市、德州市和东营市网络零售额同比增速位列山东省前三，分别为28.2%、26.3%和25.1%。[①] 其中，聊城市积极打造以公益服务为目的的电子商务公共服务体系，加快建设青年人才返乡创业园等发展载体，持续引进知名电子商务平台，助力网络零售市场高速发展；德州市实施电商换市工程，培育专注电商细分领域的“单项冠军”企业；东营市与京东集团开展战略合作，依托京东集团在平台、资源、技术等领域的优势，为传统企业在大数据、零售网络、电商运营上提供支持。

（3）菏泽市领先农村网络零售贡献率。从山东省各地市农村网络零售情况看，菏泽市的农村网络零售额为96.0亿元，占该市网络零售额的比重为62.1%，位列全省第一，农村网络零售市场发展对全市网络零售市场发展的贡献率最高；其次为德州市和滨州市，农村网络零售额分别为59.1亿元、58.2亿元，各占该市网络零售额的比重为61.5%、61.2%。作为山东省农村网络零售额占比最高的城市，2019年，菏泽市农村电商发展迅猛，淘宝村、淘宝镇数量达307个、47个，分别排名淘宝村城市全国第三和淘宝镇城市全国第二，在山东省内均排名首位，曹县则是以124个淘宝村稳居“超大型淘宝村集群”[②]。

（4）农产品网络零售烟台市领先。从山东省各地市农产品网络零售情况看（见图6-3），烟台市农产品网络零售额75.1亿元，占全省农产品网络零售额比例最大，为25.5%；其次，青岛市、济南市农产品网络零售额分别为55.9亿元、32.0亿元，占全省农产品网络零售额比例分别为13.5%、10.5%，位列第二、第三。前三位农产品网络零售额占比合计49.5%，接近全省半数。作为山东省农产品网络零售额最大的城市，2019年，烟台市农产品网络零售工作持续深化。下辖的海阳市入选“2019年电子商务进农村综合示范县”；大力推进淘宝直播村播工作，积极开展“镇长站台”“村长来了”等相关主题活动，全力推介栖霞苹果、烟台大樱桃、海阳白黄瓜、海蛎子等名优农特产品品牌，助力“农货”打造成为适销“网货”，提升产品品牌价值。

---

①② 山东省商务厅：《2019山东省电子商务发展报告》，2020年4月。

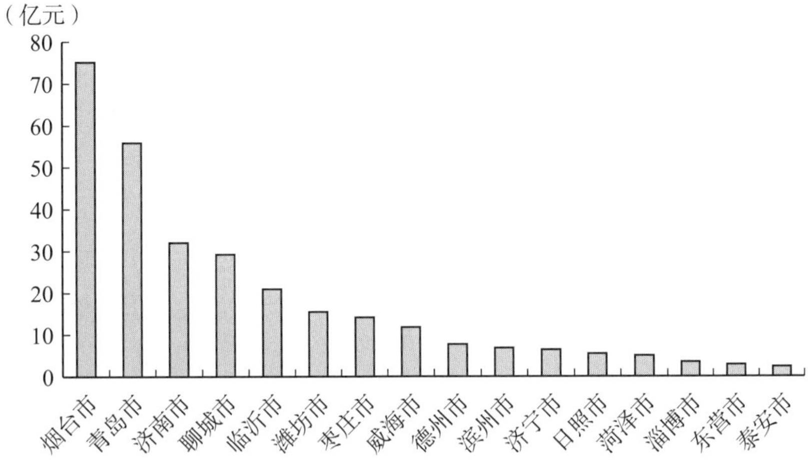

图 6－3　2019 年东省农产品网络零售烟台居首

资料来源：山东省商务厅：《2019 山东省电子商务发展报告》，2020 年 4 月。

3. “龙头”企业网零业绩突出

2019 年，山东省 TOP20 网络零售企业（见表 6－1）销售额为 296.88 亿元，同比增长 29.25%，占全省网络零售总额的 7.42%，占比较 2018 年同期增加 0.3 个百分点。其中排名前三位的企业网络零售额共约 172.03 亿元，占 TOP20 企业的 57.94%，占比较 2018 年同期增加 3.7 个百分点。[①]

表 6－1　　2019 山东省网络零售额 TOP20 企业

排名	企业名称	地市	区县	网络零售额（万元）
1	海尔集团电子商务有限公司	青岛市	崂山区	1145396.4
2	青岛海信电器营销股份有限公司	青岛市	黄岛区	322260.8
3	广东海信冰箱营销股份有限公司青岛分公司	青岛市	平度市	252593.7
4	青岛蓝色基点电子商务有限公司	青岛市	市北区	201949.9
5	山东三际电子商务有限公司	济南市	天桥区	165748.4

① 山东省商务厅：《2019 山东省电子商务发展报告》，2020 年 4 月。

续表

排名	企业名称	地市	区县	网络零售额（万元）
6	泰璞（青岛）电子商务有限公司	青岛市	崂山区	106932.3
7	济南远志生物科技有限公司	济南市	历下区	106624.4
8	烟台王小二电子商务有限公司	烟台市	栖霞市	87802.1
9	青岛海信空调营销股份有限公司青岛分公司	青岛市	平度市	87763.9
10	海信营销管理有限公司	青岛市	崂山区	76045.2
11	韩都衣舍电子商务集团股份有限公司	济南市	历下区	56262.0
12	青岛原始原素家具有限公司	青岛市	市北区	53278.0
13	山东鲁花营销有限公司	烟台市	莱阳市	46948.2
14	山东炜东电子商务有限公司	济南市	历下区	44666.4
15	山东掌视界网络技术有限公司	济南市	天桥区	42567.7
16	山东新星集团有限公司	淄博市	淄川区	40699.6
17	青岛澳柯玛电子商务有限公司	青岛市	黄岛区	36234.0
18	天海藏水产（青岛）有限公司	青岛市	城阳区	35300.8
19	山东美貌化妆品股份有限公司	济南市	历下区	29915.7
20	山东星宏电讯有限责任公司	济南市	历下区	29817.3

资料来源：山东省商务厅：《2019 山东省电子商务发展报告》，2020 年 4 月。

（三）农村电商平稳增长

2019 年，山东省农村网络零售额 916.1 亿元，占全省网络零售额比重为 22.9%，同比增长 18.9%，低于全国农村网络零售额增速 0.2 个百分点。其中，农村实物商品网络零售额 737.5 亿元，同比增长 20.0%，占比 80.5%；农村非实物商品网络零售额 178.6 亿元，同比增长 15.2%。①

① 山东省商务厅：《2019 山东省电子商务发展报告》，2020 年 4 月。

（1）农产品网零增速高于全国平均水平。2019 年，山东省农产品网络零售额 294. 6 亿元，占全国农产品网络零售额（3975 亿元）比重为 7. 4%，同比增长 38. 6%，增速高于全国农产品网络零售额增速（27. 0%）11. 6 个百分点，高于山东省网络零售额增速（20. 6%）18. 0 个百分点（见图 6 –4）。

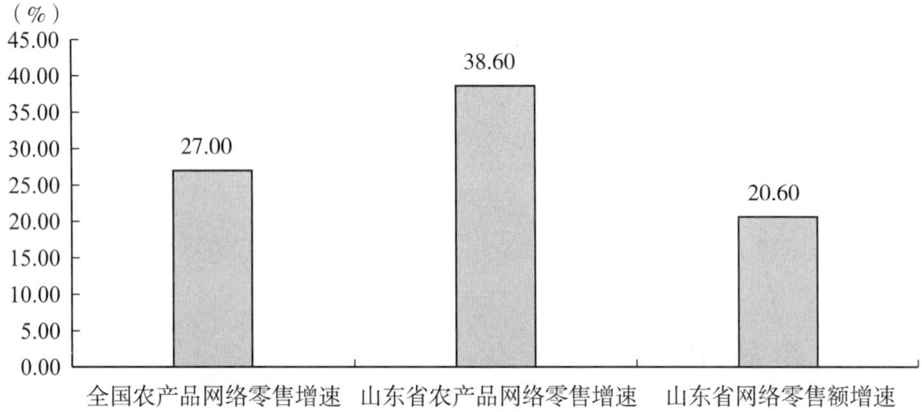

图 6 –4 2019 年山东省农产品网络零售额增速

资料来源：山东省商务厅：《2019 山东省电子商务发展报告》，2020 年 4 月。

（2）农产品一级类目中水产品网络零售居首。2019 年，山东省农产品网络零售额排名前三的大类分别为水产品、滋补食品和水果，如图 6 –5 所示。其中，水产品网络零售额 60. 4 亿元，占农产品网络零售额的 20. 5%，居全省农产品网络零售第一位，其次为滋补食品网络零售 49. 7 亿元，占比 16. 9%，水果网络零售 45. 3 亿元，占比 15. 4%。从农产品大类网络零售同比增速情况看，水果同比增速最快，达 97. 7%，肉禽蛋紧随其后，同比增长 61. 7%，滋补食品排名第三，同比增长 60. 8%。

（3）农产品二级类目中阿胶居首。从农产品二级类目看，2019 年，阿胶、其他水产品、坚果炒货、虾、蜜饯果干、食用油、樱桃、鸡肉、果酱沙拉等农产品销售情况较好。其中阿胶以 38. 88 亿元的网络零售额、13. 2% 的市场占比居农产品二级类目第一位；其他水产品以 18. 92 亿元网络零售额、6. 4% 的市场占比居农产品二级类目第二位；坚果炒货以 18. 12 亿元的网络零售额、6. 2% 的市场占比居农产品二级类目第三位。

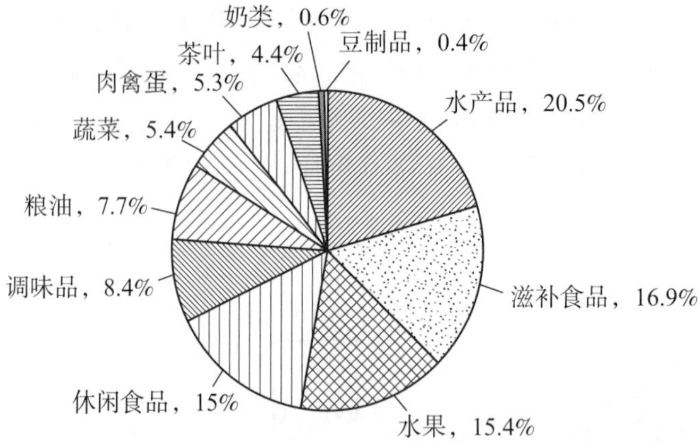

图 6－5　山东省农产品网络零售销售占比

资料来源：山东省商务厅：《2019 山东省电子商务发展报告》，2020 年 4 月。

（四）跨境电商持续增长

跨境电商进出口继续保持增长态势。2019 年，山东省网购保税和跨境直购合计进出口 29.6 亿元，增长 7.5%。此外，市场采购出口 186.2 亿元，增长 1.5 倍；46 家省级外贸综合服务企业进出口 464.5 亿元，增长 15.6%，其中进口 220.8 亿元，增长 38.6%；出口 243.7 亿元，增长 0.4%。[①]

省级跨境电商主体不断壮大。截至 2019 年底，全省连续 4 年共培育认定省级跨境电商主体 137 家，其中跨境电商综合服务平台 37 家，跨境电商产业聚集区 33 家，跨境电商公共海外仓 41 个，跨境电商实训基地 26 个，对全省跨境电商发展起到较好的示范、引领、带动作用。

国家级跨境电商综合试验区建设成效明显。截至 2019 年底，山东省共有 4 个城市地区获批成为跨境电商综合试验区。威海市成为中韩跨境电商发展最快的城市，跨境电商零售出口规模连续 3 年居全省首位，2019 年全市跨境电商零售进出口 19.7 亿元，占全省的 66.6%，同比增长 96.6%；其中零售出口 19.6 亿元，占全省的 77.2%，同比增长 98%。青岛跨境电商综合试验区已实现“网购保税进口”“直购进口”“一般出口”“特殊区域出口”四种监管模式全覆盖，诞生中国第一个基于互联网的进口棉纱电商交易平台——易纱网、国内首个冷链跨境电商平台——鲜云网等多个“全国第一”；截至目前，青岛跨境电商综合试验区已

① 山东省商务厅：《2019 山东省电子商务发展报告》，2020 年 4 月。

入驻网易考拉、京东、唯品会等跨境电商进出口企业680家。

（五）新业态、新模式发展亮眼

1. “村播计划”有序推进

2019年，山东省正式启动“村播计划”，选取了济南商河、潍坊昌乐、潍坊青州、泰安肥城、烟台海阳、烟台福山、临沂蒙阴、滨州惠民、威海荣成、济宁微山、聊城莘县、菏泽郓城12个县（市、区）作为“村播”试点县，实施“农产品千人千店成长计划”、建立农产品“村播”联盟、开展“村播”联播等具体计划。在“村播计划”启动仪式中，12位试点县的县长为当地直播电商站台，3个小时成交20余万单，销售额300余万元。全省在淘宝直播平台具有浮现权的白名单账号达到300余个，12个村播县举办“县长驾到”“镇长站台”“村长来了”等各类直播活动200余场，400余家店铺加入农产品供应链联盟，初步形成全省直播电商的生态体系。其中，菏泽郓城作为国家电子商务进农村综合示范试点县，把电商进村和“村播”有机结合，带动群众通过直播融入电商产业链条，同时推出一批“村播”网红，形成电商扶贫的“郓城效应”，带动农产品销售，开辟农产品的新销路。

2. 直播电商成效明显

各地直播电商广泛开展。商河县先后举办了10场淘宝直播活动，县长、镇长、村长轮番出镜，通过直播方式为当地农特产品代言，累计观看人次近320万、销售农特产品超170万元；2019年潍坊昌乐农村电商节设置20处网络直播间，县长带头开直播，开幕当天网络直播在线观看人数达150万人，新增3.6万笔订单，农产品交易额达到310万元；海阳市成功举办2019年山东烟台海阳樱桃开摘节，在淘宝短视频红人直播和村播的共同推介下，活动实现3天网络销售额逾500万元；临沂市部分网商通过快手等短视频平台进行直播，其中陶子家女装月销售额达1000万元，小丽店女装月销售额达600万元。

企业直播卖货如火如荼。2019年，韩都衣舍直播相关数据增长近30倍，开创“秀场直播+主播讲解”模式，打造出淘宝平台第一家首尔自制直播秀，并创新增加“韩国欧尼衣橱大公开”环节，通过VCR全面公开101名韩国网红的私人衣橱，配合直播现场时尚博主现场讲解，帮助消费者了解韩国最新流行单品。

2019 年“6.18”购物节，九阳紧跟明星直播电商新潮流，开创大促营销新链路，联合李湘单场直播销售额近百万，累计观看高达 72 万人次，互动点赞超 200 万，直接拉动品牌电商大促流量转化，打破行业品牌明星直播纪录。

3. 直播基地建设稳步推进

2019 年，山东省积极对接淘宝直播、快手等平台，依托专业市场、特色产业带、电商园区等，引入第三方服务机构，集合“人、货、场”三要素，因地制宜建设了昌乐宝石城淘宝直播基地、潍坊直播基地、济南直播基地、临沂临谷电商直播基地等一批直播基地。其中，昌乐宝石城淘宝直播基地落户后，宝石直播销售环比增长 60% 以上，宝石城销售额大幅增长。此外，全省第一家集综合性、开放性、平台性于一体的大型直播基地——鲤赞星球·半岛新媒体直播基地落户潍坊市电子商务孵化器，基地通过三位一体的“人、货、场”直播模式，为入驻个人及企业提供红人主播培训、内容运营、IP 孵化、直播带货、人才输送及专业指导等综合服务，目前基地已入驻直播相关企业机构、商品供应链企业等 50 余家，对加快当地孵化器转型升级，抢占电商发展新机遇，培育发展新业态，着力打造全省新媒体直播高地有积极推动作用。

4. 电商直播小镇逐步布局

临沂商城紧跟直播电商发展热潮，入驻电商 100 多家，主播网红 1000 多位，成为全省首个电商直播小镇。顺和母幼电商直播小镇是临沂市首家政府批复建设的官方 5G 电商直播小镇。顺和母婴用品商城开业不足半年，依托电商直播小镇从孕婴用品开始，慢慢扩大到食品、家电等全领域，预计到 2020 年线上交易额突破 25 亿元。滨州市李庄镇 120 余家淘宝店铺开展直播带货，电商销售额增加 7%，绳网线上市场增加 4.9%，绳网企业开通抖音、快手等直播平台蓝 V 官方账号 127 个，通过直播了解市场需求，进而推动新产品的研发。

二、山东电子商务发展中存在的问题

2019 年山东省电子商务发展势头良好，也具有潜力巨大的发展空间，但是在发展过程中依然存在一些问题，尤其是与浙江省、广东省等先进省份相比，还存在较大差距和不足。

（一）区域发展不平衡

2019 年山东省网络零售额增速高于全国 2.2 个百分点，依然保持较高的增长速度，在整个社会消费品零售总额的地位也不断提升，但是各地市的发展仍旧是不平衡。

表 6－2　　2019 年山东省各地市网络零售情况

序号	地市	网络零售额（亿元）
1	青岛市	1245.3
2	济南市	799.5
3	临沂市	340.2
4	烟台市	261.5
5	潍坊市	243.9
6	菏泽市	154.7
7	淄博市	150.9
8	威海市	134.5
9	济宁市	124.0
10	聊城市	102.2
11	德州市	96.1
12	滨州市	95.1
13	枣庄市	93.0
14	泰安市	81.9
15	东营市	49.2
16	日照市	34.7

资料来源：山东省商务厅：《2019 山东省电子商务发展报告》，2020 年 4 月。

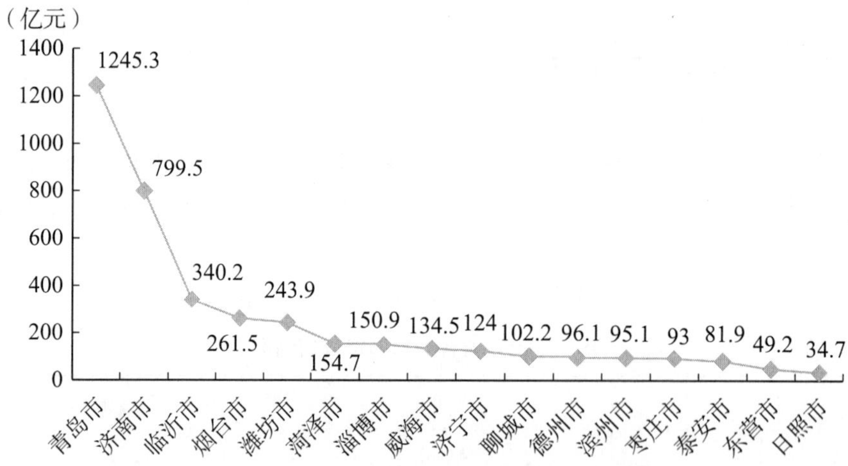

图6－6　2019年山东省各地市网络零售情况

资料来源：山东省商务厅：《2019山东省电子商务发展报告》，2020年4月。

如表6－2、图6－6所示[①]，山东省网络零售额排名前三的地市为青岛、济南和临沂。其中，青岛网络零售额1245.3亿元，占全省网络零售额的比重为31.1%；济南网络零售额799.5亿元，占全省网络零售额的比重为20.0%；临沂网络零售额340.2亿元，占全省网络零售额的比重为7.6%。青岛市和济南市的网络零售交易额全省占比高达51.1%，青岛市、济南市处于遥遥领先的地位。位居第三位的临沂市与第二名济南市相差459.3亿元，不足济南市网络零售交易额的1/2。位居第一位的青岛市交易额是位居最后一位的日照市的35倍多，临沂、烟台等14个市的网络零售交易额之和比不上青岛和济南两个城市的交易额之和。此外，各个城市中各县区的电子商务发展不平衡的问题更加突出。2019年，全省各县（区、市）网络零售额保持平稳较快增长，网络零售额亿元以上的县域已发展到132个。其中，9个县域网络零售额达到100亿元以上，分别为崂山区、历下区、天桥区、兰山区、黄岛区、市北区、城阳区、平度市和环翠区；11个县域网络零售额达到50亿~100亿元范围，分别为历城区、市南区、市中区、芝罘区、奎文区、曹县、张店区、槐荫区、李沧区、东昌府区和任城区；网络零售额10亿~50亿元的县域48个，占总量的35%，网络零售额1亿~10亿元的县域64个，占总量的46%，全省超半数县域网络零售市场处于10亿级体量以下。

① 山东省商务厅：《2019山东省电子商务发展报告》，2020年4月。

（二）农村电商体系有待整体优化

2019 年山东省农村电商平稳增长，但与领先省份相比仍有很大差距。2019 年全国网络零售额占比排名第一的浙江省 36. 80%，山东省 5. 4%，是浙江省的近 1/7，与山东省农业大省地位不相称（见图 6 –7）。

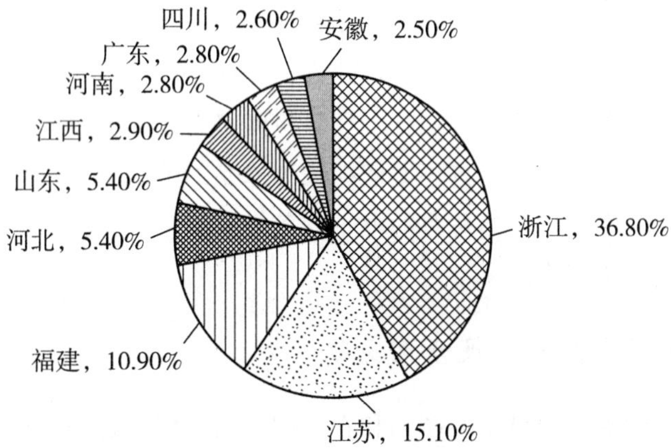

图 6 –7　2019 年全国农村网络零售额排名前 10 位占比

资料来源：商务部《中国电子商务报告（2019）》，2020 年 5 月。

1. 物流基础建设滞后

物流基础设施的建设完善是电子商务的发展的关键因素，电子商务交易过程当中，绝大多数货物的配送必须通过物流来完成。因此，现阶段电子商务发展面临的重点难题，便是怎样才能够尽可能快的将消费者选中的产品运送到消费者指定的地点当中，并尽可能地降低企业的成本，使消费者与企业达到双赢。然而，我省物流基础设施虽然近几年有了较大程度的改善，但是在一些中小城市当中，物流的发展依旧滞后，很难与电子商务的快捷高效以及成本低廉的目标相匹配，这使得电子商务的发展受到了阻碍。

2. 社会信用体系不完善

现阶段整个社会信用体系的建设还未能够有效完善，这不利于电子商务的发展。众所周知，买卖双方在电子商务进行业务交谈的过程中，由于双方并未谋面仅仅通过互联网进行沟通，因此有效建立相互之间的信任关系才能够促成交易的达成。然而，目前在社会发展当中，信用体系还未能够合理构建，整个社会环境的信用度普遍较低，虽然电子商务发展过程中对商家加强了要求与监管，但是并没有对客户的信用体系进行监管。买家担心买到质量较差的产品，而卖家又担心买家是否能够收到货物，会不会对货物吹毛求疵等。双方的不信任是很多电子商务交易失败的原因。

3. 企业现代化水平较低

当前企业的发展类型主要还是以劳动密集型企业为主，这些企业的现代化程度较低，并没有在自身内部发展信息化建设，因此现阶段我国很多企业存在着信息化水平不足、信息化投入资金短缺、计算机网络运用不充分等问题。这些问题反映出企业的主要实际经营工具还是依托较为原始的劳动力来支撑，这与现阶段逐步提高的人工成本以及不断普及的电子商务模式格格不入。因此，这也是阻碍电子商务发展的一个因素。

4. 忽视资源禀赋，发展空间受限

山东省最大的资源禀赋是农产品和农业加工品，但是各地发展农村电子商务的产业五花八门，以农业为主营的地方并不多，大部分农村电子商务聚焦于加工制造业。

由于加工制造业的回报率相对于农业较高，同时回报时间较短，因此出现这种现象仍在意料之中，但是我们应该认识到农民对自身资源禀赋的忽视。农村加工制造业与城市相比在资源、人才、资本上都远远低于前者，因此只能从事低端的制造业，同时由于对农业的忽视，这种类型的农村电子商务较难发展壮大。

5. 农村电商“最后一公里”尚待完善

在电子商务进农村综合示范带动下，很多以前快递没有覆盖的农村地区，陆续出现了快递网点。尽管农村快递不断推进，但农村电商“最后一公里”仍存在薄弱环节，从总体上来看，农村物流体系发展仍处于初级阶段。

在农村地区，仍有大多数的村没有电商配送站点，农村居民收发快递不方便、快递费用偏高，无法满足“家门口收发货”的基本要求。“最后一公里”配送难题阻碍了工业品下行和农产品上行。与城市快递比较，农村快递网点过于分散，一些交通不便利的偏远地区尚处于严重缺乏甚至空白的状态。很多农村地区快递存在“长运距＋低需求密度”的特点，加上交通条件较差、运输难度较大，

物流寄递服务成本高等原因，农村快递资费较贵、二次加价问题仍较突出。

6. 网销农产品“从有到优”尚存差距

农业生产经营分散，网销农产品生产组织化、标准化程度低，科技含量不高，品控能力较弱。虽然国内已经存在农业合作社等形式，但大多组织薄弱、制度不完善，大部分农产品仍然由小规模种植户提供。农户与农业合作社、电商平台之间的利益分配机制未能充分有效建立。部分个体农户投机性心理与农产品电商平台投资周期长之间存在矛盾，导致农产品电商和种植基地的合作仅仅是定向采购，缺乏上下游战略协同的长期稳定关系。

7. 农产品电商配套设施和支撑服务体系仍有待完善

冷链物流发展滞后，原产地预冷的基础设施建设不足，造成农产品物流环节损耗较高；农产品产后分级包装、加工仓储、追溯体系等都亟待加强；三级电商服务体系已基本建立，但为农产品电商上行服务的内容仍然偏少，而当前农产品网上营销竞争激烈，大规模宣传推广和品牌塑造成本过高，对许多小规模经营者来说无力承担。

8. 农产品触网率仍然较低，农产品批发市场仍然是农产品流通的主渠道

农产品 B2B 电商平台尚处于起步阶段，由于大多数农产品尚未完成标准化建设，相对 C 端来说，B 端尚未形成成熟的模式，且行业集中度不高。大多数农产品 B2B 电商平台的功能较单一，多数只是信息平台、交易平台，缺少完善的质检、分级、包装、保鲜、仓储加工等线下服务链条的支撑，难以让交易双方形成足够的信任，用户黏性不高。

（三）电商人才需求缺口较大

农村电商专业人才匮乏。由于农民知识和技能水平的限制而造成的模型劣势，“农业合作社 + 在线商店”和“家庭农场 + 在线商店”缺乏专业的技术管理团队和先进的营销技巧，因此农民独自无法快速发展电子商务。地方合作组织当前的问题是，大多数农民对电子商务有着浓厚的兴趣。但由于缺乏信息技术知识，参与的农民无法完全致力于电子商务，甚至不敢尝试。

研究表明，大多数零散的农产品销售都依赖淘宝的销售平台，农产品卖家需要创建自己的淘宝网页。农民很难建立高质量的网站，这就不可避免地导致了农产品不吸引消费者，因此无法融合资源和信息，导致销售不畅，这是农民参与电子商务的主要障碍。同时，由于农村地区生活设施不完善和生活环境恶劣，农村电子商务的发展难以招募、保留和吸引顶尖的电子商务专业人员，这些都造成整体的电子商务专业人员质量不高，从事农业电子商务的工作人员的电子商务知识储备非常有限。

跨境电商人才缺口加大。第一，随着跨境电商行业的快速发展，越来越多的传统外贸企业转型做跨境电商，导致跨境电商人才的缺口规模呈扩大之势；第二，相对于交易企业，平台企业与服务企业的人才平均缺口更大，这是因为交易企业的规模相较平台企业与服务企业而言相对较小，另外，随着交易企业的不断发展以及新企业的加入，促进了平台企业与服务企业的进一步发展；第三，从跨境电商人才结构来看，营销及运营策划类、商务类的岗位需求量大，而这类岗位技术壁垒相对低、人员流动性大，从而加大了人才缺口。而技术和产品类、风控类以及通关类的人才需求总量虽不大，但企业无法通过市场得到有效满足，导致相应岗位的人才也十分匮乏；第四，跨境电商企业的人才流失问题逐步加剧跨境电商交易企业“留人难”问题逐步加剧，高离职率的销售运营岗位占主导、工作压力与薪资不成正比是主因。数据显示，跨境电商交易企业、平台企业、服务企业平均的人才流失率分别为36.5%、23.81%、50.43%，明显高于行业平均值，而工作压力大、薪资福利未达理想水平是其选择离职的主要原因。

企业数字化转型缺乏人才支持。中国餐饮住宿、批发零售和制造等领域经营主体以中小微企业为主，行业体量大，企业数量多，行业集中度低。在数字时代，技术的迭代、消费习惯的改变、经营成本的提高、利润的降低使得企业急需在数据管理、流程效率、需求预测和消费者购物体验等方面做出改变。而传统企业普遍存在数字化转型意识滞后、技术薄弱、人才缺乏等问题，其中，中小微企业在技术改造和软硬件设备投入上不仅普遍面临资金缺乏的问题，同时掌握经营管理、采购销售和信息技术的复合人才的缺乏也是企业面临的普遍问题，急需加强专业人才培养。

（四）示范县效应差强人意

2019年，山东省19个国家级电子商务进农村综合示范县网络零售额为

250.3 亿元，同比增长 21.8%，高于山东省农村网络零售额增速 2.9 个百分点，其中，除 2019 年新增的国家级电子商务进农村综合示范县外共有 11 县，其 2019 年网络零售额总额为 71.8 亿元，同比增长 15.7%，占全省网络零售额比重仅为 1.9%，比 2018 年低 0.3%；山东省 50 个省级电商示范县网络零售额为 739.4 亿元，同比增长 19.5%，高于山东省农村网络零售额增速 0.6 个百分点，占全省网络零售额比重为 18.9%，比 2018 年低 2.8%。国家级、省级示范县网络零售发展情况与全省平均水平相比没有表现出很大优势，示范带动效应有待进一步提升。

三、山东电子商务发展趋势

在经济发展的新常态下，在“互联网+”政策的推动下，山东电子商务持续多年保持快速发展态势，网络购物已成为重要的消费方式，互联网支付改变了传统支付习惯，渗透到消费者购物、出行、就餐、就医等应用场景，电商服务、跨境电商、生鲜电商等形成新趋势。

（一）电商服务业向三四线城市及农村地区快速延伸

随着农村数字化基础设施的进一步提高和国家扶贫政策陆续出台，农村电商成为帮农助农兴农的主要抓手，农村电商蓬勃发展，麦肯锡《2019 年中国数字消费者趋势报告》显示，中国低线城市和小城镇的年轻消费者或将成为下一个消费增长引擎。伴随农村电商的快速发展，电商快递物流、移动支付、农产品推广、消费金融服务、教育培训及农业数字化等具有农村特色的电商服务向三四线城市及农村地区快速延伸。在目前的“农货上行”体系中，拼多多、抖音、快手等平台服务正在发挥越来越大的作用。

（二）跨境电商专业服务需求日趋旺盛

跨境电商的海关通关、物流、海外仓建设、支付、结算、代运营、市场营销、咨询、教育和培训等相关专业服务进入快速发展阶段。但由于中国跨境电商出口企业缺乏海外经营的成熟经验，面对陌生市场，需要对政策环境、基础设施水平、市场成熟度及消费者认知等方面进行全方位了解。因此，对跨境电商渠道、物流、支付、营销、技术、人才等多方面提出了新要求，如前端客户挖掘、商品设计开发、售后服务供应、供应链综合服务等跨境电商生态服务需求旺盛，需要更加本土化、专业化和深度化的电商服务来帮助中国跨境电商企业拓展国际市场。《跨境电子商务创新研究报告》显示，跨境电商服务新生态开始成形，物流与供应链服务、跨境电商第三方支付、跨境电商消费金融服务及海外营销推广服务等业务日趋完善并不断创新发展，开始涌现出一批跨境电商供应链综合服务提供商。

（三）生鲜电商有望加速前行

生鲜电商市场近年来发展迅速，由于生鲜农产品具有高单价、高复购率和强客户黏性的特点，近年来一直是各大电商平台激烈竞争的领域。生鲜电商的商业模式不断创新，并朝集成化、智能化方向发展，陆续涌现出盒马鲜生、永辉的超级物种、京东7Fresh、美团掌鱼生鲜为代表的“线上+线下+餐饮”相融合的生鲜零售新模式。生鲜电商领域，每年都有新的参与者入场，也有大量的中小型生鲜电商重组或者倒闭。生鲜电商平台倒闭的重要原因之一就是农产品冷链物流和整个供应链体系成本过高，导致经营难以维系。

2020年伊始，突如其来的新冠肺炎疫情给了生鲜电商大显身手的机会。疫情期间全民居家，使得大量的消费需求从线下转到线上，在线买菜成为2020年春节期间的消费主流，京东、盒马、美团、叮咚买菜等各大电商平台生鲜销售业绩普遍达到2019年同期的3倍以上。在疫情影响下，消费者对线上购买生鲜的便捷性和安全性的认知也在不断强化，线上购买生鲜产品的习惯正在加速培育。

农产品冷链建设也在提速。2020年中央一号文件提出要启动农产品仓储保鲜冷链物流设施建设工程，安排中央预算内投资，支持建设一批骨干冷链物流基地。国家支持家庭农场、农民合作社、供销合作社、邮政快递企业、产业化龙头企业建设产地分拣包装、冷藏保鲜、仓储运输、初加工等设施。截至2019年，商务部已支持建设837个农产品冷链物流项目。随着技术的更迭、消费者线上购买生鲜的习惯养成和冷链物流建设的大力推进，生鲜电商有望加速前行。

（四）商品消费品牌化、品质化

从全国网络零售市场的销售渠道和商品结构来看，商品消费品牌化、品质化趋势明显。根据商务大数据监测，2019 年，B2C 模式网络零售额占比达 78.0%，比上年提升 15.2 个百分点，同比增长 22.2%，高于 C2C 模式增速 14.4 个百分点。个性化、定制化商品备受青睐。京东数据显示，2019 年一季度 C2M 反向定制合作项目商品销售同比增长 5 倍。阿里巴巴 2019 年“双 11”期间有 1.7 亿笔订单由 C2M 实现在电子商务有力带动下，从 2013～2019 年，全国居民消费升级综合指数由 0.341 上升至 0.378，年均增速约 1.73%。①

“双品节”倡导品牌品质。国家大力推进消费升级。2019 年 4 月 28 日至 5 月 10 日，商务部、国家邮政局、中国消费者协会组织主要电商企业、快递企业举办第一届“双品网购节”，依托电商大数据等先进技术，优选商品品类，大力促进品牌消费、品质消费。超过 10 万个品牌参与活动，销售额达 770 亿元，参与的品牌商品销售额同比增长超过 32%，带动同期全网实物商品网络零售增长 28%，商品好评率达 97%。在“双品网购节”带动下，诸多快消品牌和海外品牌选择在电商平台发布新品，文创、智能家居、个性化定制等成为消费热点，医美、口腔、体检等健康服务大幅增长。“全球买”跨境网购消费加速普及至三四线城市。

“中国风”培育国货精品。2019 年，国货品牌及“中国风”成为网络零售市场亮点。一方面，国货品牌在产品外观设计上添加富有传统文化底蕴的中国元素，或与长城、青花瓷等中国文化典型标志联动，大幅度提高产品文化附加值；另一方面，国货品牌注重发挥社交网络作用，依托网红直播、内容导购、口碑营销构建的各类场景，助推形成网购国货热潮。相关数据显示，2019 年汉服的成交额超过 20 亿元，增速约 150%。有国产服装品牌将故宫、敦煌等传统图案与时尚潮流融合，秋冬居家服销量增速达 110%。

四、提升山东电子商务发展的对策

为促进山东省电子商务持续快速健康发展，推进电子商务成为山东新旧动能转换的重要抓手，推动山东电子商务提质升级，建设电子商务强省，现提出以下对策和建议。

---

① 商务部《中国电子商务报告 2019》，2020 年 5 月。

（一）全方位推动农村电商提质升级

1. 加强农村基础设施建设

农村基础设施建设可以为山东省发展农村电子商务创建一个便捷良好的运行环境，进一步放活农村市场经济，大力促进农村电子商务的发展。研究表明，用电量对山东省发展农村电子商务起到了显著的正向影响。因此在进行农村基础设施建设的过程中，要首先保证电力供应，促进推广农村自发电设备的应用，为农村地区提供足量的电力供应。同时，可以对开展农村电子商务的地区开展一定的电力补贴活动，促进电子设备在农村地区的大力推广，为山东省农村电子商务的发展助力。

在大力建设农村基础设施的过程中，要注意使农村地区的基础设施建设与消费设施相配套，出台更多的扶持政策促进农村地区的消费增长。要加大对农村电子商务的投入和对创新的财政支持力度，对电力方面或有关农村电子商务其他方面的创新活动要予以大力支持推广；要加速农村用电网络建设，逐步降低用电价格。农村基础设施建设在实施的过程中不能存在“一刀切”的现象，每个地方都有每个地方独特的地理情况、人文情况，在不同的地区应该有不同的针对化措施，因此在发展农村电子商务方面应该给予山东省各地市充分的财政自主权，将权力下放，使各地可以根据自身情况决定当地基础设施建设的投资方向和投资力度，要与现代迅速发展的经济与科技相适应，在保证质量和效果的基础上降低成本，使基础设施的建设真正满足人民需要。

2. 加强建设网络与平台建设，降低信息成本

现代农村电子商务的发展要力争做到互联网普及到户，推动信息交流，加强通信设备的投入力度，解决农村电子商务信息传递的“最后一公里”。首先应该增加对计算机和智能手机终端设备下乡补贴的投入力度，特别是对农村电子商务专用设备的补贴力度，鼓励相关企业积极开拓农村市场，提高农村地区电子设备的普及度，使农民可以实惠地购买和使用相关网络终端设备。其次应加快互联网建设的步伐。一方面，要提高农村地区的信号覆盖率，促进三大运营商开展良性竞争，加大对农村地区的信号基站建设，提高农村地区信号水平；另一方面，要进一步落实国家“提速降费”的号召，保证网络信号和移动信号水平，进一步降

低资费，开发适合农民的优惠手机套餐。最后，要加快农村电子商务的平台建设，减轻农民的信息搜索成本。

3. 加快建设物流设施，完善农村物流体系

首先要加大宣传力度，提高全民现代物流意识。应发挥高校、政府、企业的宣传带头作用，积极宣传物流的重要性，提升农民和农村企业对物流的敏感程度，同时制定各地的物流发展规划，将多个物流企业引入广大的农村地区中，引入良性竞争机制，发挥物流对经济发展的重要促进作用，带动农村地区的物流发展。其次应加快道路基础设施建设。要确保市县、县际通公路，实现地市与县市当天往返的目标，提高物流运送的时效性。保证村村通公路、通汽车，使农村产品可以快速便捷的运进运出。最后应完善投资机制，建立物流中心。在运用国家政策融资的基础上，可以创新投融资机制，吸引大量社会闲散资金进行物流中心的建设。充分发挥物流中心的辐射功能，以点带面，促进周边地区的全面发展，不仅可以促进加工水平的提高，还可以提高相关服务质量，产生正外部性，促进共同发展。

4. 加大创新的支持力度，促进创新发展

创新意识不仅要体现在农村电子商务上，还要体现在金融投资服务、农产品的制作加工、产品质量管理、农业售后服务等方方面面。在农村金融投资服务上，可以借鉴中国银行推出的“网商流动资金贷款”、中信银行的“电子商务支行”等活动，创新农村借款贷款服务机制，吸引大量外部限制资本，创新金融服务机制，保障金融服务质量，为农村居民资金使用保驾护航。在农产品制作和加工的过程中，可以增大创新投入力度，大力引进和使用新技术、新设备，创新农业生产思路，提高农业产出。在产品质量管理上，可以引入新型的管理理念，提高新科技、新技术在质量管理上的应用，促进推动质量管理责任到人，创新质量问题溯源机制。在农业售后服务上，创新新型售后服务体系的应用，提高服务质量和服务水平，建立售后服务评价体系，促进农村电子商务的健康有序发展。

（二）加大政策支持力度，发展跨境电商

1. 继续深化改革扩大开放，提升贸易便利化水平

跨境电商是我国对外贸易的一种新形式，这就决定了其发展本质上依赖于我

国和外部经济体的联系程度。基于提升贸易便利化水平的综试区建设已经取得了良好的效果，因此要进一步推进跨境电商领域的贸易便利化进程。在此思路下，要制定适合于跨境电商发展模式的便利化措施，比如可以尝试建设“一条龙”服务窗口，将跨境电商各种审批手续集中到一个窗口来办理，避免相关企业为获得审批反复折腾。通过对审批机构的合并，可以极大地提升贸易便利化水平。

2. 积极构建有效的信用体系，降低交易成本

由于跨境电商交易活动中涉及不同国家的企业和个人，范围广大且环节复杂，因此构建一个有效的信用体系就显得十分必要。例如，跨境电商涉及支付问题，使用具有良好信用的支付平台可以极大地降低交易成本。如果交易支付平台存在严重的信用问题，则金融诈骗事件就会屡禁不绝，这会极大地伤害消费者进行跨境购物的热情。另外，在实际商业活动中，一些跨境电商企业投机取巧出售假冒伪劣产品，跨境交易的性质使得产品退回等流程较国内退货复杂得多，这进一步助长了“劣币驱逐良币”的风气。因此，需要对参与交易的消费者和企业进行精确地信用评级，并建立严格的市场准入机制，对于投诉率较高的企业果断实施系统清除计划。

3. 完善监管体制，提升信息化办公效率

当前由于跨境电商仍处于起步之后的发展阶段，制定监管政策的部门众多，监管主体分散，导致监管效率不高。今后，各监管部门要加强合作，避免重复监管、无效监管，做到既保证监管质量又提升监管效率。方式上，可以利用当前火热的大数据技术，推进我国与相关贸易国家建立贸易数据对接，实现商品品类、编码、审核、检疫及其他相关数据的清晰化展现，以最大限度地提高监管效率。

4. 跨境电商企业自身，应积极打造自主品牌，提升产品质量

第一，发扬工匠精神，产品精益求精，给予消费者优质的消费体验。第二，注重产品差异化设计，满足消费者个性化需求。跨境电商企业可以多研究各国各地区的文化传统和消费习惯，设计并制造符合特定地区人民需求的个性化产品，提升产品“满意度”。第三，深入挖掘中华民族博大精深的文化资源，设计更多“中国个性”的产品。将中国文化融入产品设计或许可以成为中国制造进行“文化升级”的一条路径。有条件的企业还可以尝试自建物流体系，积极建设海外仓，把产品运输环节牢牢控制在自己手里以提升用户体验。

（三）持续助力电子商务人才培养

持续加大电商人才培训力度，完善人才培养机制，加大对电子商务相关的学历教育、继续教育、技能培训等领域的投入，加强师资培训和管理，提高培训质量，整合高校、协会、企业等多方资源，加强“政、校、协、企”合作，开展具有针对性的电子商务专题培训、电子商务比赛等活动，促进电商人才培养，不断激发电子商务创业创新活力。借鉴其他省份的先进经验，主要措施有以下几个方面。

1. 探索人才培养体制机制

依托电商行业协会组织，整合高职院校学科优势，成立跨境电商学院，逐步形成电商人才定制化培养机制；举办商务系统跨境电子商务能力提升培训班，着力提升行政管理工作人员的电商素质。

2. 创新教育培养模式

鼓励职业院校探索订单培养、现代学徒制等人才培养模式，与京东、阿里巴巴以及省内电商企业开展校企合作；通过举办中国“互联网 +”大学生创新创业大赛，带动大学生电商创业。支持高校开展校企合作，举办高校电商大赛、电商讲师大赛等活动，支持学生开展“创新、创业”实践；实施“电商育才工程”。

3. 完善电子商务专家库

组建电子商务行业讲师库，通过搭建校企合作平台，联合淘宝大学举办全省地方党政领导干部电商专题培训班和新零售发展论坛等加强电商人才培养。

（四）电商企业积极完善自身建设

外部环境在不断地发展变化，电商企业作为电子商务的主体，也应该不断地完善自身的内部建设。第一，优化自身的内部资源。根据企业自身资源优化管理的相关要求，借助相应的计算机软件等功能，对电商企业的经营过程环节进行统一规划，并不断优化人财物等相关资源。第二，推动企业信息化建设。在优化自身资源的基础上，逐步形成建设企业信息化的概念与意识，并逐步推进企业信息化建设的规划以及制订相应的技术实施方案，准备相应的人才与资金，力求使企业的信息化建设施展开来。

参考文献：

［1］商务部电子商务和信息化司：《2019 年中国电子商务报告》，2020 年 5 月。

［2］山东省商务厅：《2019 山东省电子商务发展报告》，2020 年 4 月。

［3］张颖楣：《山东省农村电子商务发展的影响因素研究》，山东理工大学，2020 年。

［4］韩鹏：《农村电子商务发展对策研究》，山东农业大学，2020 年。

［5］秦志伟：《我国电子商务发展存在的问题及其对策研究》，载《中外企业家》2020 年第 8 期。

［6］石以涛：《中国跨境电子商务综合实验区的政策效应研究》，青岛大学，2020 年。

后　　记

商业服务业作为服务业的重要组成部分，是社会再生产的核心环节，决定着国民经济运行的整体效率，是衡量一个地区经济社会现代化水平的重要标志，也是全面建成小康社会的重要保障。《中共山东省委关于制定山东省国民经济和社会发展第十四个五年规划和二〇三五年远景目标的建议》提出，要大力发展现代服务业，推动生产性服务业向专业化和价值链高端延伸，推动生活性服务业向高品质多样化升级，大力发展服务业新兴业态，推进服务业数字化、标准化、品牌化。因此，加快发展现代服务业，不断增强消费对经济发展的基础性作用，对于山东省经济新旧动能转换、提升区域战略地位、全面建成小康社会、加快建设经济文化强省和实现走在前列的目标具有重大现实意义。山东商业职业技术学院商业经济研究所（原山东省商业经济研究所）致力于商业服务业的理论、政策与行业发展研究，为政府部门及工商企业提供研究报告、行业规划、决策咨询等服务。为促进山东省商业服务业的发展，2011 年，我们开始持续关注和研究山东省现代服务业发展动态和趋势，每年发布《山东商业服务业蓝皮书》。本书结合大数据分析，采用定性与定量相结合的方法，研究山东商业服务业的发展现状与存在的问题，对山东商业服务业的发展趋势与发展策略进行系统分析。希望本书能为山东省服务业的跨越式发展贡献一份力量，为相关行业、企业决策及学术研究提供更多有价值的信息。

《山东商业服务业蓝皮书》编委会

2020 年 12 月

后　记

[illegible]